轻学术文库

既严肃严谨又轻松好看的学术书

狐仙崇拜

中国封建王朝晚期的民间信仰与民众心理

［加］康笑菲 著
姚政志 译

海南出版社
·海口·

The Cult of the Fox
Power, Gender, and Popular Religion in Late Imperial and Modern China

THE CULT OF THE FOX: Power, Gender, and Popular Religion in Late Imperial and Modern China by Xiaofei Kang
Copyright © 2006 Columbia University Press
Chinese Simplified translation copyright © 2025 by Dook Media Group Limited
Published by arrangement with Columbia University Press through Bardon-Chinese Media Agency
博达著作权代理有限公司
ALL RIGHTS RESERVED

中文版权 © 2025 读客文化股份有限公司
经授权，读客文化股份有限公司拥有本书中文（简体）版权
版权所有，不得翻印
图字：30-2024-176号

图书在版编目（CIP）数据

狐仙崇拜：中国封建王朝晚期的民间信仰与民众心理 /（加）康笑菲著；姚政志译. — 海口：海南出版社，2025.3. — ISBN 978-7-5730-2275-2

Ⅰ．B933

中国国家版本馆CIP数据核字第20247PY850号

狐仙崇拜 ： 中国封建王朝晚期的民间信仰与民众心理
HUXIAN CHONGBAI: ZHONGGUO FENGJIAN WANGCHAO WANQI DE MINJIAN XINYANG YU MINZHONG XINLI

作　　者	［加］康笑菲
译　　者	姚政志
责任编辑	徐雁晖　　项　楠
特约编辑	乔冠铭　　顾晨芸　　孙雪纯
封面设计	温海英　　申碧莹
印刷装订	三河市龙大印装有限公司
策　　划	读客文化
版　　权	读客文化
出版发行	海南出版社
地　　址	海口市金盘开发区建设三横路2号
邮　　编	570216
编辑电话	0898-66822026
网　　址	http://www.hncbs.cn
开　　本	880毫米×1230毫米 1/32
印　　张	9.5
字　　数	224千
版　　次	2025年3月第1版
印　　次	2025年3月第1次印刷
书　　号	ISBN 978-7-5730-2275-2
定　　价	49.90元

如有印刷、装订质量问题，请致电010-87681002（免费更换，邮寄到付）
版权所有，侵权必究

推荐序

"你这个狐狸精。"小时候看电视剧或电影,无论是男女爱情戏还是家庭伦理剧,这句台词都让人耳熟能详。多年之后,物换星移,电视机从黑白屏幕变成彩色液晶,这句台词仍然获得编剧的青睐。在大众的印象里,狐狸似乎一直跟媚惑、狡诈、邪恶脱不了干系。口语或成语中的"野狐禅""狐狸尾巴""狐群狗党""狐假虎威""兔死狐悲""与狐谋皮""狐奔鼠窜""狐唱枭和""城狐社鼠"等,对狐狸形象的描述更没一句好话。狐狸是天性如此,还是被"污名化"?

康笑菲教授这本丰富、迷人又趣味横生的大作,将狐狸/狐精/狐仙在中国历史上的演变娓娓道来,让我们恍然大悟并惊呼原来如此!

作者在本书所要谈的,自然不限于上述所说。康教授追溯有象征意义的狐狸至迟出现在《山海经》的记载中,"其状如狐而九尾,其音如婴儿,能食人;食者不蛊"。意思是说,九尾狐会吃人,但如果人吃了它,就能不为蛊毒法术侵害。可见此一记载认为狐狸肉有医疗、辟邪的作用。到了汉代,狐狸反成了吉祥的预兆，而且还带有道德寓意，例如狐死首丘，指的是不忘本。随着时光流转，狐狸的文化色彩益发多样，会附身，能变身，好搞怪引起大乱，也可变男变女，勾引异性，色诱同性。狐狸变化多端的特质至魏晋南北朝时已大体具备。

既然狐狸如此"多才多艺"，在一些人眼中它就升格为了神明，而在另一些人眼中，则降阶为妖怪，这样的历史演变应属合理。换句话说，如果人们对狐狸的看法较正面，它就是"狐仙"；反之，就称为"狐精"。狐精只会给人带来麻烦，有时还搅出大乱子；狐仙则给人好处，往往让人发财，不过那些好处有时见不得人。简单地说，狐狸的形象亦正亦邪，但往往就是因为其流于正邪不分的形象而上不了台面。试想：在过去的社会里，如果某家发财，对外宣称是因为拜了狐仙、狐精，这多难为情呀。然而有趣的也在这里：虽然狐精会捣蛋，带来麻烦，让人生病，或引来家庭失和，看似是淫祀（被当作具有超自然能力的怪物来崇拜），但狐仙给人财富或治人病痛的一面很有吸引力，因此人们还是会暗地里偷偷地供奉。不仅如此，从男性的角度去看，狐狸精太美了，具有颠覆父系家长制的本事，搞得天下大乱。就这点来说，狐精是为屈居下位的受压抑女性发言。虽然狐仙崇拜常被看成淫祀，但别以为官员一定会敌视狐仙。如果你操守有问题，它会掀你的底，让你丢官；如果新官上任，强压地头"狐"，它可是会偷走官印的。所以官员面对狐仙，也会小心翼翼地供着。供得它满意，它还会帮官员办案，替他抓贼，让他仕途顺利。结果许多传统官衙里的小角落，往往摆了狐仙坛。谁不想官运亨通呢？林林总总围绕狐狸发生的趣事，都在康教授笔下一一细说分明。相信读者必然读得津津有味。

推荐序

我受作者之托，撰写中译本的序言。为了不使这篇译序沦于纯学术应酬文字，提出以下三点观察，或和作者商量，或为本书补注。画蛇添足之讥，不免为识者所笑。

本书第四章讨论明清时期狐与巫觋的关系，指出狐仙会依附到巫觋/灵媒身上，替人治病或指点迷津。所以说狐是主，巫是从，狐巫须奉祀狐仙。唐代元稹（779—831）的诗文中有两首以"赛神"为题，描述唐代巫风兴盛、巫觋横行的情形。其中一首说："村落事妖神，林木大如村。事来三十载，巫觋传子孙。村中四时祭，杀尽鸡与豚。"而巫觋作法后，"狐狸得蹊径，潜穴主人园。腥臊袭左右，然后托丘樊"（《元氏长庆集》卷一）。从这个描述来看，狐狸是受了巫觋的影响，跑来搅局，弄得狐臭熏天。这和第四章所描写的明清时期狐为主、巫为从，狐巫祭祀狐仙的情形倒过来了。但狐狸和巫觋的渊源倒是甚早，这首诗所写，或许是冰山一角而已。北宋梅尧臣（1002—1060）也有诗谈到狐狸与巫，节引如后："老狐依丛祠，妖横起百怪。巢枭助鸣声，穴兔资狡狯。巫绐神灵言，俗奏饮食拜。三年空祷祈，万疾无愈差。"（《宛陵集》卷三八《幽庙》）在这段描绘里，似乎"巫假狐威"而得利，那个巫有可能就是狐巫。把这两首诗中有关狐的描写线索列在这里，有兴趣的人可以继续研究。

本书结论部分谈到狐仙信仰也传到日本，称为"稻荷（いなり）"，庙中祭祀的就是狐狸，这点和中国的狐仙坛中不见狐狸图像很不同。最近无意间问家母是否听过稻荷信仰，她竟然回说不仅听说过，还玩过与此信仰相关的游戏。她还说，小时候一群同学或朋友会玩请狐狸的游戏，叫"狐狗狸游戏（コックリさん）"。例如要考试了，想问考题是什么，或是掉了东西，问问到哪里去找，就会玩这个游戏。玩这个游戏时，须在地上铺一张纸，上面有日语的五十音、"一、十、百、千"与"东、西、南、北"等字，摆一支筷子让它自己跑。这种游戏听来像中国的紫姑信仰或是碟仙。家母是在台湾日本殖民统治时期受的殖民教育，居然有此经验，足见稻荷信仰在日本流行的程度，甚至可以渡海来台，在学生中流传。家母还说，去"稻荷神社（いなりじんじゃ）"祭祀，须携"油扬（あぶらあげ）"（油炸豆腐，有点类似台北淡水特产"阿给"）献上。玩狐狗狸游戏前须"请狐"（きつめ），也要用"油扬"请神。这点和大陆华北一带的百姓用蛋、鸡、酒等供品祭祀狐仙差异颇大。日本许多地方都有狐仙庙，最大的一座在京都，叫"稻荷大社"。这点也和中国人把狐仙坛隐在私密角落有很大的区别。

此外，书中未及且值得加上一笔的是，韩国也有狐仙信仰。最近因教学和研究的需要，翻阅一些书籍，笔者无意中在一本韩文的巫术神祇画册中看到了狐仙（韩国人也称"狐仙"）画像。该图出土自韩国某座墓，图中的狐仙是男性，两旁各有一名年轻女性，图像较小，最下面是图像更小的两名女性。（见金泰坤编《韩国巫神图》，首尔：悦话堂，1989，第54页）就这点而言，韩国狐仙信仰在画像方面与在中国所见者较相似，都是变身为人。狐仙信仰应该是从中土传到朝鲜半岛的。看来该信仰小是小，且看似不经，但在传播中华文化中还扮演个角色呢！

康教授对于狐仙信仰的兴趣起源甚早。还记得20世纪90年代初期我们一起在纽约读书时，她就说要做狐仙研究，读了作者的序和导论才知道她还有母亲及外婆的"加持"，内心不免想："啊，真是'家学'渊源呀！"这话半是玩笑，半是真。说是玩笑，是打趣她描述母亲幼时的狐仙经历，以及提到外婆请狐仙治愈其舅之病，又给她说了许多民间故事，让她后来开花结果，写成本书。说是真话，是因为读到她在本书第二章分析"狐仙儿"一词的含义时，不禁拍案叫绝，只有康教授说得出其中的精彩处！因为南方人说北京话，且毋论尖团不分如区区者，再怎么字正腔圆的人，也压根儿不会把狐仙说成"狐仙儿"，遑论其言外之意。康教授是北京人，生于斯，长于斯，经她分析，"狐仙儿"活灵活现地出现于北方人的日常生活里，让我们南方人大悟那些不会出现在文献里的多重意思。康教授的功力，读者慧眼在我之上，自可从本书中体察。但是对"狐仙儿"的分析，可说是斯人方有斯学，忍不住表而出之。

阅读本书是个愉悦备至的过程。从纽约回台北后，与笑菲及其夫婿王威未曾再谋面。捧读之际，固然一面学习新的知识，又一面忆起二人当年聊天谈笑的画面，仿佛回到校园某个餐厅里和笑菲闲聊。近奉其嘱，为本书作一中译序。闻其言大骇，何能当此？惊魂甫定之余，写上一些文字，奢望能给本书添个注脚，略副老友雅意。姚政志先生译笔忠于原文，区区尝经眼并稍加修饰，亦庶几不离笑菲生花妙笔过远也。

刘祥光
2009年10月　台北木栅

英文版致谢

我非常感谢韩明士（Robert Hymes），他是一位鼓舞人心的学者、一位激发灵感的老师，也是一位大力支持我的朋友。我也非常感激我在美国哥伦比亚大学的其他老师和论文审查会的评审委员：狄培理（William de Bary）、保罗·卢泽（Paul Rouzer）、钱曾瑗（Michael Tsin）、吴百益、商伟、孔迈隆（Myron Cohen）和芮乐伟·韩森（Valerie Hansen）。我也要向康豹（Paul Katz）表达至深的谢忱，他不仅一再地鼓励我、支持我，而且他对本稿不同版本的评论对于完稿有非常大的帮助。

以下的人读过全部或部分拙作，并从历史和文学的视角赐予无价的评论：康儒博（Robert Campany）、裴志昂（Christian de Pee）、刘剑梅、苏堂栋（Donald Sutton）、宋怡明（Michael Szonyi）、田晓菲、张东明和哥伦比亚大学出版部的一位审稿人。施珊珊（Sarah Schneewind）热心地读过原稿好几遍，并提出不少真知灼见。她和瑞秋·施尼文德（Rachel Schneewind）也在我写作的各阶段为我提供编辑上的协助。拙作也在亚洲研究协会（Association for Asian Studies）的几场讨论会中，与

英文版致谢

赵昕毅、杜思博（Thomas Dubois）、郭启涛、姜士彬（David Johnson）、祁泰履（Terry Kleeman）等人的学术交流中得到不少启发。韩瑞亚（Rania Huntington）和李剑国慷慨地与我分享其作品和资料。傅凌智（James Flath）和陈霞亲切地给我提供图像资料的线索。哥伦比亚大学出版部的温迪·洛克纳（Wendy Lochner）、莱斯利·克里塞尔（Lesley Kriesel）和克里斯汀·莫特洛克（Christin Mortlock）很有耐心地指导我如何将稿本转换成排印本。

我也想向马里兰圣玛莉学院（St. Mary's College of Maryland）的一群优秀同事表达谢意。在我寻找出版商的时候，克里斯汀·亚当斯（Christine Adams）、琳达·霍尔（Linda Hall）、查克·霍尔登（Chuck Holden）和汤姆·巴雷特（Tom Barrett）给了我一些重要建议。傅京起协助我和北京的学术单位联络。除了在我们长年的通勤时间提供不少专业建议，盖尔·萨维奇（Gail Savage）还读了导论。她身为一位非研究中国的专家，给我提供了极为珍贵的建议。帕姆·希克斯（Pam Hicks）、桑迪·罗宾斯（Sandy Robbins）、露西·迈尔斯（Lucy Myers）和杰夫·克里索夫（Jeff Krissoff）是难得的行政和技术后援。

1997年至1998年我回到中国做民族学研究及调查，是受哥伦比亚大学海外旅游奖学金的补助。2001年和2002年在中国所做的研究则是得到马里兰圣玛莉学院师资培育奖助金的支持。回到中国做研究的那段日子，孙钦善、王岚、张玉藩和张弘泓诸教授在北京大学给了我一个温馨的学术安身之地，顾青、刘心明、张玮和詹怡萍协助我找到珍稀资料。表兄李广鑫安排我到妙峰山做田野调查，在榆林的受访者待我也极为友善。

狐仙崇拜：中国封建王朝晚期的民间信仰与民众心理

当我第一次来到美国时，有幸跟随加州大学圣塔巴巴拉分校（University of California at Santa Barbara）的傅佛果（Josh Fogel）、刘平邻、白先勇、威廉·鲍威尔（William Powell）、杜国清和杨美惠诸位教授念书。他们每人都以不同的方式，用清新的想法和亲切的态度对我循循善诱，而白教授更是将我"洗脑"。

我更是欠艾朗诺（Ronald Egan）教授极大的人情，他以亲切、耐心的态度和严格的标准引领我进入学术的殿堂。他一直是我心目中老师和学者的典范。我也很感谢艾朗诺的夫人陈毓贤女士（Susan Egan）。这些年来，她同样支持我，我打心底尊崇、敬仰其人其才。

若不是鲍勃·奥尔（Bob Orr）、邦妮和杰克·奥尔（Jack Orr）的协助，我不可能来到美国。我也深深地感谢卡罗儿·黄（Carol Huang）在我求学于哥伦比亚大学期间和离开之后给我的鼓励和支持。在中国，我的姻亲王克铸和杨肃庄在我数度前往北京之际，于溽暑难当之时花了许多工夫照顾我的孩子，让我能轻松地到处旅行和写作。我的小姑王晓晴和她的丈夫刘彤艽帮我扫描了图像材料。舍妹康研菲和康战菲助我良多，脱去我肩上顾家的重担，让我在工作上心无旁骛。最重要的是家父康继东和家母李兆霞，总是任我予取予求，陪我度过事业和生活的高潮与低谷。对于他们，尤其是未及亲睹本书付梓的先父，我所说的一切，都无法报答他们对我的爱和关怀。我也感谢我的外祖母——亲爱的姥姥。我小时候沐浴在她无尽的爱、关怀和好多有趣的民间故事中，我最初对狐仙和鬼怪的兴趣可远溯至她的启蒙。为了纪念她，本书就以她的故事开场。

英文版致谢

最后，我的丈夫王威这些年来，用其信心、幽默、机智的对话和无条件的支持鼓舞着我。小犬王雨枫在我完成博士论文的那年出生，陪着这本书一起长大。他开朗的笑容、奇妙的想法和自己画的许多"小书"，一直鼓励、陪伴着我。我将这本书题献给他们。

第一章中的一部分先前已以"The Fox (hu) and the Barbarian (hu): Unraveling Representations of the Other in Late Tang Tales"为题，发表在《中国宗教研究集刊》［*Journal of Chinese Religions*, 27 (1999): 35-67］中。第五章中的一部分曾稍加修改，以"In the Name of Buddha: The Cult of the Fox at a Sacred Site in Contemporary Shaanxi"为题，发表在《民俗曲艺》［*Journal of Chinese Ritual, Theater, and Folklore*, 138 (2002): 67-110］中。

目 录

导　论	001
第一章　中国早期传统中的狐狸	017
第二章　狐仙与狐仙信仰的扩散	047
第三章　狐精与家庭祭祀	080
第四章　狐精与灵媒	109
第五章　狐精与地方信仰	140
第六章　狐精与官员	173
结　论	207
注　释	220
参考书目	262

导　论

　　我的母亲回想起20世纪40年代，位于北京郊区的老家后院有间小庙，其中奉祀着当地人称为"仙家"的狐精。她小时候每每避之唯恐不及，不得不经过小庙时，总是拔腿快跑，看都不敢看。她怕如果靠得太近，会触犯神明，给她带来伤害和灾难。然而，尽管狐仙可能降临祸害，但是一般人家认为留着这间小庙可以带来好运和财富。妈妈唯一的兄弟，我的舅父在十四岁时生了一场大病，他发着高烧时外婆就准备供品到狐仙庙拜拜。母亲告诉我，祭拜的当晚，外婆便梦到一个灰发白须的男人降临到舅父床边，用他的长袖子轻抚舅父的脸颊。隔日，舅父的高烧便退了，很快恢复了健康。家人相信，那个白须的男人就是狐仙。

　　1997年回到中国做研究之前，我未曾听过这个故事，也没问过家人狐仙信仰之事。对包括母亲在内的许多华北的百姓而言，这样的事情在家庭史方面是不值得一提的。毕竟，狐仙崇拜常被贴上"封建迷信"的标签。然而，当我查证了明清及民国时期的笔记小说中众多的狐精故事后发现，这个有着两面性的狐

001

仙家庭故事，事实上反映了一个曾经深深地影响了华北地方几百年生活的传统。

两面狐、淫祀以及文化多元性

对中国人来说，狐狸长期以来就有"模棱两可"（betwixt and between）的性质：它们漫游在荒野间，无法被驯化成家畜，却捕食人类饲养的牲畜；在人类聚居处造窝，并展现出如人类般的慧黠。在一般人的印象中，自然与超自然的狐狸之间并没有明显的界限。著名学者、热衷于编纂狐狸故事的纪昀（1724—1805）对这生物的两面性作了如下的结论：

  人物异类，狐则在人物之间；幽明异路，狐则在幽明之间；仙妖殊途，狐则在仙妖之间。[1]

关于狐狸的两面性，历史上有种种诠释。举例言之，口头用语"狐狸精"，暗示所有人都承认一个女性拥有迷惑人的美貌和毁灭性的色诱力量。另一个用语"狐仙"（按字面意义来讲，是狐仙、狐神或狐精），就像文字传达给我们的意思一样，不只是对良狐的敬称而已，这个用语也带有取悦恶狐的意味。与狐精和狐仙信仰相关的资料，描绘出相当复杂又自相矛盾的图像。遇到狐精的人，可能会落得精尽人亡的下场，或是经历一场男欢女爱，也可能结为连理。狐精可能会幻化成女人或男人，以年轻或年老的样子出现，它们几乎和人类一样多变。有些时候，它们

导 论

犹如鬼魅，纠缠迷惑人类，使人生病或死亡；有些时候，它们又扮演祖先的角色，给予人们财富和成就。有时候，它们以女神的样貌出现，确保凡人有子嗣，给人治病；有时候，它们以灰发白须的男人模样出现，讲授道理，或给予道德训诫。就一个妖魔出身的神明而言，它们在某些场合会被祭祀，在某些场合又会被驱逐。

对狐精两面性的讨论涉及地方层级和国家层面。虽然现代动物学研究发现，中国全境几乎都有狐狸存在，但是，自中古时代以来，华北地区的人就相信狐狸天生具有灵性。它们的足迹在长江以南就较为罕见了。[2]现存的中古[1]狐精传说，几乎都以华北为背景，而一则10世纪的俗谚则如是说："（长）江南无野狐，江北无鹧鸪。"[3]这样的看法一直延续到明清时期。到了19世纪末20世纪初，即使狐仙信仰已经遍布中国的其他区域，但在当时仍被视为繁盛于华北地区的信仰现象。在华北和东北（现在的黑龙江、吉林和辽宁三省，以及内蒙古东部地区），各家各户、每村每里，多以不同的身份和不同的名号祭祀之。祭祀狐精是个人的、家族的，也是地区的和区域的风俗习惯，经常因人、因村、因地而异。狐仙在全国也人尽皆知，因为善于描述其灵力和魅人之术的文人笔记、戏剧和通俗小说自中古时代起就传遍中国。

狐狸是中国文学研究中一个相当常见的主题，而且研究者

---

1 根据目前史学权威著作《中国通史》（白寿彝总主编，22卷本），上古和中古史的划分是以秦皇朝为界的，即先秦史就是上古史。中古就是清朝1840年以前，直至秦皇朝。由于我国对上古、中古的划分尚有很大的分歧，所以暂时以《中国通史》为准。——编者注

003

狐仙崇拜：中国封建王朝晚期的民间信仰与民众心理

经常用其魅惑人的美色来当作人们企图控制无止境的欲望而不断挣扎的例示。[4]然而，狐仙崇拜作为已延续千年之久的宗教现象，或是乡土宗教习惯，其和与之有关的文学作品之间的关联，则吾人所知甚少。[5]因此，本书将研究焦点放在16世纪至20世纪初华北地区的狐仙信仰上。

传统意义中，中国的官员和知识精英将此种奉祀如此多变的神祇的行为称为"淫祀"。"淫"字可以被解释成"非法的""过度的""放荡的""不入流的"或"不合礼的"。[6]几个世纪以来，这样的信仰一直是国家禁止、镇压的对象。然而，它们反复出现在历史记录中。以狐仙信仰为例，笔者检验了这个淫祀如何显露中国宗教的性质，尤其对性别被用来建构宗教权力的方式抱有高度兴趣。经由淫祀和性别的主题，笔者要探索这个形象暧昧的宗教象征在表达中国文化的常与变中所扮演的角色及其意义。

作为一个受崇拜也受驱逐的对象，狐精和中国许多其他民间信仰中的神祇一样，共同享有淫祀的特性。举例来说，宋代以降，狐精就被认为是江南五通神在北方的翻版。不论是出没的地点还是魅惑人的方式，以及给人一笔横财等，两者在许多方面都如出一辙。[7]狐精也和女性的危险力量牵连在一起，而这个力量是透过灵媒来表现的。在这方面，狐精被视为华北一位女性神祇——碧霞元君的属下，而且常被当作碧霞元君的另一个形象。[8]此外，华北农村有时候也会将狐精和浙江的五瘟使者、安徽的五猖，或福建的五帝放在一起，认为它是专行施瘟与收瘟的神明。事实上，在清末民初，狐狸经常与其他四种动物同祀——以五为一组的形式出现的地方信仰，称为"五大家"。[9]

导 论

　　尽管与其他民间信仰有那么多的相似之处，但狐仙信仰还是有其独特之处。狐仙信仰以华北为根据地，在中国封建社会晚期从未像江南的五通神信仰那样被政府大肆镇压。又，狐精出现时的形象，亦男亦女，也亦老亦少，比起五通只以年轻男子的样貌出现，狐精的形象更为多彩多姿。此外，五通主要在家庭的场域施展其多变的魔力，而狐精则活跃于各个角落，比如骚扰住家、旅店和官署中的人。狐精优游的华北地区特有的经济和文化条件，也对这个信仰的发展和传播有不同的影响。首先，华北的狐仙信仰不像福建的五帝信仰和安徽南部的五猖信仰，前者没有强力的宗族组织和绅商团体支持。其次，19世纪末和20世纪初，狐精在华北许多地方作为一个财富之神，几乎不曾显露出一丁点儿与中产阶级道德有关的形象。在高度商业化的江南地区，中产阶级的道德则在五通神形象的转变上留下了痕迹。与之相反，狐精经常侵入官署，似乎反映了华北地区各种大大小小的地方民变。这些民变是萦绕政府官员的梦魇。到了晚清，官员们便献给了狐精"守印大仙"的封号。

　　许多历史学者和人类学家认为封建社会晚期的中国经历了一个逐渐升高的社会整合和文化同质化的过程，而且官员、士大夫和获封的僧道是主要负责发扬和传播官方标准与官方诠释的中介人。[10]然而狐仙信仰不只显露出这些代理人在控制地方信仰的成效上能力有限，更重要的是，狐仙信仰挑战了文化具有潜在一致性的说法。有些学者已从一些著名精英信仰的研究，以及/或从资料上（比起边缘的华北狐仙信仰更为丰富的华南与台湾的研究方面）来反驳这种假设。他们不将单一的社会群体或组织当作一种标准化权力的化身，而是要求我们将注意力移至信仰和习惯形成的实际过程中，转到人是文化行动者的角色上来。依据"他们在社会上的位置和对宗教与世俗权威的看法"，从宗教模式和体系的宝库中，做出各不相同的研究。[11]

对狐仙信仰所做的研究结合了上述理论化的探索，目的是为中国的宗教和文化寻求新解。其结果显示，文化融合的过程与变异性的产生，这二者密不可分。借用魏乐伯（Robert Weller）的话来说就是，就信仰行为而言，"滋养了一块多重意义的大肥肉，开启了许多诠释的可能性"。[12]借着检视作为地方和更广泛层面现象的狐仙信仰，笔者要区别平民百姓、灵媒、官员和士人在狐仙信仰活动中所扮演的不同角色。一方面，人们为了发扬这个信仰的效力，并合理化他们的追求，他们会使用官式语言和公认的标准去强化和合法化那些具有淫祀内涵（如狐仙）的地方信仰力量；另一方面，人们发现，单是透过个人的能力与为了个人的目的而召唤神的灵力的确有其困难。他们一贯地抗拒标准化神祇，反借由赋予神祇个人的、地方的和不完美的特质，也借由创造新的次级信仰，随时随地将淫祀的力量留在伸手可及之处。各行各业的人有意识地操作狐精的性别象征，以期通过家庭和地方共同体的道德及政治秩序来建构其他层面的关系。

"模棱两可"的力量

人类学家和历史学家均曾强调"模棱两可"在文化研究中的重要性，譬如道格拉斯（Mary Douglas）就认为，在确保社会与道德秩序方面，跨越界线的动物和神灵至为重要。她认为，在一个既成的社会里，那些被认为模棱两可和边缘的存有（人或物），在仪式上容易被当作是不洁的，会玷污既有的原则。像这样的边缘存在，会给现存社会结构的主要模式带来危险，也释出破坏力量。[13]特纳（Victor Turner）更进一步发挥边缘性和仪式的象征意义。他认为仪式是由几个同时包含许多不同意义的关键象征组成的。唯有将这些仪式象征和社会经验联系起来，才能破解这些象征的隐晦意义。[14]他也拓展了"阈限"（liminality）的概念：

> 阈限或阈限人（"门槛之处的人"）的特征不可能是清晰的，因为这种情况和这些人员会从类别（即正常情况下，在文化空间里为状况和位置进行定位的类别）的网状结构中躲避或逃逸出去。阈限的实体既不在这里，也不在那里，他们在法律、习俗、传统和典礼所指定和安排的那些位置之间。作为这样的一种存在，他们不清晰、不确定的特点被多种多样的象征手段在众多的社会之中表现了出来。在这些社会里，社会和文化上的转化都会经过仪式化的处理。所以，阈限常常是与死亡、受孕、隐形、黑暗、双性恋、旷野、日食或月食联系在一起。[15]

换句话说，模棱两可代表一个阈限的阶段，一个既非此也非彼，或者两者兼而有之的阶段。那是一个允许人们从一个状态改变成另一个状态的仪式性阶段。因此，人们可以重建这个世界的秩序,并获得新力量把日子给过下去。阈限的情况和角色容易被认为是"危险、不吉利的,或是会玷污尚未纳入阈限脉络的人、物、事件以及关系"。在大众文化和民间文学中,阈限的情况和角色经常与像巫师、灵媒、变把戏的人和小丑这样的边缘团体联结在一起。他们来自社会底层,却被认为具有弱势者的仪式性力量,这种力量足以颠倒既存的社会结构并表达出文化的对立面。[16]

福柯(Michel Foucault)和布尔迪厄(Pierre Bourdieu)也说明了在社会实践中权力被行使的种种方式。就福柯来说,权力并非掌握在个人、社会团体、法律或国家手上。更确切地说,权力无所不在,渗入生活的每个层面。权力必须被理解成"在其运作的阶层与其本身组成的体制之内的多重支配关系"。[17]抵抗乃嵌存于权力关系交织而成的浓密网络里,并呈现出不同的形式:暴力、自发或妥协等形式。正如这张网横贯政府机关和公共团体,"大量的抵抗点也横贯在社会各阶层和个人当中"。[18]布尔迪厄在卡拜尔人(Kabyle,柏柏尔人的一支,居于阿尔及尔东部)的研究中,辨别出在社会中运作的两种权力模式。官方权力属于男人,来自正式的家族阶级结构,并且和"公正、集体、公认、法定利益结合在一起"。但是,实际上,被归属于女人、代表"利己、私人、特殊利益"等的非官方权力也经常"披着官方权威的外衣"运作。人们能够运用"官方化的策略",组成最大的可能团体,以符合集体利益,或是基于私人情况,部署合适的"非官方权力"。布尔迪厄将他的发现运用于一般的人类社会组织,他总结说这些权力是由"习惯性"(habitus)产生和决定的。"习惯性"被当成文化剧目,人类从文化剧目中发展出无止境的策略，用来处理生活中的大小事，维系社会的凝聚力和结构。据布尔迪厄所说，性关系与两性关系具有其社会和政治意义，这些意义反映在家庭和公共领域的时间和空间安排上。[19]

司考特（Joan Scott）呼应福柯和布尔迪厄，亦强调性别作为一个分析范畴的重要性。她将性别定义成"是奠基在两性差异之认知的社会关系之基本元素，也是表明权力关系的原始方法"。[20]换言之，性别关系的结构牵涉到阶级、血统、种族特点、宗教、政治，以及人们社会经验的每个方面的概念化和理论化的过程。一般的宗教象征与文化象征彼此不断地磨合和竞争，产生多层次的诠释。这些诠释展示了在一个既存的历史脉络里，人类代理人和社会制度之间的权力关系。

这些学者从不同的角度提供了理论化的解释途径，这些方式超越了习以为常的精英与大众的界限，可用于研究中国社会在权力运作上对狐精的不同挪用（appropriations）。惧怕却崇祀之，狐精体现了人们对在家庭中生活的女儿与媳妇，到在社会中谋生的妓女、戏子、灵媒、移民和法外之徒等这些边缘群体的普遍观念。狐仙信仰庇护了游走在道德灰色地带的欲望追求，像性交易，或是偷这家给那家。因为人们相信狐精传布秘密宗教、煽惑叛乱或占用官署，故也象征政治上的可疑行为。由此，笔者会指出，在中国封建社会晚期与近代中国的社会中，在日常生活里行使狐精的力量，会牵涉到协商、保卫及挑战既成的社会与文化界线这一复杂的过程。

再者，笔者研究的是狐精的力量如何在祭祀与驱除的过程中产生，而不是把它视为某个特别的社会群体或公共机构特有的权力。笔者特别强调的是人们如何在其社会和宗教生活的脉络中想象狐精的力量。在关于祖先、鬼、神及女神的特定脉络下，他们对狐精的反应方式，不似他们用在鬼神身上的规范标签及头衔，而是使狐精充满了公众与私人的意义。如同狐精自由穿梭于性别的界线，它们的力量也被用来定义社会与宗教活动中官方与非官方，私人与公家，以及道德与缺德的行为。它们的边缘性具现了日常生活中的文化冲突和妥协。狐精信仰的实践，以多种多样的祭祀、除魅活动，以及描述狐精的文字为其特色，透露出中国社会里大众对权力竞争关系的多元理解，同时也让我们从一个侧面窥探中国人建构社会秩序和文化价值的复杂方法。

史料与方法

任何研究中国地方信仰的人都会面临材料不足的问题，狐仙信仰的研究尤其如此。在整个中国历史中，狐仙由于属于儒家"怪力乱神"的范畴，只昙花一现于政府档案、正史、地方志、道教和佛教经典，以及文人文集等正式文类中。如同笔者在接下来各章将揭示的，狐精的祭坛通常设在不重要且私密的场所，像后院、门边，或是卧室，而且是以像木箱、无名的木牌，或是干草堆等极为简略的形式来呈现。这些祭坛均是将就的，搭起来容易，拆得也快。在公开的场所祭祀时，狐精通常被指定为某显赫之神的陪祀。与狐仙信仰有关的这些特征暗示，其崇拜行为不仅可能被视为不正当，而且也不会在地方志中单独列出或记录在正规的档案里。笔记形式和志怪形式的逸事作品，作为官方史料以外的小说，是方便让文人自由谈论狐仙信仰，收录各种与狐精有关的淫祀习俗的文体。它们形成了最丰富的史料来源。[21]清末民初，地方风俗和宗教活动变成历史学和人类学研究的一个重要主题，狐仙信仰的习俗也开始出现在地方志、学者和传教士的作品里。故笔者研究清末民初华北地区的狐仙信仰，便大量运用这些笔记小说，其他形式的材料则作为辅助。有时候，笔者有意地将近代方志、人类学记录和传教士的报告放在一起，与早期的笔记小说做比较，以论证可能的历史相似与延续之处，以克服自近代以来史料不足的困扰。

笔记小说作为历史记录的有效性，现今已被研究中国历史和宗教的学者广为接受。康儒博在其划时代的中国中古早期志怪小说研究里，对向来认为志怪小说不过是虚构作品的观念有所撼动，并证明一些志怪小说是被编辑用来使不同的宗教和政治议题臻于完整、可证实的历史记述。[22]戴维斯（Edward Davis）主张，宋代的逸事总集《夷坚志》并非民俗传说，而是一种"与传记、墓表和墓志铭等公开文件相反的主观经验记录、私人生活文件"。[23]韩明士也基于《夷坚志》，主张笔记和志怪是一种特殊形式的史学，是文人用以讨论神祇、鬼怪和其他五花八门、不登正规的文类。[24]

传统笔记和志怪文类里确实有其真实性。许多明清时期狐精故事的编纂者采取类似编写正史时所用的严谨态度和格式来叙写狐精。他们向各种各样的人搜集故事，下自贫农，上至高官；从家庭主妇、仆役到行商和僧侣。他们力求正确无误地誊写那些故事，谨慎地查考其提供者和推荐者的身份，声称忠于事实。[25]

狐仙崇拜：中国封建王朝晚期的民间信仰与民众心理

清代的笔记小说被分成两种相对的类型：一种是以蒲松龄（1640—1715）的《聊斋志异》为代表，另一种则是以纪昀的《阅微草堂笔记》为代表。二者均属搜罗狐仙故事的大宗，吸引大量的后辈加入其行列。[26]《聊斋志异》在文字的排比和情节编排上继承唐代传奇的传统，被誉为中国小说的杰作。纪昀反对这种以文学再造民间传说的趋势，强调在简短的志怪逸事中阐述道德理念，如实地记录原始信息乃为第一要务。陈德鸿（Leo Tak-hung Chan）在《阅微草堂笔记》的研究中指出，"呈实与立教是他（纪昀）编纂此书的两大主轴"，而且"牵涉到超自然现象的事件是否曾发生，记述是否翔实，尤为重要"。[27]

纪昀风格的志怪小说，更容易被当作历史材料。然而，我们应当注意，像蒲松龄所作的体裁也有重要的历史价值。蒲松龄虽然盛负文名，却是以极其严谨的态度进行调查、研究，且称自己是"异史氏"。如同蔡九迪（Judith Zeitlin）注意到的，"这个称号传递了传统上与历史写作相连的统合感"，以及"这种对'历史'和'历史学者'的特殊了解，乃根植于私人治史的形式"，这样的形式可以上溯至汉代史学家司马迁（前145—前86）[28]。《聊斋志异》的确包含了长篇的传奇故事和短篇逸事。后者大部分取材自蒲松龄的亲友、家人和蒲松龄本人的第一手故事与个人经验，而其中囊括了关于特殊历史事件和真实人物官衔的准确信息。许多获得学术上注意和使他得到文名的传奇形态的故事，实际上也是采自个人经验和口头传述。蒲松龄要么谨慎地跨越真实与虚构的疆界，要么像一个志怪小说的作者一样，强调其真实性，巧妙地将那些经验和口头传说编织成一部精致的文学作品。他也使用了类似于短篇志怪小说的结构和符号。[29]

任何形式的写作都是一种再生的过程。即使有些人声称自己是按照听来的一字一句誊写，然而个人的好恶，各自的写作风格与议题，以及讲述故事时的情境，都会使得同一个故事有不同说法。[30]我们应该去看狐仙信仰是如何导致不同文字记录形式的产生，又如何促进信仰的传播，而不是去确定明清的记载有多少是虚构，又保存了多少亲临其事者的口头述说。小说化的过程至少说明狐精是如何被广泛挪用，并且让我们能探索中国封建社会晚期和近代早期人们集体心态的复杂性。此外，狐仙信仰与文学创作之间的区别，也许还源自传统士人对"民间宗教"的成见。这个成见至今仍影响许多学者。[31]笔者的作品显示，文人学者不论有无官衔，都无法避免狐狸的袭击，他们也不是旁观者或单纯批评民俗、宗教风俗的人，他们用不同的方式，积极介入狐仙信仰，而他们所写有关狐仙信仰的文字，也证实是创造、重塑和传播民间信仰及习惯不可或缺的一部分。

一些名词解释

本书主要论述狐仙信仰与驱逐狐精的特色，因此需要说明一些关键术语。无论是否有奉祀狐狸的祭坛，此处"信仰"（cult）一词是以狐狸灵力的共同假定为基础，泛指人类与狐精的各种互动关系。这是指祭拜与除魅，虔诚与恐惧，憎恶和怀疑。其成员包含各种社会背景，且非固定不变，上自皇帝，下至目不识丁的农民。他们祭祀狐狸的行为都与奉献其他的宗教信

狐仙崇拜：中国封建王朝晚期的民间信仰与民众心理

仰和传统毫无关系。又，灵媒、其信徒，以及某些职业人士定期供奉狐狸，其他人可因不同的场合，依据不同的需求，指责或祭祀狐狸。

中文词汇"仙""仙家"，以及最为普遍的"狐仙"，都用来指称狐精。"仙"通常译成"长生的"（immortal）、"完美的"（perfected）或者"超凡的"（transcendent），而英文"huxian"经常译作"狐仙"（fox immortal）、"狐精"（fox fairy）或是"狐妖"（fox genie）。[1]没有任何英文词汇能够捕捉在地方习俗和俗文学中所用的那些复杂的中文词汇的韵味。笔者将在第二章中讨论"狐仙"这个词的多种意义。而在整本书里，为了保存中国人使用这个词时所能解释的多种意义，笔者将尽可能地采用资料中的中文原文。

笔者也使用"华北"（north China）和"北中国"（northern China）这两个词汇，以和施坚雅（Willaim Skinner）的"华北大区"（North China）概念有所区别。施坚雅的"华北大区"涵盖长城以南，山西太行山脉以东，以及淮河以北的广大区域。他的大区域架构，是将焦点放在每个区域的政治与经济核心和周边区域的区别上。[32]虽然其分析模式已被人们广为接受，但他的"华北大区"并未包含遍布狐仙信仰的广大地区。狐仙信仰分布的地区包括施坚雅的"华北大区"和"西北大区"两大区域，大体涵盖今天的山西、陕西、河南、河北、山东、皖北和江苏。

---

1 通俗来讲，在中国神话体系中，"妖"是一个宽泛的概念，泛指一切出现变异行为的自然物。"妖"又可细分为"精"和"怪"。其中修炼之后更像人形的是"精"；修炼之后更接近本形的是"怪"。故后文有"狐妖"与"狐精"混用的情况出现。——编者注

虽然文字记录的确显示狐精故事集中在中古时期的陕西、山西和河南，封建社会晚期和近代的河北、山东、陕西和苏北，但我们不能就此认为这与实际信仰习俗的区域转换是相符的。如同笔者在陕北所做田野调查的结果一般，狐仙信仰的习俗可以因口述的传统而兴盛，也可兴盛于处于地方文化中宗教主流的边缘，却完全不见于文字记载（见第五章）。因此，虽然这样做有时会与施坚雅"华北大区"中的河北和山东重叠，但为方便表述，笔者使用一般的"华北"或"北中国"等中文词汇指称长江以北的广大地区。笔者也想指出，河北地区在明代称为京师，清代称为直隶。为了简明扼要起见，全书使用"河北"这个现代词汇。

章节安排

笔者第一章从探究宋代以前的狐仙信仰的历史开始。萨满教、儒教、道教、佛教等思想之间的激烈互动丰富了狐精模棱两可的形象。唐代（618—907年）晚期大量与狐精有关的志怪作品将唐代文人对于自我认同和其生活中的外来元素的复杂情绪具象化。宋初，官方和宗教人士企图压制狐仙信仰，结果证明是无效的。

第二章研究的是中文里指称狐精的"狐仙"这个词的多重意义，寻找狐精在华北和19世纪末到20世纪初遍及全国的信仰根源。"狐仙"这个词，让人们将狐精视为各种不同的生物：从道教的观点来看，是修炼成仙的灵物；而从萨满、灵媒的观点来看，则是专事魅惑的年轻女性。"狐仙"一词的历史显示出狐狸在信仰传播过程中寓意歧出的特征，而且彰显出大众习俗和以狐精为主题的文学作品间错综复杂的关系。

第三、四、五章探讨的是在中国封建社会晚期华北狐仙信仰的不同面向。第三章处理的是家庭场域中的狐仙信仰，讨论狐仙如何跨越此世和彼世、男性和女性之间的界线，充当家庭生活中另一种权力的来源。第四章讨论灵媒在狐仙信仰中担任的角色和士人面对这些习俗时的矛盾情绪。第五章聚焦于理解狐精在华北和地方信仰系统里与其陪祀之主要神祇的关系。这三章处理的都是人类代理人操纵狐仙信仰的边缘性去协调公与私、官方与非官方之间的权力的问题，尤其显示人们为了追求日常生活中的神性力量而如何诠释男女间的性别特质和两性关系。

第六章研究的是狐精、当地百姓和官方彼此之间的互动关系。存在于政府衙门的狐仙坛，表明该信仰在阶级上、地域上的扩张，反映出封建王朝晚期人们对政府和社会之间关系的理解在观念上的变化。

最后，笔者在中国宗教研究的层面，以及在比较的视野上，讨论中国狐仙信仰的重要性，以为本书总结。

第一章
中国早期传统中的狐狸

> 唐初已来,百姓多事狐神。房中祭祀以乞恩,食饮与人同之。事者非一主。当时有谚曰:"无狐魅,不成村。"[1]

这里引唐朝文人张鷟(658—730)所说的狐仙崇拜,在中国似乎已有千年之久。因为这段文字是在10世纪编成的《太平广记》收录的八十几条从汉代(前206—220年)到宋初间的狐精记录中找到的。本章要探讨的是宋代以前,中国人对狐狸的看法。首先,笔者追溯狐仙神话的源头与其在中国政治文化中的预言意义,以及分析大众对狐精魔力的信仰和西王母传说中狐精形象的变迁。其次,笔者要利用《太平广记》里唐代的狐狸故事,讨论狐精在晚唐社会特定文化背景下的象征意义。最后,笔者将利用正史、道教文献、地方志和文人笔记,讨论狐魅的驱除,以及政府和宗教人士压制狐仙信仰的尝试。狐精的形象在早期既复杂又常彼此矛盾,这对中国历史的影响极其深远。

魔神

以狐为兆

在古代中国的文献里,狐狸是许多动物中被当成象征预警的动物之一。记载许多荒山、远海、奇异动植物和传说生物的《山海经》,介绍了许多关于狐狸或像狐狸的动物之记录。它们的出现,意味着战争和灾难的发生。尤其是九尾狐:"又东三百里,曰青丘之山……有兽焉,其状如狐而九尾,其音如婴儿,能食人;食者不蛊。"[2]

汉代的秘传文献记载,九尾狐并非吃人的野兽,而是吉祥的征兆。据说,商汤即位和"东夷"臣服于文王的时候,都曾有九尾狐出现。一只白色的九尾狐也曾出现在传说中的帝王——大禹的面前。他时年已逾三十岁。白狐是上天暗示其将临的婚姻,预示着家族兴旺和他政治上的重大成就。[3]记录东汉(25—220年)儒学者在朝廷讨论学术的《白虎通》,对九尾狐代表的吉祥意义也有一番解释:

> 狐九尾何?狐死首丘,不忘本也。明安不忘危也。必九尾者也?九妃得其所,子孙繁息也。于尾者何?明后当盛也。[4]

在此,狐狸被赋予了道德上的意义。据西汉(前206—25年)成书的儒家经典《礼记》所载,因狐狸在死时会将头朝向其出生的巢穴,意其不忘本始,是仁德的模范。这是在告诉人们,应

第一章　中国早期传统中的狐狸

将奉行礼仪作为其精神上的依归。[5]九尾狐又更进一步和圣王之治及皇妃有关。这是强调皇妃于延续皇室血脉至为重要，并要她们必须接受皇帝恰如其分的安排。此二者对于朝廷的长治久安至为紧要。这也暗示皇妃是造成皇室不和与国家灾难的潜在根源。

六朝时期仍然延续用狐狸作政治预言的传统。注《山海经》的晋朝人郭璞（276—324）本身也是出名的预言家，著有一首闻名的《九尾狐赞》：

> 青丘奇兽，九尾之狐。有道祥见，出则衔书。作瑞于周，以摽灵符。[6]

这个时期的官方史家对于厘清动物行为、自然现象和当前政治情况的相应之处兴趣极大。在这些历史中，狐狸和周代理想的圣王结合在一起，作为仁智之治的象征。据说，东汉献帝被废，曹魏文帝登基之后，一只披着赤紫色毛皮、身旁围着数十只普通小狐的大狐出现在甄城县北。其尾长且多毛，有许多分叉，故被指为九尾狐。该狐，连同一纸即位贺词，被当作贺礼送给皇帝。[7]到了太和二年（478），雄才大略的北魏孝文帝（471—499年在位）进行汉化统治，象征吉祥的狐狸据说出现在华北各地，并被送进朝廷。[8]这个传统一直延续到唐代，尤其是太宗（627—648年在位）发动玄武门之变，逼退高祖，即帝位之后。太宗于武德九年（626）八月登基，是年十一月，传说郑州出现黑色的狐狸。之后几年，黑色和白色的狐狸从全国各地被当成贡品送进宫中。[9]这些记载强化了好兆头的狐狸与圣王之治行于天下间的关系，也强化了用狐狸作为巩固新政权的象征意义，或四海归心的证明。

狐狸的魔力：变身、着魔与性魅力

除了政治文献中描绘的吉祥意涵，狐狸还被认为是能够变身与蛊惑人的妖魔。汉代文字学家许慎（约58—约147）将狐狸定义如下："妖兽也，鬼所乘也。"[10]他认为那是狐狸与生俱来的特质，而且也和巫师的灵魂游地府无法分开。汉代的医学文献更加确定了这种形象。马王堆汉墓出土的两份处方，对狐精致命一事指证历历。治疗因狐精作祟而得的病，需念诵特别的咒文。[11]

六朝期间，颂扬九尾狐的郭璞归纳了狐狸的各种特征：

狐五十岁，能变化为妇人；百岁为美女、为神巫，或为丈夫与女人交接。能知千里外事，善蛊魅，使人迷惑失智。千岁即与天通，为天狐。[12]

在这里，狐狸承担了萨满、算命师、法师的角色，再突然位列仙班。年龄是得以变身的重要因素。一种长寿的动物可以从卑下的动物演变成人类，最终位列仙班。4世纪著名的炼丹术士葛洪（约281—341）清楚地说："然物之老者多智，率皆深藏邃处，故人少有见之耳。……猕猴寿八百岁变为猿，猿寿五百岁变为玃。玃寿千岁。……虎及鹿兔，皆寿千岁，寿满五百岁者，其毛色白。熊寿五百岁者，则能变化。狐狸豺狼，皆寿八百岁。满五百岁，则善变为人形。"[13]

第一章　中国早期传统中的狐狸

一则唐代的逸事更进一步说明狐狸变身是相当广为人知的幻术:"野狐名紫狐,夜击尾火出。将为怪,必戴髑髅拜北斗。髑髅不坠,则化为人矣。"[14]另一则声称是亲身经历的故事,则详细说明变身的法术是在月色下的荒冢进行的:

> 晋州长宁县有沙门晏通修头陀法。将夜,则必就藂林乱冢寓宿焉。虽风雨露雪,其操不易;虽魑魅魍魉,其心不摇。月夜。栖于道边积骸之左。忽有妖狐蹀躞而至。初不虞晏通在树影也,乃取髑髅安于其首,遂摇动之。傥振落者,即不再顾,因别选焉。不四五,遂得其一。岌然而缀,乃褰撷木叶草花,障蔽形体,随其顾盼,即成衣服。须臾,化作妇人。[15]

利用髑髅¹变身,正好呼应许慎"狐为鬼之乘物"的说法。在中国的阴阳二元论里,阴被理解成负面、幽魂、邪恶、女性和不洁的代名词;阳代表正面、神圣、正义、男性和纯洁。自古以来,中国人就相信血肉为阴,骸骨为阳。即使到了近代,举行丧礼的时候,人们仍然用阴的元素,像动物的血和肉,以及阳元素的骨头,混合在一起,引导死者的骸骨还阳,成为祖先,并因此确保多子多孙和家世延续。[16]又,在中国人的宇宙观中,北斗七星高悬于昆仑山上。二者构成阴阳相合的宇宙中心,并决定宇宙秩序。唐朝以降,"七星步"("禹步")被认为是沟通天地人和结合阴阳的步法。这种步法通常在半夜举行的道教斋醮

1　髑髅(dú lóu),一般指死人的头骨。——编者注

仪式——"（礼）拜斗"时进行。[17]狐狸、髑髅和坟场的夜半仪式，全和死亡与黑暗，也就是"阴"联结在一起。然而，在变身的过程中，狐狸和髑髅也形成了一种新的阴阳分化：狐狸代表的是阴，而其血肉则注入了代表阳的髑髅。借由夜拜北斗、阴阳结合的仪式，在这期间，狐狸获得生气，变成人形。

然而，狐狸幻化成人形的魔力违背了自然宇宙的秩序，让阳的力量提升到至高无上的位置，而将不可或缺的阴的力量降到次要的对立位置。[18]借由变身和魔力，狐狸通常能附身于人。如同几则唐代的故事所说，狐狸会让被附身的人产生幻觉，受害者会不自主地发疯、胡言乱语、大笑和号啕大哭。人们认为，要治疗为狐魅所祟的人，需以烟熏之。[19]

人们也控诉狐狸是断发妖术的施行者。孔飞力（Philip Kuhn）在乾隆五十一年（1786）妖术大恐慌的研究里指出，中国人相信，发辫若为邪巫术士剪去，发辫主人将会失去自己的灵魂。巫师若在这些头发上施以厌胜之术，就能杀人，并役使这些盗窃来的灵魂。[20]中国封建王朝晚期的妖术大恐慌，其来有自。一则东汉的故事叙述了某人在夜间杀了一只狐狸，翌日，他前往它的洞穴查看，发现了上百束从人的头上剪下来的头发。另一则汉代的故事则说，有人的头发为邪魔取去后，不久这些人就因失去灵魂而死。[21]

狐妖使邪术的说法，偶尔会引起集体的恐慌。《洛阳伽蓝记》中记载了一则挽歌者孙岩之妻其实是狐精的故事。其妻的狐狸尾巴露出、原形毕露，行将逃走之际，她截走了孙岩的头发。之后，洛阳有一百三十余人的头发被截去：

第一章 中国早期传统中的狐狸

> 初变妇人，衣服靓妆，行于道路，人见而悦近之，皆被截发。当时有妇人着彩衣者，人皆指为狐魅。熙平二年（517）四月有此，至秋乃止。[22]

官方对于这个事件有不同的解释。孙岩的故事发生在熙平二年的四月到秋天之间。正史《魏书》也记载一则类似的事件发生在太和元年（477），早孙岩的故事四十余年："高祖太和元年五月辛亥，有狐魅截人发。时文明太后临朝，行多不正之征也。"接着，书中又记载熙平二年京师发生的事："肃宗熙平二年自春，京师有狐魅截人发，人相惊恐。六月壬辰，灵太后召诸截发者，使崇训卫尉刘腾鞭之于千秋门外。"[23]很明显，狐妖截发的行为使人们与太后的不正统治联想在一起。但是，《洛阳伽蓝记》所载，强调的是孙岩惧其阳气为狐精的阴气摄去，损其性命；《魏书》则暗指太后临朝当政亵渎了帝系的至高权力，破坏了正常的阴阳秩序。

狐精为了与异性发生性关系，能变身成俊男或美女。发生于4世纪的"阿紫"的故事是典型的例子，其叙述的是一个为女人所魅惑而被带走的男人的故事。当人们发现他时，见其形貌颇像狐狸。他如同着魔、呓语般，直呼"阿紫"之名。恢复知觉后，他忆起和阿紫的一段男欢女爱。一名道士说出他的看法，指出狐精就是古时的淫妇。狐精身上阴气过盛，有损男性之元阳：

> 道士云："此山魅也。"《名山记》曰："狐者，先古之淫妇也，其名曰阿紫，化而为狐。"故其怪多自称阿紫。[24]

狐仙崇拜：中国封建王朝晚期的民间信仰与民众心理

六朝隋唐之间，"狐魅"和"狐媚"二词经常被交互用以指涉狐精的蛊惑本质和美丽女子在性方面的威胁。唐朝著名的诗人白居易（772—846）写有一首关于狐狸的诗，结合狐术与其迷幻的本质，警告人们当心美女的威胁：

古冢狐，妖且老，化为妇人颜色好。头变云鬟面变妆，大尾曳作长红裳。徐徐行傍荒村路，日欲暮时人静处。或歌或舞或悲啼，翠眉不举花颜低。忽然一笑千万态，见者十人八九迷。假色迷人犹若是，真色迷人应过此。彼真此假俱迷人，人心恶假贵重真。狐假女妖害犹浅，一朝一夕迷人眼。女为狐媚害即深，日长月长溺人心。何况褒妲之色善蛊惑，能丧人家覆人国。君看为害浅深间，岂将假色同真色？[25]

但是，并非所有的文学作品都只强调狐妖有害的一面，美丽的狐女（接下来笔者将以"狐男"和"狐女"来指称狐精幻化的性别角色）有时也被想象成烈女。唐朝著名学者沈既济（约750—约797）描绘的美女任氏，在故事一开始时被称为"女妖"，知其本身为狐。两个出身士族的男人——韦崟和郑六，倾倒于其美色，喜陪伴其左右。任氏忠于她的第一个爱人郑子，拒绝与韦崟有床笫之私。她也利用预卜的能力，协助郑子经商，以脱贫困。[26]狐女李氏，嫁给来自洛阳的士人计真，尽显其美丽温柔。二十年间，她无一日不尽人妻之责，育有七子二女。被疾临死之际，她向丈夫露出狐狸原形。两人因天人永隔而悲恸，最后计真为她举行了葬礼，就像她是人一样。[27]任氏和李氏的故事因其浪漫的内容和作者的文名，成为唐朝以降家喻户晓的作品。

狐狸与西王母

虽然文献材料里相当罕见，但在考古发现的汉代艺品中，经常可以看到九尾狐以侍者之姿出现在西王母的身边。[28]早期的《山海经》将西王母描绘成头戴特殊饰物、豹尾虎齿、善于啸吼的形貌，宛如一副巫师作法的模样。在汉代，人们相信西王母能使人长生不老，也能夺人性命。尤其是华北的农民，他们以集体出神的方式，寻求西王母的庇佑。[29]汉人以西王母和九尾狐作为墓穴装饰的特色，相信西王母在狐精的襄助之下，能够穿梭于三界之间，护送死者上天，并予之长生不老。

西王母源于多处的地方信仰，在六朝期间逐渐演变成天庭中的优雅女神，身边围绕着一群道教上清派的仙女。这个时期的道教文献将西王母描述成赐予黄帝、周穆王和汉武帝神谕和长生不死的守护神。在陶弘景（456—536）编成的道教神谱里，西王母排在众女神之首。一直到宋代，她不仅位列道教神谱，也在祀典、文学和艺术上享有最高的地位。从唐代开始，她也被认为是与观音菩萨地位等同的女神，被奉祀在佛寺和道观里。她也是家庭之外的女人——包括女冠、倡优、艺妓和土娼——的守护神。[30]

西王母及其随侍九尾狐的破坏性色彩，在道教图像和文字材料中均已褪去。然而，我们仍然可以寻出蛛丝马迹。一部东汉的卜筮书提到西王母身边那可恶的狐狸："老狐多态，行为蛊怪，扰我王母，终无咎悔。"在书中的其他地方，老狐被指责为祟，"东西为鬼，病我长女"。[31]前引郭璞的赞歌里，九尾狐以口衔天书的形象出现，指引圣王之道，反映出人们相信狐狸也许是西王母的信差。这个时期的许多道教文献记载了西王母在黄帝征伐蚩尤的时候，遣一道教使者，身着黑狐皮制成的皮裘，授黄帝灵符，展示神谕的事。[32]这两个例子之间的同与异均同等重要，因为其中显示道教为提升西王母是道教正神的形象，持续不断地抹除她原本的巫教成分。

一些中古时期的文献提到，将狐狸妖魔化的阴力量，也正是西王母修炼长生不老的养分：

> 西王母是养阴得道之者也。一与男交，而男立损病。女颜色光泽，不着脂粉。常食乳酪而弹五弦，所以和心系意，使无他欲。王母无夫，好与童男交，是以不可为世教，何必王母然哉？[33]

唐人的作品也反映出狐狸和高阶神祇间的关系：

> 道术中有天狐别行法，言天狐九尾，金色，役于日月宫，有符有醮日，可以洞达阴阳。[34]

年逾千岁，可上达天庭的"天狐"概念，混合了传说中九尾狐的形象。天狐所精于的特殊法术，以及被道士倚重的神符和醮仪，更将天狐与狐妖予以区分。"日月宫"因过于不明，无法得知其源自何种特别的宗教传统，但其中隐含的概念，例如二元宇宙观及其滋养出来的生命力，均为巫教、道教和佛教欣然接受。尤其是六朝和唐代的中国人认为,西王母和东王父(相对于西王母的男性神祇)代表神界的月和日。从东汉以来,他们的图像中就经常饰有月和日的标志。[35]总之,不论道教人士如何费劲,狐狸和西王母的关系未曾完全脱离非道教的背景,这情形一直延续到封建王朝晚期(见第五章)。

内和外:狐精与晚唐社会

狐狸、文人和艺妓

唐代与狐狸有关的故事常记述狐精在后宫、士人和一般人家中的活动,这些活动显示狐仙信仰存在于社会的各个层面。前引张鷟所述即暗指狐精在家庭生活中占有一席暧昧之地。它们是自己人,因为它们在屋里一角受供奉,享受凡人食用的食物。人们可能向这些位于卧房中的神祇寻求多子多孙和房中欢愉。然而,"狐神"也被称为"狐魅",显示人们也将之视为外人,具有让人敬畏的力量。

与狐男和狐女有关的故事,即使内容、情节各不相同,却都显示他们在家庭生活中的地位处于阈限状态。狐男故事的架构一般如下:一开始,狐男非常有礼貌地向那些家境富裕的小姐提亲。她们的父母亲虽然被狐男英俊的外表和出众的才气吸引,但因为没有合适的媒人替狐男说媒,也不清楚他的家世背景而拒绝婚事。唯有当提亲一事遭拒,狐男才会使用妖术,强迫那个小姐和他发生性关系。

有时候，狐男以性先占有一个女人，再试着取得其家人的赞成，例如下面的故事。吏部侍郎李元恭十五岁的外孙女崔氏，为一个自称胡郎的狐男所惑。李元恭累求术士驱逐，均不得其道。然而，李元恭的儿子经常与胡郎讨论学术，分析各种问题，乐在其中，崔氏亦自胡郎处受益甚多。四年间，胡郎请了三位大师来教授崔氏经书、历史、书法和音乐。有一天，李元恭问胡郎："你何以不迎妇归家？"胡郎欣喜异常，坦白道："亦久怀之。所以不敢者，以人微故尔。"可是，胡郎的幸福并没有维持太久，李元恭很快便杀了他。李元恭真正的目的是探听狐男巢穴的所在。他在李氏竹园找到了狐穴，并将之捣毁。[36]李氏家族的晚辈想趁着狐男的到来，利用其才气和人脉。但是在一家之长的眼里，这样的好处无法弥补世家大族和次等族类联姻所带来的地位损失。无论这些狐男身怀何等绝技，他们仍被视为危险的外来者，必须被除掉。

虽然描述狐女的笔法较为同情，悲剧性的结果则如出一辙。前述的任氏和李氏，同是妇容和妇德的模范，但一样被视为是必须撕下假面具加以消灭的外来者。尽管任氏忠于郑子，竭其所能帮助他，仍然逃不过被猎狗捕杀的命运，被迫现出原形。李氏至死都归属于一个凡人的家族，但所生的七子二女都在她的丧礼之后亡故，使其良人绝嗣。由于特别检视了九个孩子的遗骸，故这则故事乃在暗指，正是因李氏的血统不纯，致使计真绝嗣。人们发现这九个孩子并没有像他们的母亲那样，死后化作狐狸，才相信狐女化身嫁与计真，始终未存恶心。

这些故事所述狐男和狐女不同的经验，深植在唐代的文化环境中。作为男性的时候，狐精经常以年轻才子的形貌出现，风

第一章 中国早期传统中的狐狸

度翩翩,才具出众,学养丰富。事实上,这个形象反映记录与阅读这些故事的唐代文人意识里最渴望的典范,也就是理想的自我。[37]在7—8世纪间,多数新士人阶层缺乏世家大族的背景,文才因科举考试而变得极其重要。但是,取得功名只是让一个人有任官的资格而已,为了获得高位,须将才学与世家联姻结合在一起。由于唐代的世族倾向于在世族圈内缔结婚姻,年轻士人便常常伪造家世出身,进而与世族联姻。[38]

英俊、博学的狐男向凡间女子求婚时,其超凡的能力就使之具有最佳的文人资质。于是,他们看起来比其他的唐代文人更优秀。这些非我族类、出身低下的狐精,更能够被视为是那些出身卑微的士人的"心理反射"。特纳提出如下的看法:"无意识地把自己的思想、情绪和行为归属于其他人,若不这样做,就会感到郁闷——也许是罪恶感或自卑感……因此,我们可以将之视为直接由外加诸在我们自己身上的敌意,借此能将自己的行为合理化或合法化。实际上,借由投射作用,两造彼此的紧张感便得到仪式性的缓和。"[39]唐代士人在强调名门世族的家长拒绝狐男的求婚,并将之逐出人间方面,或许是将己身的自卑感投射在狐精身上,以便释出他们在现实社交生活中的焦虑。随着超我的失败,真实的自我便得到补偿。

就像狐男一样,故事里的狐女是唐代文人期盼的理想妇女——迷人的外表和值得赞许的德行。然而,与狐男不同的是,从男性的眼光来看,正由于狐女不幸出身于畜生,因而被用同情及怜悯的口吻来描写。对唐代的文人阶级而言,狐女代表一个熟悉的类型:她们活在正式的家庭圈外,却能以灵肉取悦文人。有一则故事,叙述的是洛阳一所妓院的娼妇陪伴男人几夜之后变成狐狸的事。[40]任氏承认她出身乐户，成为郑子的情妇前曾在长安和多名男子有过亲密关系，她的亲戚也多是艺妓和姜媵。

艺妓是唐代文人生活的重要部分之一，无数的诗为这些迷人的女人而作。唐代的士人和官员在家里和旅途中享受她们的款待，不必给予任何承诺，也没有家庭责任。然而，如果这些艺妓想要嫁入前者的家庭，这种关系就是困扰的来源。《北里志》的作者孙棨（9世纪）和一名艺妓陷入热恋后，她随即向他求婚。著名故事《霍小玉传》描述的亦是一个艺妓想要嫁给富有文采的文人的故事。不过，在一个门当户对意指仕途顺遂与社会名望的时代里，艺妓单纯的愿望几乎难以成真。孙棨意有所指地拒绝他的爱人说："泥中莲子虽无染，移入家园未得无。"[41]霍小玉的爱人虽应允了婚事，却又很快背叛了她，向唐代最被人巴结的"五姓"之一的卢家小姐下聘，霍小玉最后满怀绝望地自杀身亡。[42]就算有些艺妓三生有幸，嫁进文人家庭，也必须甘于姬妾的生活，忍受正室的欺凌。因此，唐代艺妓在文人的生活中，是社交性的人物，仅在家庭之外和社交场合上才有地位。[43]只要狐女在文人身边的时间不长，扮演艺妓的角色，生活在文人家庭的外缘，而非挑起争端或损及其人，那狐女就是唐代文人鲜明自我形象的配角。

狐与胡

古代中国人在家庭内区别自己人和外人的方法，同样也用在以古代中国为内，以"夷狄"为外的分别上。夷狄部族的名字经常加上象征动物的部首。[44]在中古时代,"狐"和"胡"字是两个同音异义的字,同韵、同调,同音反切。[45]在唐代,人们总是称西域(中亚)的印欧语系人种为"胡人",尤以粟特人为最。两个均非汉人的政治对手——安禄山(?—757)和哥舒翰(?—757)之间的一段对话,显示"狐"如何作为一个贬抑的词汇:

(安禄山)忽谓翰曰:"我父是胡,母是突厥;公父是突厥,母是胡。与公族类同,何不相亲乎?"翰应之曰:"古人云:'野狐向窟嗥,不祥,以其忘本也。'敢不尽心焉?"禄山以为讥其胡也,大怒骂翰曰:"突厥敢如此耶?"翰欲应之。高力士目翰,翰遂止。[46]

7—8世纪前半叶间的盛唐时期,是中国史上民族融合和文化交流的顶峰。对唐人而言,西土的印度和中亚,是远方,是奇珍异宝、奇玄幻术之地,也是普度众生的佛教的起源地。"胡人",尤其是"西胡"的观念,意指不同的物质和精神资源。安禄山之乱后的8世纪后半叶和9世纪间,唐朝国势大衰,对外来事物的包容度下降。晚唐标榜回到儒家经典、回向三代的复古运动在士人的生活中成形,也预告宋朝新儒家时代的来临。[47]因此,"胡人"的观念对晚唐的士人而言,有种种不同的意义。"胡人"代表的是一套文化二分法的视阈实体:汉人与非汉人、内部世界与外部世界,以及儒家和非儒家。

由于语音的关系,"狐"字经常被唐朝人用来表示对于呈现在生活中的异文化的感觉,就像闻到狐狸身上散发出来的恶臭。据陈寅恪的研究,中古时期的中国人称腋下散发出来的臭味为"狐臭",可能就是源自"胡臭"。因为人们认为这类型的臭味一定是外来的,而且肯定是由"西胡"带进中国的。唐廷的教坊司中,一个来自中亚的女舞者就被形容成体貌姿"媚",即与经常被用来形容狐女的"魅"为同音字,而且体"微愠羝",亦即"狐臭"的婉转说法。住在四川的李姓兄弟是波斯人的后裔,因文才、举止温雅和善炼金丹而为人所知,却遭其文友以胡臭为由的嘲笑。他们具备的特质,与我们所见那些欲娶凡人女子为妻的狐男如出一辙。和波斯及其他中亚商人一样,李姓兄弟从事香药贩卖的事业,那些都是狐男用来掩盖体臭的东西。[48]

任氏的故事也提供了不少其狐狸原形和胡人特征相关的蛛丝马迹。任氏出身乐户,亦有家人在教坊司服役。在那里,西胡人的家族世代承袭优人的身份。她的邻居是一个贩卖胡饼的小贩,打从头就知道任氏是狐精。任氏不谙汉人妇人都会的女红,但是娴熟商贾攫利之事,那是胡商的特质。另一则故事里,李首度赴任途中邂逅了一个胡饼小贩之妻,出钱将那"胡妇"买下。胡妇姿态妩媚,声音婉转,迷倒了李。但是,和任氏一样,此胡妇亦不善针黹,死后狐狸原形现出。以后,李再婚,其妻萧氏常谑呼其为"野狐婿"。[49]

狐精经常采用的汉姓也反映生自胡人的线索。在狐精故事中,狐男和狐女通常姓"胡"。就算采用其他汉姓,也显露出出身胡人的痕迹。有个狐男这样说:"千年之狐,姓赵姓张;五百年之狐,姓白姓康。"[50]狐精认同这些汉姓意味深长,因为这代表一个汉化过程的重要阶段。唐廷经常赐外族李姓。成千的外族聚集在国际化的唐封建社会,并和汉家女子结婚后定居于唐,改汉姓。改姓的途径主要有二:不是采用最典型的汉姓,

第一章　中国早期传统中的狐狸

像张、王、李、赵,就是改原出国的名字为姓。因为来自撒马尔罕(一个中亚王国,古称康居)的僧侣、商人和使节在六朝和唐朝间不断进入中国,所以来自那儿的外族普遍采用康姓。而来自库车王国的王室,特别是龟兹人,进入唐朝后常改白姓。[51]千年之狐已有纯中国的姓氏,而五百年之狐的姓氏则仍带有胡种的气息。狐狸人格化和仙人化的程度似乎和胡人汉化的程度相吻合。

以咒术、占卜和医药为号召的密教,在8世纪相当流行。印度僧人翻译的密教文献中经常出现"狐魅"的字眼。这些文献将狐魅、山魈和恶鬼等同列,说这些是致病的主因。一份唐代的密教文献即详细说明,凡遭狐魅附身的人,用一种由法师打一百零八个结,且每打一次结就念一次咒的五色线别在衣领上,就可以治愈。[52]在密教里,狐魅指的是一个被"大日如来佛"制伏的食肉魔神——狮面空行母(吒枳尼真天)。[53]在日本,描绘吒枳尼真天为一骑在白狐身上的女神之图像随处可见。据某些日文资料记载,这种图像出现于13世纪间,是一个著名的日本僧人从中国返回之后出现的。[54]

较之盛行于唐朝的禅宗、天台宗、华严宗、净土宗和其他中国佛教教派,密教与外族僧人的关系较为密切。玄宗(约712—756年在位)赐给三个外族密教大师善无畏、金刚智和不空金刚无上的尊荣。他们终生致力于译经、行密教科仪的工作,主持许多灌顶传法的仪式。为了测试印度密教法师和中国道士的咒术与秘技,玄宗经常鼓励他们当廷竞技。这些竞赛凸显道教的中土之源和密教的异域之根。[55]

掌握梵文经典的知识而精于秘技的外族僧人,在宋人所编纂的记录唐代的狐精故事中也可以发现与其相似之处。许多的故事叙述狐精精于记载在外文秘书中的秘传之学。某个名叫张简栖的人，在一个墓穴里见到一只狐狸在观书。他从洞穴中偷得一书，只见纸张、墨色和装帧皆如人间书籍，但皆为狐书，不可辨识。另一则是猎人林景玄的故事。他见到墓穴中有个老翁，手持一轴书。之后他发现原来老翁所执的轴书，长数十尺，以白绢制成，"点画甚异，似梵书而非梵字"。王生的故事里也对狐书表示同样的印象。他捡到一本两只狐狸遗落的书，其书以类似梵文的文字书写，王生无法辨读。[56]

狐精和外来宗教间的对应，也说明为什么在许多的故事中，即使被道士和中土佛僧指责为假冒者，狐精还是以佛陀、菩萨或胡僧的形貌出现。某些与道教有关的唐代故事，明显地暗示胡僧和狐精的身份可以互换。有一则故事记载，玄宗开元年间（714—741年），有个名士见到一婆罗门僧人领着自己家中的女眷仆婢进入催眠的状态。她们虔诚地跟随在那个胡僧之后，齐声诵念佛号，进行佛教仪式。名士于是求助于当时的名道士叶法善（636—720）。法善言该婆罗门僧其实是"天狐"，遂送名士一道符咒。名士用那道符咒唤醒其家的女眷，并将胡僧捆绑起来，交给叶法师。惧于法善高强的法力，胡僧弃其袈裟于地，露出狐狸原形。在被鞭打数百下后，法善将袈裟还给胡僧。他恢复婆罗门僧人的形貌，被放逐千里之外。[57]

叶法善在唐朝因法力高强而闻名。高宗（650—683年在位）将他召入朝后，玄宗统治年间，他官拜礼部尚书。叶法善任官的时间相当长，但大约在玄宗统治的前七年间，叶法善生命即将结束之前，他的法力才被记录在道教的传记和文人的笔记小说中。除了前述的故事，某次朝廷官员（中书侍郎）之女为狐魅所祟的事件也展现了叶法善治狐魅的能力。事发之后，朝廷敕命法善解决。他捉到狐狸，将狐洞悉数焚毁，京城内遭狐祟而病的人就此痊愈。此后，据说亲受其道法者多达数千人。[58]

玄宗早年好道恶佛，或许有助于提升叶法善的地位。但是，我们应该注意，法善任职玄宗朝时，亦正逢善无畏（716年入长安）和金刚智（719年入长安）两位密教僧人入长安之际。密宗佛教吸引玄宗的地方，似乎是他发现密宗和道教的斋法科仪有相似之处，像星象、咒文、咒语、出神和法术用语。因此，现实生活中，叶法善和胡僧同受玄宗重用的时间很短，但在道教传记里则延长了。在唐宋道教文献的记载里，叶法善经常是玄宗朝堂上与胡僧斗法、役使符法打败印度僧人的要角。[59]像这样的历史背景，为我们在阅读上述狐精故事中的道教观点时提供一个特别的视角：唐代的道士和拥护道教者也许希望，就像叶法善迫使胡僧现出天狐的原形，被逐出境一样，他们也能将胡僧赶出自己的土地，并获得更高的地位。在一则故事里，肇事的狐精就被永远地驱逐到大漠中。黄沙瀚海就是人们对中亚的典型印象。[60]

有趣的是，狐精故事和中国佛教经典中狐精担任胡僧的角色，有异曲同工之妙。《广异记》中的一则狐精故事就记载了武则天在位期间（690—705年），中土和尚大安挑战圣菩萨的事件：

> 唐则天在位，有女人自称圣菩萨，人心所在，女必知之。太后召入宫，前后所言皆验，宫中敬事之。数月，谓为真菩萨。其后大安和尚入宫，太后问见女菩萨未。安曰："菩萨何在？愿一见之。"敕令与之相

见。和尚风神邈然。久之，大安曰："汝善观心，试观我心安在。"答曰："师心在塔头相轮边铃中。"寻复问之，曰："在兜率天弥勒宫中听法。"第三问之，在非非想天。皆如其言，太后忻悦。大安因且置心于四果阿罗汉地，则不能知。大安呵曰："我心始置阿罗汉之地，汝已不知。若置于菩萨诸佛之地，何由可料？"女词屈，变作牝狐，下阶而走，不知所适。[61]

与《广异记》同时的佛教文献《历代法宝记》，正巧也有一则类似的故事。故事中，有名的禅宗宗师、四川净众禅派的创建者智诜（609—702）取代了大安和尚的角色，而为其所败者是一名印度僧人。据载，武则天在位时，请了几位禅师和一位她相当敬重的婆罗门僧人三藏入宫供养。

  剑南智诜禅师当有疾，思念归乡，为关山阻远，心有少忧。其邪通婆罗门云："彼与此何殊？禅师何得思乡？"智诜答："三藏何以知之？"答云："禅师但试举意看有无不知者。"诜有云："去也。"看相身着俗人衣裳于西市曹门看望。三藏云："大德僧人何得着俗衣市中而看？"诜又云："好看去也。"相身往禅定寺佛图相轮上立。三藏又云："僧人何得登高而立？"诜云："赭回好好更看去也。"即当处依法，想念不生。其三藏于三界内寻看，竟不可得。三藏婆罗门遂生敬仰，顶礼诜足，白和上言："不知唐国有大佛法。今自责身心忏悔。"[62]

第一章　中国早期传统中的狐狸

中土僧人被具有读心术的印度或中亚僧侣考验的主题,在早期禅宗的文献中一再出现。故事总是以中土僧人心无杂念取得最后的胜利为结局。[63]我们应该从中国佛教的发展来理解狐精和胡僧间的相似性,以及胡僧甘愿归顺中土僧人的行为。形式上,禅宗是六祖惠能(殁于713年)于武后时期(约700年)创立的,但8世纪以后才在唐代文人间广泛流行,并且完全脱离印度的传统,以中国本土教派之姿出现。道家学说和本土宗教的影响,已证明和这样的发展结果脱离不了关系。[64]其他的唐代佛教宗派也明显地表现出中国特色。他们采用中国式的名字,在中国的脉络里解释梵文经典,并只从汉人祖师的作品中寻找依据。中国传统的祖先祭祀、农历和道教节庆,巧妙地与佛教仪式交织在一起,原本的印度因素大大地被消除了。[65]因此,故事中的狐菩萨让我们瞥见此时的变化对中国佛教产生的影响。

这则特出的狐精故事中还有另一层重要意义。《历代法宝记》和一般的佛教传记里都是以男性胡僧为主角,但是《广异记》中说的是一个武则天朝廷中的女菩萨——武后极力用来宣传自己的形象。甫夺帝位,武氏就遭遇儒家意识和传统观念对其统治合法性的掣肘。李唐王朝的创建者自认为是圣人老子的后裔,这使她无法诉诸道教的援助。与此同时,几个女神,像老子的母亲——圣母元君,在道教诸神中地位显赫,并且屡获朝廷封赐。无论武后如何建立自己和道教权威的关系,只会把她和李家联结得更紧而已。因此,她似乎只能倚赖外来的、势力隆盛的佛教,拥戴自己的统治。武后假借佛祖派了一个全能的女性统治者到中国的概念,刻画这个统治者和自己的相似处。她宣称自己是弥勒降生。据她的新解,弥勒是佛教诸神中的一位女神。[66]

对士大夫而言，武后夺权乃是对传统父权的挑战。虽然拥护李家的势力反扑之时，武后获得不少人的支持，表现出她是个聪明、成功的政治人物。但是，身为女性，在中国古代宗法制度下她仍然无法让人全面接受其统治。她以才人这种低下嫔妃的身份进入宫廷，之后被描绘成一名美女，善用性与权谋——唐人经常用来安在狐精身上的罪名，为自己铺设通往权力的道路。有名的《为徐敬业讨武曌檄》（骆宾王684年作）将她比作历史上倾国倾城的赵飞燕，斥其"狐媚偏能惑主"。[67]安上这样的罪名，"不唯是儒家思想对一个违反仁义和妇德的女人的反击，而且武氏这样做是挑战了保证天下太平，且给予士大夫生存和自尊的古老传统"[68]。

《广异记》的故事或写就于8世纪后半叶，距离武后去世与李唐复权已有数年之久。根据正史的记载，武后统治时期的大臣，即使在原则上反对她僭占了只给男性统治者的位置，但仍然敬重她。武后之后的两位皇帝也承认她是正式的皇帝。直到建中元年（780）前后，《广异记》编成之时，唐朝编纂正史的士大夫才公然讨论武后统治的正统性。[69]上述故事似乎反映了这些朝廷士大夫的声音。扭曲菩萨的性别反映武后崇尚佛教，以及讽刺她不成体统的权力。我们也许可以假设读到这则故事的唐代文人，会将像武后这样的女人视为利用性魅力征服男人的典型狐女，以及挑战儒家传统男性权威的外来者。她被归类成一种危险的文化类型和类似胡人般的外来者。

第一章 中国早期传统中的狐狸

驱狐与镇压狐狸崇拜

"天狐"与驱狐

狐狸异样的本质会酿成灾祸,因此必须遏阻。在猎捕的过程中虽然有天敌——像狗和鹰——常被用来揭露和铲除化成人形的狐精,但是主要还是由道士、佛僧和官员来担任捣毁狐穴、驱除狐魅和排除它们对当地造成恶劣影响的角色。呈现这些斗争时,不同的文类承担了作者不同的道德和宗教议题。

在一些笔记小说中,文人较倚重口述材料,且较能自由地对道德和宗教议题提出个人或不同的看法。他们记载这类人狐斗法的内容时,经常会用较公允的手法来描述:有时候,狐精拥有的力量也许比驱邪师的法力更为高超。举例来说,猎杀具有更高神力的"天狐"是宗教禁忌。有则故事记载,当某道士与强迫官员女儿下嫁的某天狐斗法时,双方交手数十回合。最后,道士作弊赢了天狐。他装死,使天狐失去戒心而被擒。道士如此说:"此是天狐,不可得杀,宜流之东裔耳。"[70]

另在某些故事中,道士和佛僧甚至遭到戏弄,本身的法术为各自祈请的主神所败,实际上,其神是狐精所变的。例如有个身着黄裙的妇人向某个道士学道术,就在道士尽传其术后,妇人露出野狐的身份,并决意离去。随后,由于道士的功力被证明逊于狐女,他便设了一个祭坛,打算祈求太上老君助己捉拿狐妖。俄而,老君现身紫云之上,命神王刀断狐腰。道士大为欣喜,之后,他看见老君从云上降下,化作黄裙妇人离去。[71]另一个例子是这样的:某日,文殊菩萨降临某个县令家里。就在供养数十日后，其子开始怀疑起菩萨的身份。有个道士识其狐狸原形，遂击杀这个假菩萨。后数十日，又有个菩萨乘云而至，家人礼拜如常。县令的儿子又请来道士咒除之，只是这次的法术全然无效。这个菩萨斥问道士："汝读道经，知有狐刚子否？"菩萨自称是早在三万年前得道成仙的狐刚子，而前面为其所杀的菩萨正是他的狐孙。狐刚子为杀孙之罪杖打道士，并令道士归还驱狐所得的报酬。此外，狐刚子还允诺保佑县令的家族子孙永无灾咎。[72]

胡刚子，原本与狐精没一点关系。他是个古代的得道仙人，姓胡，掌握了4世纪以前道教文献中的炼丹秘方。[73]狐精以假菩萨的外貌和道教仙人之名，采取佛道二教的元素为自己创造了一个新身份，并得到香火供奉。笔记小说中叙述狐精的胜利，暗示道士和佛僧透过宣扬自己的神明法力无边，度化信仰民间宗教的信徒时，有时候也会适得其反。新神明至高无上的神威，实际上会让人们重新编写民间宗教信仰的内容，而不是扫除其信仰。[74]

压制狐仙信仰

道教、佛教的文献和官方正史，各以不同的见解记述狐精——它们是地方神明的篡夺者，注定要被驱逐、消灭。道藏中有不少说明如何利用符咒、镜子、匕首和仪式，成功避开或召唤狐魅的方法。例如，一则唐代的道教文献提到位于四川成都的一所祠庙为狐魅所占，取代僖宗时代（874—888年）受封的神明享受祭献。一个厉害的道士驱逐狐魅之后，祠庙的正祀才恢复过来。[75]一部由宋真宗（约998—1022年在位）主持编纂的道教文献里包含四则与狐魅有关的记录，当中有两则道士治愈狐魅引起的疾病和癫狂的记载。另外两则虽然也在申明道士的法术更胜一筹，但也显示道士不只依赖摧毁一途，更想控制那些窃据正祀之神祠庙的狐魅。其中一则叙述，有狐鬼数十只盘泊在供奉唐朝将军、香火鼎盛的李靖（571—649）庙。[76]道士唤出狐鬼，并命它们离开，可保不受杀害。另一则记录则记载曾经幻化成菩萨形貌，骗取长安地区民众供养的数百狐妖，聚集于陕西的邠州城中。因在当时亦有民众受其度化，回心归善，天帝乃不派道士前往驱除，反而授其节符，命其担任邠州的土地神，期满自行离去。[77]

另外，有道教文献记载，后晋（936—946年）世祖（937—942年在位）曾经主持在开封兴设一座"狐王庙"。入宋后，该庙仍然持续数年之久。张商英（1043—1121）任执政（1110—1111年），下令捣毁开封附近一千余所供奉狐王的祠庙。[78]《宋会要辑稿》的记录可以证明这条文字的可信性。据载，政和元年（1111），朝廷诏令摧毁开封府神祠一千零三十八所。民间较喜供奉的神祇，像真武和土地神，其神像则迁入道观和城隍庙之类。其他三种类型的祠祀，像五通、石将军、妲己的祠祀则列入淫祀，加以废止。[79]

如果上述的记载皆是可信的，那么也许朝廷颁布的某些诏令，目的是要重整宋代早期香火鼎盛的祠庙和祭坛。[80]至少北宋的通俗文学即泛指商纣王的宠妃、恶名昭彰的妲己为狐精，因此妲己庙实际上也许就是指狐精庙。[81]又，南宋的学者洪迈（1123—1202）曾指江南的"独脚五通"崇祸人类，正似"北方狐魅"。[82]这样的观点也许在北宋就已经形成，因为开封府及其附近地区就是以狐狸多而闻名。而狐精和五通又被认为均属山魈，性阴，与淫放情色有关。[83]一则10世纪的佛教文献就将狐精与五通的概念连在一起，而五通是佛教徒和非佛教徒行使的五种超能力。狐精的超能力排第五，谓之"妖通"，其上的四种是道通、神通、依通和报通。[84]因此，以妲己为名的狐精，很可能就与五通共同列于淫祀之列。当然，北宋时张商英摧毁的千余种淫祀，经过长期的口头或文字传播，在元代的道教文献中被当成千余所供奉狐王的庙宇也是有可能的。然而，这两种说法之间的模糊地带意味着狐仙信仰在百姓之间是如此兴盛，也如此明显地威胁官方正祀的地位，因此成为道教文献中淫祀的代表类型。

不过，宋代试图摧毁狐仙信仰的成效极差。张商英离开相位后，据传狐魅成群结队，窜进宫廷。它们窃取宫中宝物、祟惑宫娥、骚扰内廷。宣和三年（1121），徽宗（1101—1125年在位）召神霄派道士王文卿（1093—1153）入宫。王文卿行五雷法，破除狐魅。他在京城东北门内筑三层雷坛，并在其中安放铁瓮一只。入夜，他手持宝剑，登上雷坛，画写符咒，并连声叱咤。不一会儿，风电大作，神兵缚住数鬼，将之推入瓮中。之后他以符咒封住瓮口，并埋入地中。翌日，他呈报皇上，狐魅将不再为害。[85]

然而，王文卿的雷法并未能永远制住狐魅的行动。据《宋史》记载，金人入侵前夕，有只狐狸从艮岳来。那儿正是存放恭贺徽宗皇帝太平兴国的统治而进贡的珍禽异兽、异花奇石的所在。狐狸进入宫禁，且据御榻而坐，皇帝因此立刻下诏摧毁开封府所有的狐王庙。但是,此举未能保护宋朝免于"胡人"的侵略。[86]距离狐狸入宫五个月后,北宋命数已尽。这时,狐狸的出现已不是圣王之治的象征,而是某种入侵的预兆。

除魅的地方官

据传,中国的官员在监督地方宗教活动的工作方面有除魅的能力。北宋官员和道士一同整肃狐仙信仰的同时,某些地方官也在与狐精斗法。让我们回忆一下宋初僭取邠州土地神位置的狐精。《宋史》记载,当时,在一所供奉地方神明的庙旁有群狐挖穴造居,吸引不少信徒。狐精透过灵媒的襄助展现神力,地方人民凡水、旱、疾、疫,皆向庙神祝祷。在当地,言说"狐"字甚至成了禁忌。但是,大中祥符三年(1010),以处理淫祀毫不留情而闻名的王嗣宗出知邠州,下令捣毁该庙。他找出庙下的狐穴,杀死狐狸数十只。《宋史》的编者称:"(邠州)淫祀遂息。"[87]

然而,倘若把《宋史》、道教文献和宋代文人笔记中的几则相关记载读得仔细点,会发现邠州狐狸庙一些被忽略的面向。《宋史》记载,王嗣宗到邠州任职前,当地的狐仙信仰已经相当盛行,几乎所有的官员到任时都要去上香。换句话说,当地官员对狐仙甚为崇敬,而王嗣宗的行为不过是个例外。道教文献的记载里,借由阻止道士驱狐,由天帝授予符命来看,事实上承认了狐精暂时担任土地神的合法性。再者,王辟之(1031—?)的《渑水燕谈录》和吕希哲(1039—1116)的《传讲杂记》,成书年代约在王嗣宗摧毁狐狸庙八十年之后,均早于《宋史》。两者均如《宋史》所述，狐精并非其他合法祠祀的代理者，反而是靠着自己的力量得到民众的奉祀。《传讲杂记》称该庙为"狐王庙"。[88]

《传讲杂记》的故事结局也不同。王嗣宗的确用烟熏灌狐穴，捕杀狐狸数百只。但是，"有大狐从白光中逸去，其妖遂息"，故事更加上："后人有复为立庙者，则寂然无灵矣。"[89] 然而，逃去的大狐和邠州人复庙的企图在更晚编成、以官方立场编纂的《宋史》中则一点也没有提及。故事中保留的细节证明，《传讲杂记》的作者，也许还有邠州人，都认为淫祀没有被连根拔除，只是离开这个特殊的地点而已。作者对邠州人重建祠庙的意图一点也不讶异，证明取缔淫祀的工作并非例行公事，依赖于个别官员的人格和道德立场，而非朝廷的令到必行。

在金人的统治之下，狐仙信仰依然受到民众的欢迎。著名学者元好问（1190—1257）得意地回想起他的外祖王君在鄜州洛交县处理的一件为人津津乐道的事。大定年间（1161—1189年），王君正任职洛交县主簿，逮捕一个叫作白神官的灵媒。这个灵媒借"左道"吸引了不少人。王君审问他为何能变怪，他回答皆是天神使他能为此事。结果，原来他能行左道变怪的来源是一罂狐涎。最后，他没能挨过杖打两百就一命呜呼了。据元好问说，这个事件为王君赢得全县人的爱戴。四十年后，乡人仍在传颂此事。[90]

元好问也为另一个地方官取缔狐仙信仰的成就喝彩。明昌二年（1191），一个名叫胡彦高的人被举荐为山东莱州即墨县的县令，该县以土地贫瘠、民情乖陋、世宦之家违法乱纪闻名。到任之时，胡彦高发现县衙久为"妖狐"所据，它们昼伏夜出，变

第一章　中国早期传统中的狐狸

成狱卒,纵放囚犯,或是化为官妓,媚惑男子,以致有受迷乱而死者。邑人出于恐惧,只得设坛奉香,已有五十余年矣。

胡彦高有意夺回县衙屋舍,他说:"官舍所以居贤,今令不得居,而鬼物据之耶?"翌日,他就公厅处理起公务,太阳下山后,还点起蜡烛。夜半,他听见狐鸣,不一会儿,他就被数百只狐狸团团围住。有只大白狐来到中间,大声吼叫,好像要攻击他。胡彦高端坐不动,与狐狸四目互瞪。过了好一阵子,狐狸引退。相同的情形一连三夜,之后便没再发生。半个月后,有县尉巡逻回来,报告说他见到数百只狐狸往县的东北方前去。不久,登州某县的一个妇女为狐精所祟惑,被一名道士行法捉住。道士令其吐实,原来她是被胡彦高赶出即墨的狐精。因此,即墨父老便以公(胡彦高)为神,刻石颂德,纪念其去除妖狐之功。[91]

也许没有其他的例子能够更清楚地说明狐仙信仰除之不尽和屹立不摇背后的含义。狐精的种种变化,像不顾后果、纵放囚犯的狱卒和淫乱的官妓,这也许是地方社会混乱无秩序的缩影。这个情形挑战了原来应该由官方来维持的法律和道德秩序。狐狸占据县衙是个象征,因为这些脱序的生物似乎反映地方势力强大到足以与官方抗衡。人们认为它们对于知县的合法权威具有潜在的威胁,而知县的权力是自上而下,来自这个社乡里之外。将原来奉祀狐精的场所改成奉祀县令牌位的地方,乃标志着官僚行使国家权力,控制地方社会的有害因子和劝化乡民服从国家统治的胜利。像元好问这样热情洋溢的记录者,让胡彦高成为了一个模范官僚。

但是,我们从字里行间读出了记录者也许不想表现出来的另一面。毕竟，在胡彦高到职之前，"妖狐"已经担任县衙的主人至少五十年，而在他之前甚至没有人采取行动。胡彦高的成就也被证明是有限的。狐狸只是被逐出他自己的辖区，它们并没有完全消失。它们窜入邻近的县份，为这个严格的县令任期结束后返回此地留下高度的可能性。

  中国从上古到中古时期，在狐狸的表述方面具有暧昧不明与相互矛盾的特征。源自巫教传统，到汉代又有更加繁复化、难以理解的诠释：狐狸是一种独特的生物，其身体标志和生理特质形成吉利和魅惑两种力量。佛教、道教和某些官员认为，凭恃阴气的狐精是左道、不入流的。它们迷惑人类、行使妖术、引发疾病和亵渎神明，因此必须除去。但是，随着教义、神谱和科仪内容的系统化，佛教和道教也构筑出一个复杂的结构，民间信仰也因而得以推展和复杂化。道教和佛教中相同的元素，像年龄和长生、变身术和打坐的技术，逐渐变成狐精力量的核心。我们在不同的文类中探求有关狐狸的多元陈述，看到官僚和宗教人士努力地想掐住这些精怪的恶行，有时却力有未逮。我们也看到这个信仰如何凭恃自身的边缘性而大行其道。

  狐狸也有社会和政治意义。在历史的过程中，狐狸毛茸茸的尾巴被用来当作政治德行和家族人丁兴旺的象征；狐狸和最根本的阴性力量联系在一起，代表女性的魔力。在晚唐特定的文化氛围中，狐狸被看成是文人的超我，文人宠姬的超我，最重要的是居住于汉地的胡人的超我，后者是晚唐社会各层面的外来边缘人。宗教活动、家族利益和社会经验彼此交互作用，再三强化狐狸的边缘地位，并重构其所代表的社会类别。

第二章
狐仙与狐仙信仰的扩散

浙江人郎瑛（1478—1566）说他曾听过北方有狐狸成精、能变身男女之事。嘉靖八年（1529），他途经山东临淄，好奇地向当地人询问该等情事。以下是据当地人的陈述所记：

> 狐每夜半即潜入贫家破屋，至卧榻中，出口受人鼻息。人觉，闻其气，骇曰："打皮狐！打皮狐！"然不知其去几许矣。如此久之便能缩形，地不可进处亦能以进，愈久便能变化，遂与民间男妇相淫乱，各寻其雌雄以合，且善摄其财物以益主。其所私者死，复移他室，人亦不甚怪也。[1]

郎瑛的记述呼应了张鹭和其他唐代资料的说法：狐狸窃人精气，练成法术，化作人形。是变成狐男还是狐女，则与它们交媾的男女有密切关联。此外，它们如同唐代村屋中的狐神，给奉祀的主人带来好处。这些共同的特色说明，尽管政府一味地禁止，唐朝以后的文字记录也相对缺乏，但狐精仍未从人们的宗教生活里绝迹。郎瑛的好奇也说明，对当时整个国家的读书人而言，狐仙信仰是华北区域的特有现象，也为一般人熟知。这些知识可能是通过过去和当代的文献为全国范围内的有识之士所知。

郎瑛当然不是唯一一个在狐精中探索地方信仰的人。从16世纪到20世纪初，狐精故事继唐朝以来，再度大量出现在文人的笔记小说中。大量的资料提供了许多与狐仙信仰有关的宝贵信息。19世纪末和20世纪初的地方志、传教士的报告和民族学者的研究，一方面弥补了笔记小说之不足，一方面也确认了信仰的历史延续性。本章即利用这些不同的资料，解析华北，尤其是河北、山东和日后所称的东三省，如何成为狐仙信仰的中心。由于宗教经典、组织和著名的圣地付之阙如，本章特别着重在特殊词汇"狐仙"上，研究狐仙信仰在这个区域内和区域外的传播情形。在封建王朝晚期及近代，"狐仙"经常被用来指狐精。这个词在不同文类里和不同出身的作者的使用下，提供了一个窥见狐仙信仰在地方层级和国家层级中得以持续的窗口。

华北的狐狸

在明清时期的河北和山东的地方志里，常常可以看到狐狸以土产之姿登场。它们爱在无人居住的废墟里挖穴筑巢，徘徊于农村和城市等有人烟之处，在街角、后院和空房间中造穴藏窝。[2]就像提供消息给郎瑛的人，华北的居民往往不得不与野狐有实际的接触，甚至是在家里，乃至就寝之际。诸如此类的接

第二章 狐仙与狐仙信仰的扩散

触,也许为大众对狐精的信仰带来直接的影响。明代,北京的官员发现,每当三年一度的会试举行之际,狐狸就会横行于京师贡院。[3]一则晚明的材料说河北邢台的一户人家常养着一大群狐狸。[4]蒲松龄是临淄人,郎瑛就是在这里遇到了那个提供狐狸信息的人。蒲松龄说了一个自己亲人的故事,恰好证实郎瑛的说辞。据蒲松龄所记,某日,孙伯父正在打盹儿。半睡半醒之间,他感觉到有东西蹿上床。接着,他一阵眩晕,有如腾云驾雾一般。他想,可能是狐精趁着睡梦来魅惑他。睁眼一看,就见到一只如猫大小的动物,黄毛绿嘴,悄悄地从他的脚爬到腿部,再上到腹部。狐狸继续往前爬时,他猛然起身,按住它的脖子。然而,他和妻子要用绳子缚住狐狸时,狐狸一面挣扎着一面缩身,一溜烟地逃走了。[5]

游历或住在北方的南方人被狐精迷住了,就像郎瑛那样。事实上,某些宋元时代的资料已经指出,南方发现了狐狸的踪迹,但仍不改狐精是华北特产的成见。[6]长于北京并在北京担任官职的浙江人沈德符(1578—1642)提到,狐精在京师和周围的"齐、赵、宋(今之山东、河北、山西和河南)"之间相当普遍,然"过江则绝不闻有言"。[7]郎瑛和福建出身的谢肇淛(1567—1624),比较了北方的狐狸和南方的猿猴、蛇与五通的另一个化身"山魈"。谢肇淛观察到:

> 齐晋燕赵之墟,狐魅最多。今京师住宅有狐怪者,十六七,然亦不为患。北人往往习之,亦犹岭南人与蛇共处也。[8]

承继南宋（1127—1279年）洪迈观点的蒲松龄，重申狐狸和五通之间的相似之处："南有五通，犹北之有狐也。"[9]就某些明清笔记小说的作者看来，五通和狐狸的身份似乎可以互换，暗指在大众的心里，两种妖怪的形象是合在一起的。[10]

出现在北方的狐狸，与偶尔现身他处的狐狸也有分别。沈德符提到他在浙江的山里游览时，经常见到狐狸，"但不能逞妖如北地耳"。[11]一个世纪后，纪昀被流放到新疆，基于对家乡附近（今之河北）的狐精的认识，提出类似的看法。乌鲁木齐的近山多狐，然而"未闻有祟人者"。他进一步说明，当地猎狐者尤多，狐长到老寿之前已经被杀，无法为魅害人。[12]沈德符和纪昀的说法加深了这一看法：在华北，狐狸天生就被当作有神力的动物，而且有形的狐狸和无形的狐精之间极少分别。全国其他许多地方也有狐狸栖息，狐仙信仰却为华北所独有。

明清和民初的笔记小说点出江北各处狐精活跃的地点：北至辽宁与内蒙古，西达甘肃，东抵江苏，南及湖北和安徽境内长江沿岸的多处地方。中国南方的浙江、江西、湖南、福建、四川、云南、广东和广西亦有少数狐精活跃着，而且有各种狐仙坛和祠庙坐落在南京、杭州、衡州（湖南）和福州（福建）等城中。例如安徽南部的芜湖，商铺几乎家家设位供养，闹市中尚有狐仙堂数处。商人笙歌祭享，每月多达十余次。[13]另一则材料仔细地描述了湖南衡州狐仙信仰的情形。在衡州，男巫负责制作狐精塑像，称之为"干娘子"，并祀之如"菩萨"。灵媒在像中放置鸡蛋，每三年更换一次，蛋却不腐坏。[14]一则晚清的材料记载，甚至在未曾发现狐踪的台湾，也有一处供奉狐精的祭坛。[15]又，晚清的福州有座裴仙爷庙，围着一棵老榕树而建。传说有狐精化身成巡抚的师爷，随后在树下成仙。每年农历三月初十，当地人为其庆祝诞辰。此风一直延续到民国时期，1949年后旋遭禁止，20世纪80年代再度恢复，这期间有许多福州人带着他们的裴仙爷信仰前往台湾。[16]

尽管如此，中国北部，尤其是河北、山东、山西、苏北、安徽和东三省，依然是狐仙信仰的核心区域。19世纪和20世纪初以来的资料也指出，狐狸仍旧被当作五种神圣的动物之一而受祀，称之为"五大仙""五大门"或"五大家"。在某些地方，前述的信仰由四种动物神而非五种组成，那些动物通常包括狐狸、黄鼠狼、刺猬和蛇。狐狸和黄鼠狼总是在其中，其他的动物则因地而异，包括虎、狼、野兔或龟。[17]天津士人李庆辰（？—1897）说明五种动物在大众心里的形象：

> 予乡有供五仙像者，其神为胡黄白柳灰。胡，狐也；黄，黄鼠也；白，猬也；柳，蛇也；灰，鼠也。予谓此五者，可以分五色。客曰："白黄是其本色，灰为黑，而柳为青。然胡可为赤乎？"予曰："可。"诗云："莫赤匪狐。"客亦为之粲然。[18]

19世纪末到20世纪初的地方志和民族志研究验证了狐仙信仰和五大家信仰在中国北部及东三省流行的情况。日本汉学家永尾龙造注意到，狐精"在华北和即东三省受欢迎的程度，几乎家家户户皆供奉之"。[19]杜瑞（Henry Doré）描述信仰"狐魅"和"象征信仰的画像"，"遍及江苏和安徽两省，尤其在偏北之处"。[20]河北的《万全县志》表明，供奉狐精是一种攸关社会生活，又甚为个人化的信仰行为：

> 各家皆供狐仙以为保佑，甚至有一人即供一狐仙，俗呼为本身狐仙。于初生时即供之，生男则供女狐仙，生女则供男狐仙。男娶女聘后，则所供之狐仙亦改绘男女双坐矣。人死则将本身狐仙焚之，或装于棺内。[21]

河北的《涿县志》记述了当地人是如何厌恶外来宗教，抗拒天主教的传教士的。反之，他们"惟对狐仙信仰甚深，家家供奉……遇有小疾病即云'闹老仙'"[22]。《沧县志》则叙述：

> （巫觋）崇祀鼬狐蛇猬，愚民有病者恒延之，至则必曰蛇猬为魔，于是焚纸燃香，旋舞跳号而禳之，或掏击病人股腋，云为驱魔，香烟未烬，而病者震死。[23]

狐仙信仰也分布于东三省的信仰地图上。在1919—1964年间编成的东三省地方志中的几十种"礼仪民俗"项里，记载了狐仙信仰的情形。[24]泷泽俊亮从东北地区香火鼎盛的神坛和祠庙的调查中发现，供奉狐仙的神庙占多数：奉天（沈阳）有十六所，吉林有四十六所，敦化有六所，延吉有六所，东京（长春）有六所，一面坡有两所，阿城有六所。在奉天，一处供奉狐精的名庙被称为"仙人洞"。碑文记载，该庙首建于雍正六年（1728），道光二十年（1840）曾经重修。[25]辽宁《安东县志》记述，当地

第二章 狐仙与狐仙信仰的扩散

人为表示尊崇,以"胡"代替"狐",巫者为之建神堂,供香火。[26]辽宁《义县志》记载:

> (狐仙)庙或称胡仙堂,或称大仙堂,笃信而祀之者甚伙。亦有因病为之立小庙如祀土地者,而巫者奉之为主神。[27]

狐仙信仰亦与传统节日结合在一起。人们视狐精为财神,在新春期间举行庆典。东三省南部的一个村子里,每年五月十三和每月的初一及十五,当地人为战神关帝举行庆典时,也一起供奉狐精。在河北的张北、万全两县,及吉林的海龙县,人们在九月初九大肆庆祝狐神诞辰。是日,巫者定要"悬灯结彩""鼓乐喧天",以敬祀狐神。其他的信徒则宰羊祭奠,准备厚礼馈赠巫师。在河北的武安县,每村皆有女巫供奉狐精。每年二月、三月,女巫群集,击鼓跳舞祈神,吸引众多男女观看。当地俗称为"师婆会"。在河北抚宁,百姓经常在每月初一和十五奉祀狐神庙,神诞日则在四月初六。庆典期间,演剧与鼓乐齐行,男女杂处,而商贾趁时营利。此乃每年的地方盛事之一。[28]

狐仙:狐精的多元意义

狐仙信仰在各种不同的地方条件下蓬勃发展,但没有比人们用来指涉狐精的词汇更能直接展现其歧异和内在的暧昧意味。百姓感受到它的护佑力量时，称之为狐神或狐王。但有时候，人们也认为狐精是捣蛋鬼，把它们叫作狐魅、狐妖、狐怪、狐鬼或狐祟。当然也有相对中性的词汇。小说中提到狐精时，往往只以"狐"名之。同样，"狐"和"老狐"并不带有特别的道德含义，不论指涉的狐精有益或有害，人们皆冠之以"狐"或"老狐"之名。叫一只狐狸"老狐"或"狐精"，即暗指其老寿及炼术有成。唯近晚清之际，"狐精"一词才有贬抑的意思。[29] 明清时期及民初的人们经常使用这三种类型的词汇，有助于在不同的情境下描述关于狐精的冲突，甚或混淆不清的概念。

这些词汇中以"狐仙"最特别。"狐仙"首次出现于文学作品是在晚明，到了清代及民初则越来越通行。这个时代的故事里，狐精出场时，不仅以"狐"自介，有时还会自称为"狐仙"。笔记小说的作者，不是直接引述故事提供者的用词，就是自发地使用"狐仙"这个词。乡民多用"上仙""仙家""大仙"或"仙"来称呼狐精。最迟在晚清，"狐仙"一词胜出，成为一般文学和俗文学中最常被用来称呼狐精的语词。透过研究"狐仙"的多元意义，能表现出狐仙信仰本身在性质上的矛盾，有助于我们追溯其传播的过程。

仙：超越生死和文人的追寻

超脱尘缘的生命体"仙"，传统上习惯译为"长生者"（immortal）或"完美者"（perfected）。它们具有永恒的生命，不属于神界或凡间。它们因能够自由地来往，不受任何特定地点、庙宇或坟地的拘束而与神或祖先有别。仙不以其德行知

第二章　狐仙与狐仙信仰的扩散

名,与儒家的圣贤人有异,相反,它们——

> 远离尘世,藏身山林,遁居洞穴……像巫者一般,它们能够兴风降雨……过火而不灼,遇水而不濡湿。它们懂得操控阴阳……只要高兴,便乘云驾雾,来来去去。它们背长羽翼,乘鹤驾鱼……能未卜先知。它们掌握了时间和空间。只要愿意,便能化须弥如芥子,变细砂如宇宙。它们乍隐乍现……以空气、云雾、花、种子和药草为食。如同医者,它们配药,行气功。简而言之,它们集驱邪师、巫师和神的特征于一身。[30]

最近,康儒博已经将"仙"与"长生者"区别开来,并改译成"超越者"(transcendent)。他认为,"长生者"仅是不受时间约束而已,中文的"仙"既非逃离变化的时间,也不是进入一个完全不同的地方,尽管它们处理时间和空间的手腕独特,但仍然处在一个由时间和空间组成的架构里。[31]早在东晋年间(约4世纪),羽化登仙已有等级之别,如同葛洪所言:

> 按《仙经》云:上士举行升虚,谓之天仙;中士游于名山,谓之地仙;下士先死后蜕,谓之尸解仙。[32]

由于明清时期的文献表明狐精优游于神人两界之间,因此,其时的"狐仙"大致与中国早期传统中的"仙"意义相同。如上所述,狐仙寿达百年,拥有神力。故而在这些基本的概念下，解析"狐仙"一词便有各种不同的方法，文人和百姓的诠释中也反映出天仙、地仙、尸解仙三种等级。

文人将他们所知的狐精寻仙的过程，透过许多讨论记载在笔记小说里。以纪昀的同乡人、18世纪的士人高冠瀛所说的一则故事最具代表性。有个男子抓住一只爬到他床上打算窃其鼻息的狐精。男子对这只狐精无法幻化一事感到讶异，质问其祟害之意。狐精答道：

> 狐之灵者，皆修炼求仙。最上者调息炼神，讲坎离龙虎之旨[33]；吸精服气，饵日月星斗之华，用以内结金丹，蜕形羽化。是须仙授，亦须仙才。若是者吾不能。次则修容成素女之术[34]，妖媚蛊惑，摄精补益，内外配合，亦可成丹。然所采少则道不成，所采多则戕人利己，不干冥谪，必有天刑。若是者吾不敢，故以剽窃之功为猎取之计，趁人酣睡，仰鼻息以收余气，如蜂采蕊，无损于花。凑合渐多，融结为一，亦可元神不散，岁久通灵，即我辈是也。[35]

前两种修炼形式大致遵循道教内丹派的做法，该派自宋代以来重要性日益增加。内丹派强调"双修"，结合身、心两方面的训练，使修炼者体内阴阳调和，达到初期的成仙，名之为"金丹"。[36]高冠瀛提供的这则故事也提到，在古代和中古时期的中国，主流社会普遍接受房中术，将其视为延年益寿和修炼不死丹药的基本途径。然而，六朝时期的道教上清派则直斥房中术，但房中术仍以私欲的形式保存了下来，这种情形在道教内

第二章 狐仙与狐仙信仰的扩散

丹派中一直延续到宋朝以后。从12世纪起,随着理学逐渐取得正统地位,房中术反而常被贬为旁门左道。到了明代,一度被认为是健康的婚姻性生活指导的古代房中术,被贬抑成主修者采摘处子元气的无耻行径。唯有精神修炼达到某种程度时,两性之间阴阳的调和才被认为可取。社会的主流价值鄙视,并谴责那种身体上的交合。[37]按前引故事所述,狐精寻仙的前两种方法反映内丹派发展的两种方向:可敬的心性修养和淫邪的性修炼。

高冠瀛叙述的故事里,蜕形羽化是升仙的最佳途径,而且是只能透过静坐以及神助和自然之力才能取得的特权。第二种修炼方式既犯天条又招危险。尽管故事中并没有说明采取这种方式的狐精会变成何种仙,但这种方法也可以修炼成丹。耗时数年才能修炼完成的第三种方式,由于精气之源不纯,狐精只能练成连最低级的仙都称不上的幻形之术。高冠瀛是终其一生全心投入科举的饱学之士,但除了乡试,余皆败北。借由这则故事,他把狐精寻仙的修炼直比士子追寻科举功名,哀叹己力尤有未逮。对高冠瀛来说,稳坐高位并享有文名的纪昀属于第一种类型。高冠瀛自己无法与之相比,也无法仿效其他两种类型,利用他人来达成自己的目标,故无法生存下来。

既是科场上的成功者,又是纪昀的老师之一的何琇[雍正元年(1723)进士],在另一个层次上讲述了他对狐精寻仙的看法。他也借由一老狐之口诉说两种途径。较为合适的方法是先化成人类,再羽化登仙。狐精必须先研读圣贤之书,明白三纲五常之理,变化己心之后,才能化成人形。既而为人后,静坐冥思,涤清杂念,由是登仙。采精气、拜北斗是走歪路,那是一条与妖术和通灵幻化有关、快速却危险的途径。高冠瀛和何璙的诠释或有不同，但何璙将狐精的寻仙与自己作为一个儒学家和为人师表的社会身份联结起来，并用狐精的修炼来解释自己的道德教诲。[38]

高冠瀛与何璙理解的狐精寻仙方式和过程，也告诉我们文人是如何去理解他们居住的世界。他们都认为，在狐精和人类的世界里，不止一种方法能达成其崇高的目的。他们均能体会，如在何璙的故事里提到的，有时也对修炼的正统方式感同身受。然而，他们二人也不排斥利用不正当的方法达到相同或类似的目的。换句话说，旁门左道能够产生同样强大的力量，会挑战并暗中破坏正规的做法。既无追求第一种修炼方法的能力，也没有采取第二种方法的勇气的第三种类型的修炼者，只要接受既存秩序，又心甘情愿地做出道德规范方面的妥协，钻法律漏洞，也能达成目标。文人对狐精寻仙的理解，表示其接受既成的秩序和权威，却也容忍甚或张开双臂欢迎自己无法认可的途径。

仙与巫者

当我们从百姓的角度来诠释"仙"，"仙"的意义将益形复杂。在本章一开始引用的史料里，提供故事给郎瑛的人并没有直接提到"仙"的概念，但他们清楚地暗示，狐精窃人鼻息和精气以进行修炼。20世纪40年代，李慰祖（Li Wei-tsu）在北京近郊进行的民族学研究显示，人们对狐精的上述认识一直持续到20世纪。据李慰祖访问的人所说，为了成仙，有仙缘的狐精有三种修炼形式。良善的狐精退隐山林，苦行锻炼；邪恶的狐精

第二章 狐仙与狐仙信仰的扩散

为祟害人,与人交媾,取其精气;其他不好不坏的在人群中惹是生非、挑起争端,趁机吸取争斗者释出的大量气来修炼。[39]

乍看之下,前引高冠瀛的故事和李慰祖的民族学研究报告,对仙的种种看法大体一致。但是,其中有重要的歧异点。郎瑛告诉我们,虽然山东人知道狐精寻仙的伎俩,不过他们更在意狐精所拥有的法力。李慰祖所访问的人也有相似的心态。他们了解三种修行方式均可协助狐精修炼成仙,但在善狐和恶狐之间没有区别,他们也全然没有提到升仙一事。反之,他们详述狐精自身的修炼方法,就像四百年前郎瑛访问的人所说的那样,只是更加详细。就提供李慰祖资料的人所知,狐精修炼的终极目的是修成人形。为了实现这个目的,狐精必须备尝艰辛地修行五百年,以练成"聚则成形,散则成气"的能力。经过一段时间的苦修,狐精就能"褪去狐形,经由人类的五官和性器官进入其身体",这使狐精能附身在男人或女人身上。被附身的人会陷入疯癫的状态,精力会被消耗殆尽。告诉李慰祖这些事的人也相信,除非那些修行的动物已先积德,否则天道也不会让它们修炼成形。此类善行之一是先"撒灾"成疾,再行治愈。受害的情形是,一个家庭内,只会有一个人受到病痛的折磨,而这个人往往命中注定和狐精有缘。[40]

对李慰祖访问的人来说,良狐与恶狐之间的区别大多是说说而已,影响他们日常生活的狐精兼而有之,无法清楚分辨。人们以为只有良狐才退隐山林,进行苦修。然而,狐精取得附身在人类身上、吸收人类的精气、用疾病祸害人类的法力,正好也是修炼的成果。此外,如前引何琇的故事中所说的,变换狐心以化成人形只是即将成仙的标志而已。但是李慰祖所访问的人认为，变成人形是狐精修炼的最大成就，它强化了狐精变形的能力。郎瑛和李慰祖问到的人都呈现了一个广为人知的解释：为了练成幻形之术并修成人形，狐精必须吸取人类的精气。而只要狐精练成了幻形的能力，就一定会化成人形，接着就与凡人交媾，积聚更多的精气。在他们的理解里，将"仙"解释成"神仙"似乎是微不足道且肤浅不堪的，"仙"的意思乃在强调狐精的魔力、超自然力和暧昧不明的一面。

李慰祖指出，提供给他资料的村民口头使用的"仙"的意义与文学及一般将"仙"理解成"神仙"者有差距。他发现，欧洲的语言里，没有文字能确切地表达出村民所指的"仙"的意义。他认为，必须把"仙"在文字上译成"神魔"（genie）或"妖精"（fairy）。但在长达九十四页的英文报告里，他不曾使用"神魔"一词去称呼任何一个村人所祭拜的动物神，而当他提及隐居山林、苦修苦行的良狐时，也仅有一次使用"妖精"一词。他大多将村人在家中和巫者在神坛供奉的狐精译作"神灵"（spirits）。在某些地方，他称它们为"鬼"（ghosts）。

"仙"这个字不唯用来指那些善变的神灵，也用来指涉长于和灵界沟通、并献身给这些神灵的萨满和巫师。洪迈在12世纪曾这样介绍被五通祟害的牺牲者："妇女遭之者，率厌苦不堪，羸悴无色，精神奄然，有转而为巫者，人指以为仙。谓逢忤而病者为仙病。"[41]如是的言论，穿越时间和空间的限制，与前引李慰祖的论点不谋而合：狐精以"仙"的身份，在巫师的协助下，散播病源，又治愈祟病。李慰祖也指出，展现出巫师潜力的人，据说有成仙的资质：仙根。[42]萨满和巫师有时称自己为"神仙"。他们进入出神的状态，既唱又跳，和神灵沟通，谓之"跳大仙"或"跳大神"。[43]在这些场合里,"仙"和"神"之间可以互换。此处,神指的是卑微小神,或是死人的鬼魂,还是神威广大的神明,则相当不清楚。明清时期的故事也把神灵和灵媒称作"仙",尽管纂辑那些故事的作者着重的是前者,对后者语带保留。举例来说,在一则题为《上仙》的故事里,蒲松龄和他的文友们得知"南郭梁氏家有狐仙"。"仙"在此意指神灵和代表神灵喉舌的灵媒。但他们造访灵媒家中的仙坛时,故意忽视灵媒的中介角色,唯称下降的神灵为"仙"。[44]神灵本身虽然深受广大信众的敬重和供奉,但一般的官方标准则轻视萨满和灵媒(第四章)。因此,狐仙信仰中的"仙"字,包括敬重和轻蔑两重意义,与道教理想中的仙无甚关系。

仙与情色

在文学作品和大众的想象里,被当成性玩物且年轻貌美的妇人,也被叫作"仙"。中国早期的一些传统中,巫山云雨是延年益寿、羽化升仙的必经过程。中国中古时代的文学作品也描写在出神和神游状态向神物求爱的男巫与女巫,将之比作道教的"仙"。与仙女恋爱则是六朝时期文学作品的流行主题。到了唐代,"仙"常常被贴上性别的标签,指那些活跃的道姑,也指艺妓、娼妇和一般的欢场女子。对唐朝的艳情文学作家来说,"妓"和"仙"的形象相互关联,甚或能够互相转换。偶遇仙女被比喻成与欢场女子有一段真实的浪漫情事。同时,艺妓色诱男人投向她们的怀抱,被当成仙女或女神下凡寻找真爱的原型。例如唐朝的鱼玄机(844—871),既是名妓,也是有名的

狐仙崇拜：中国封建王朝晚期的民间信仰与民众心理

女冠，遂使"妓"与"仙"之间的形象变得模糊不清。张鷟的古典小说《游仙窟》，绘声绘影地描绘了一个年轻士人与漂亮少女在山居的一段男欢女爱。[45]唐代艳情文学描述女性"仙"的形象，就其本身来说，既不是道教的仙人，也不是灵媒。更确切地说，当男人遇上迷人的女子，"仙"的寓意引发了狂欢与激情，无论这种情感是真的也好，假的也罢。

在这之后的中国的艳情小说里，"仙"的意义被广为使用。明人经常将艺妓比作神女。以漫游仙境作为主题的明清小说，总带着情色的意味，而男女之间的爱恋也常被描绘成神仙眷侣。[46]例如晚明小说《艳异编》，乃把"仙"与"妓女"分部而列。不过，粗浅地比较两者，可以看出作者实际上乃以同样的语言和意象描述女仙和艺妓。当遇到文人时，两种类型的女人展现的是色艺双全的特质。"仙部"的一则故事描述，有个美丽的仙女一再勾引某个男子为其入幕之宾，有次还被臭骂成"妖精"。一些"妓女部"的故事描述，恩客常爱把色艺兼具的艺妓比拟成"仙"。[47]两种类型的女人均是文人恋爱和痴想的对象，同时也激起他们的仙思。但她们和高冠瀛、何琇，或者郎瑛和李慰祖访问的人所描绘之"仙"，完全是两回事。

"仙"和"妓"合流的结果，也许为中国封建社会晚期"狐仙"一词的使用带来莫大的影响。虽然均涉及爱情和修炼，但唐宋故事中的狐女未曾被称为"狐仙"。这个词首度在明人笔记《狐媚丛谈》中出现，当作唐朝故事《华山客》的新题名。[48]故事原本叙述元和三年（808）冬，一个美女叩击隐居华山的党超元的家门。党见女子样貌，惊为天人，觉得她若非天仙，亦非寻常人，认为这名女子是为求鱼水之欢而来。不料，她告诉党超

第二章　狐仙与狐仙信仰的扩散

元,她对床笫之事兴趣缺缺,她是住在华山南古冢里的妖狐,学道数年,如今业满愿足,将尸解成仙。[49]她请求党自一个猎人手上保全她的尸体,好生埋藏,以保她能升仙。党如其所请。数天后,此女再度叩门,向党致谢,赠金数斤后乃登仙界。

这则故事也收在宋代曾慥的杂记《类说》里。他也撰写了道教重要的内丹术著作。曾慥将这则故事加以删节,保留了女狐升仙的焦点部分,并题名为《冢狐学道成仙》。[50]这是第一个狐精故事题名包含"仙"字,意指"神仙"的例子。

因为《狐媚丛谈》记载的这则故事,比《类说》的版本保存更多唐朝原本的细节,故我们仍然无法得知明代编纂《狐媚丛谈》的人是否接受了《类说》中强调升仙的说法。我们也难以推断是不是《狐媚丛谈》的编者创造了"狐仙"一词,抑或他只是用了一个同时代人都熟悉的词汇而已。不过,用"狐仙"作为故事的题名,透露出复杂的讯息。从表面来看,编者企图谈论狐精登仙一事,视"狐仙"为了却尘缘的神仙。然而,故事的第一部分与此众所周知的定义相矛盾。故事中的年轻女人才貌兼备,正是艳情小说描述的艺妓和仙女的特质。党超元对那样的女人的直接反应也说明,对男人来说,与仙女相遇自然而然就会有肌肤之亲。女人在这则故事里自相矛盾的陈述表明,自"狐仙"一词在文人的作品中首次出现以来,它具有多重意义。

以后的资料,更明确且更广泛地表现狐仙的情色意涵。举例言之,有个年轻的士人被夜半造访书斋的狐女迷得魂不守舍,每次他都要求这个"仙"变成历史上不同的美女。一个贫穷的农夫在见了一个自愿献身的妇女后,即疑此女是狐,并评道:"(吾)闻狐仙皆国色。"[51]清初士人徐喈凤提供了一则亲眼见到的异事,将其写成了《会仙记》。文中叙述康熙二十一年（1682）,他与外甥遇见狐女的事。美女初次造访徐的外甥许丹家时,即说她来此是为了继续命中注定的姻缘。之后她成了许丹的侍妾。除善尽妇道外,她还能作诗、唱曲,展现她的才艺和学识。她有几名侍女,一样色艺兼备,皆以古代美人之名谓之。一年后,她和侍女返回仙界。不过,只要许丹想要见她们,她们仍会降至家中。徐喈凤曾见许丹召唤她们,其法与巫者召其神的方式如出一辙。接着,徐便亲自与仙会谈。徐喈凤凡眼无法见到仙的身形,但能听到仙吟诗、谈休咎及其迷人的歌声。[52]仙在这则故事里,以神仙和巫教信仰的守护神之姿现身。更重要的是,她的文采、高雅的女性气质和神秘难见的身影弥漫在情色的场景里,恰好是这点俘获徐喈凤的心。

文人和百姓都采行的"扶乩"或"扶鸾"仪式,也反映"仙"的多重意义。求女仙降神谕的仪式,最早可追溯到5世纪时的茅山道士。宋代以后,扶乩仪式全面发展。一开始,扶乩只是平民所用的非口头占卜形式,后来,百姓向神明或拟神化的人物求疗病、卜算和与亡灵沟通,扶乩便成了记录上述讯息的过程。文人多爱扶乩,而他们祈求的众多神明中,不少是能歌善舞、会作诗也能评论诗文的年轻女子。明清时期的扶乩仪式,在带着几分严肃、几分娱乐的态度下,持续盛行于文人之间。受召的神明以女神居多,尤以紫姑为最。[53]

扶乩仪式也常召唤狐精,不管是以其自身的名义,或担任像紫姑等其他神明的代理者。一个清代的士人就曾抱怨:"乩仙多系鬼狐假托,昔人论之详矣,然世人仍多信之。"[54]狐精降下的神谕成为民间故事,也成为和秘密会社或宗教有关的宝卷之源头。韩瑞亚就发现一则收录在光绪年间（1875—1908年）刊行的集子里的故事，"诉说的全是一只老狐的观点"，只有在末尾的地方才交代故事得自乩板。[55]笔者在北京大学图书馆典藏的珍本里发现一份题为《东游记》的抄本残卷，书的副标题为"狐仙口授人见乐妓馆珍藏"。全书以许多看不懂的字写成，而且大多数是异体偏旁结合而成的别字。若考虑到清末民初的妓女多祀狐精为保护神（见第六章），这本书很可能就是在妓院里扶乩写成的。其中多数无法解读的字也许是出自教育水平不高的灵媒、妓女之手，或是灵媒故作神秘，或是扶乩本身所得的奇异字体所造成。[56]在任何一个案例里，所有在乩书中出现的鬼怪和神明，都被称为"乩仙"或"仙"。而在这里，情色意义的仙和神灵意义的仙会合在一起，与道教求道升仙的崇高意义无甚干系。

仙与仙儿

我们也应该注意到，"仙"和"仙儿"在现代的北京话中有些微不同。语尾的"儿"音，在华北的方言中经常当作没有意义的语气词，在书写语词中自然就被丢在一边。然而，对现代华北多数讲北京话的人而言，"儿"音有时是少不了的语词。语言学家发现，"儿"音在华北方言的许多功能中，可以为一个字添加亲密或是轻蔑的感觉。迟至明代，"儿"音已广泛使用在华北的戏曲和俗文学中，尤其是在北京、河北和山东等地。[57]若将明清时期口语对北京话形式造成的深刻影响列入考量，我们就大有理由认为"仙儿"和"狐仙儿"的使用在明清时期已经出现。"狐仙"一词传达出许多来自文学作品和地方信仰的意义，而且只要提到"狐仙"，就经常让我们想起蒲松龄伟大著作中的女主角——狐女。但是，加上"儿"音的"狐仙儿"是一个口语词汇，只有灵媒和他们供奉的神祇之间才使用，也只有他们供奉的狐神才担得起这个名讳。"狐仙儿"这个词给灵媒及狐精个人化、亲密且容易接近的感觉，但也暗指对他们的鄙视。"狐仙"和"狐仙儿"彼此之间在口语环境中看似不重要的转换，有时可能是指对待狐精及灵媒之态度发生了剧烈的改变。但是，这样的变化在书写的时候，尤其是以文言文来写作时很难表现出来。故"狐仙"这个词包含许多不同但又相互包含的意义，像神仙、鬼怪、灵媒、放荡的美女等，并表达对狐精一边敬重一边轻蔑的两种情感。

狐仙与狐仙信仰的传播

明代文学中的狐仙

大多数书写狐精故事的作者是南方人，而且大致上可将他们分成两种类型：一是记录旅居北方时所闻所见的当时的狐仙信仰；一是从早期和当时的文学作品，特别是从成书于10世纪、嘉靖四十五年（1566）再印、记载大量狐精故事的《太平广记》中获悉狐精的故事。[58]属于第一类的南方人，包括郎瑛、陆粲（1494—1551）、王同轨（活跃于1530—1608年）、徐昌祚（活跃于1602年）、谢肇淛、沈德符和钱希言（活跃于1613年）。

第二章 狐仙与狐仙信仰的扩散

他们认为狐精有时恼人、危险，有时又不见得会祟害人，并且倾向于将狐精和旁门左道联系在一起。有些人试着将从《太平广记》中获取的信息和当时的信仰仪式混在一起，写入自己的作品中，钱希言就是这样的人。他反复诉说唐朝流传下来的理论，即狐狸取人类髑髅戴其首，望月而拜数百下，变身成容貌姝丽的年轻男女。此外，他和沈德符都注意到，在北京，狐狸借由舔舐妇人丢弃的月经布上的经血，取得变形的能力。沈德符解释，饮经血是一种延年益寿的秘术。当时的人，尤其明太祖在位时期的某个皇室成员甚好此术。[59]上举的第一类作家中，没人使用"狐仙"这个字眼。

万历年间（1573—1619年）辑成的《狐媚丛谈》，其名墨尿子的作者，似乎是属于第二种类型的南方人。[60]《狐媚丛谈》乃专门为狐精而写，内容方面大量依赖早期的文学作品，尤其是《太平广记》，却全不提当时的信仰仪式。作者利用标题和序言，清楚地表示狐狸是种媚惑人的生物。他把所有早期资料中的故事都重新命名，确保每个谈到这个主题的故事标题都有"狐"字。他这么费事是为了表现狐狸天生的媚力。如同本章稍早提到的，他似乎把作为唐朝故事新标题的"狐仙"一词，从专属于唐、宋原版的修仙和情色内容中摘出，所以是文学的创新。"狐仙"在此与当时的大众信仰无关，也不是一个为人熟知的固定词汇。

第二种类型中最具代表性的作家是冯梦龙（1574—1646）。冯梦龙，江苏吴县人，除了晚年曾在福建的寿宁县任过官职，终其一生，他多在江南度过。他写了许多关于狐精的故事，但他的作品显示，他几乎没有触及当时华北的狐仙信仰。万历四十八年（1620），冯出版罗贯中（活跃于1330—1400年）的通俗小说《平妖传》的改编之作；约于天启六年（1626）出版《太平广记钞》。《太平广记钞》的序文说他相当熟悉《太平广记》记载的故事，而书名本身则说明本书是《太平广记》的节选之作。[61]在"兽部"，冯梦龙对狐精的天性做了总结，"妖怪部"中也收了其他的狐精故事。在《平妖传》中，他又利用《太平广记》的资料，以一章的篇幅写了一则包含狐狸三种特质的故事，并详述狐狸的传说。他强调狐狸是一种令人销魂、有魅力，且使人迷惑的生物，意即"狐媚"，并与巫术及叛乱有关。他在肯定狐精苦修寻仙这点上服膺唐代以来的传统，称老狐为"天狐"，认为狐精自视为佛教的菩萨或道教的仙人，只是在向世人诓骗奉献而已。他似乎不熟悉"狐仙"这个词。

《醒世姻缘传》中的狐仙

创作于崇祯元年（1628）到雍正六年间的通俗小说《醒世姻缘传》与《狐媚丛谈》和冯梦龙的作品明显不同，该小说描述的是山东武城县及明水县的家庭与社会生活。《醒世姻缘传》的作者西周生的身份，至今仍是个谜，但一般来说，现代学者大多同意他是山东人士，有些人甚至说这部小说乃是诉说狐精故事的大师蒲松龄所作。[62]小说的主角是只狐狸，围绕着这只狐狸，作者铺排出一连串复杂的情节。这只狐狸在武城县为一坏蛋所杀，为报杀身之仇，它转世成一个女人，嫁给恶人转生的狄希臣。在这个故事中，狄希臣是个士人，也是个惧内的丈夫。

"狐仙"或"仙狐"一词反复在小说中出现，而其背景则表现出山东人怎么看出现在日常生活中的狐精。狐狸据说是泰山女神碧霞元君的侍者,在雍山的洞内修行已达千年之久(碧霞元君与狐狸的关系,见第五章的讨论)。作者在第一回的标题上以"仙姑"指之,也许是为了使对句结构对称而为,但"仙姑"也是当地人对狐神的雅称之一。仔细地阅读这一回,可以发现作者未曾从自己的观点出发,称狐狸为"仙"。相反,作为一个述事者,他一直使用"狐精"这个词来指称狐狸。他说在修炼的过程中,狐狸经常会离开洞穴,化成女性为祟害人。在一次这样的情节中,他说"(她)托名叫作仙姑",这是第一回故事中唯一一次使用"仙"字的地方。接下来的各章回中,遭误杀的狐狸的冤魂纠缠着猎杀它的人及其家人。作者的讲述和在不同章回的人物对话中,狐狸一般被称为"狐精",该词是口语对话语境下以第三人称指代狐狸的中性用词。[63]

只有在其他两回里,"仙"字才再度出现。第十七回描述猎狐者狄希臣患了痢疾,梦中遭遇鬼击。这一切都是拜狐狸所赐,作者以"狐精"称之。因此,狄希臣的妻子打算邀集几个师父,建醮超度狐狸的冤魂。这时,它被叫作"狐仙"。在此,作者很快地在两段文字之间,将狐狸的称呼从"狐精"转成"狐仙"。"狐精"一词一贯地是从旁白的角度来指称狐狸,但当狐狸作为仪式对象,需要赎罪者表示敬意时,它就变成了"狐仙"。第二次出现在最后一回,佛教高僧从狄希臣的尘世苦痛中点醒他,揭露他与"仙狐"的因果业报。据冥界王者的判决,狄希臣因在前世杀死碧霞元君驾前听差的仙狐,今生必得受狐狸转生的妻子的羞辱和虐待。然而,只要虔诚持诵《金刚宝经》一万卷,就能得救。[64]这里提到"仙狐"一词和狐狸作为碧霞元君差使一事，只是要强调狄希臣前世杀害动物的罪行，违背佛家不杀生的戒律，以及印证业报与因果的天理而已。因此，《醒世姻缘传》里，"仙"字的特质深深地被嵌植在山东民众的狐仙信仰里，与《狐媚丛谈》中的"仙"字在意义上仍有明显的差异。

清代北人作品中的狐仙

从清初开始，出生于北方的士人写了更多的笔记小说，那里正好是狐仙信仰活跃的地方。这些人熟悉当地的狐仙信仰，相较于其他人单单只用"仙"字，他们更喜欢使用"狐仙"一词。举例来说，蒲松龄创造了许多著名的狐女角色作为浪漫的典范，后来被视为中国文学中最具代表性的"狐仙"。然而，在全套的《聊斋志异》里，蒲松龄并不常称这些美丽的狐女为"狐仙"。更确切地说，故事中的狐仙能治愈疾病、拯救生命、赠予财富、提供性服务、变弄戏法和捉弄别人。此外，蒲松龄就像《醒世姻缘传》的作者一样，很少在自己的讲述中使用"狐仙"这个词来指狐精。这个称号若不是在狐精自陈身份的时候使用，就是在当人与狐精面对面地对话时才用。蒲松龄使用这个词时前后矛盾的态度说明，作为一个文学大师，他虽然承续浪漫化神女的传统，但也许因为直接接触民间信仰仪式的关系，影响了他对于狐精作为"仙"的理解。因为他心知肚明"仙"在那些仪式中的神圣意涵，故能够避免使用相同的字眼来描述那些善良的狐女主角。到了清中后期，来自华北和华南的作家抄写《聊斋志异》时，也没有直接称这些狐女为

第二章　狐仙与狐仙信仰的扩散

"狐仙"。

一些与蒲松龄同时代的文人也阐发了"仙"字的其中一义,但埋没了其他的意思。前述《会仙记》的作者徐嗒凤的外甥,其实是一个能够反复召唤狐精的灵媒。但在这则故事的记载里,徐嗒凤故意略过"仙"神圣的一面,开门见山便说他所遇见的仙"非真仙也",意即不是真正的神仙。他不同意许丹对"仙"字的见解。许丹理解的"仙",乃是情爱与灵媒超自然活动结合的产物。然而,描写自己与外甥遭遇狐精的情节后,徐嗒凤在末尾煞费苦心地评论,由于狐女集美姿、贞洁及其他妇德于一身,从任何角度来看,她都有被当作"仙"的资格。[65]在重述灵媒召唤活动的过程中,徐嗒凤缩减并重造神灵附体的元素,使之符合自己的浪漫幻想和道德理想。

纪昀也阐扬狐仙的正面形象。他一生待在故乡沧州的时间颇长,那儿也是狐仙信仰的中心。与他同时代的同乡人张景运告诉我们,在沧州,巫者所拜的狐精就叫作"仙"。[66]纪昀自己也指出,"里俗呼狐曰仙家"。但是,所有他叙述的"狐仙",都是阐述修炼之道的神仙。如果指的是巫者供奉的狐精,纪昀总是用"狐"或"狐神",以区分"狐仙"与淫祀的关系。[67]

许多北方出身的文人,像蒲松龄、徐嗒凤和纪昀一样,能清楚地分别"狐仙"的不同意义。有些人认为"狐仙"就是狐魅,承认仙与鬼魅、巫者的关联。例如,出生于北京、在华北游历和当官的满族文人和邦额记载的一则故事说,有对母子受到一异类家族的骚扰。几个年长的村民来探视他们,说:"此间旧有狐仙村,人往往见之,然而未尝为患。兹来相扰者,为狐无疑。"[68]其他的文人则较把年老、修炼有成,或具有神仙般女性魅力的人看作狐仙的基本特质。蒲松龄去世当年，出生于山东、自认是蒲松龄投胎的作家徐昆（生于1715年），把一个自称已经勤苦修炼多年的老人视为"狐仙"。不过，另一个满族作家长白浩歌子则将几个与凡夫俗子缠绵缱绻的美女当作"狐仙"。[69]一般来说，清初及盛清时期，对以北方为根据地的文人而言，即使不同意义的"仙"均以不同的程度呈现在他们的作品中，他们也只有在偶然的情况下才使用"狐仙"这个词。这些文人在叙述狐精种种引人注目之处时，仅使用"狐"字。[70]

说书与书坊传播的狐仙

为笔记小说提供原始素材的说书，长期以来就是一种流行在文人间的娱乐。明清时期的笔记小说告诉我们，在这类社交圈中，故事被来自中国各地的文人讲述和流传，也在文人和百姓间讲说和流传。陈德鸿认为有五种人际关系网在纪昀的社交生活中"提供讲述狐精与鬼怪故事的机会"，包括投身编纂的人、考官与考生、低阶官员、文学社友和士人家庭的成员。和邦额也说他所记的许多狐精故事是与诸亲友及同学偶谈而得。飞觥走斝间，来自四面八方的朋友互相交换狐精的故事。[71]这样的社交场合，使得信息得以突破地域和阶级界线的限制。

蓬勃发展的出版事业，也传递"狐仙"一词的使用，助长狐仙信仰的传播。在清代，以精英市场为取向的出版中心主要在上海、江苏、江西、湖南、湖北、广东和福建。[72]陈德鸿指出，志怪和笔记小说的出版在18世纪达到顶峰。乾隆五十三年（1788）到嘉庆三年（1798）这十年间，"比清代其他时期更多

第二章 狐仙与狐仙信仰的扩散

的志怪小说出版了",而且"也许在这些年出现的志怪文学,比中国史上其他时期的还多得多"。[73]清代有名的志怪小说,多数都收有与狐精相关的故事,包括《聊斋志异》《阅微草堂笔记》《子不语》《夜谭随录》《柳崖外编》《秋坪新语》和《萤窗异草》。这些书都在这个时期出版。志怪小说另一波出版与销售的高峰是在光绪年间。报纸和画报之类的新媒体,像在上海发行的《申报》和《点石斋画报》等,是当时志怪故事的传播媒介。[74]

对与地方信仰仪式殊少直接接触,以及从社交场合、传闻和印刷品上得知狐精的种种的人来说,"狐仙"一词的多重意义,可能会让他们不加区别地使用在所有狐精的身上。更明确地说,也许是因为与地方信仰仪式完全脱离的缘故,巫者、神仙和姣好美人之间的界限就变得模糊不清了。所有的读者和作家均能领会那些关于狐精的记述只是单纯的故事而已,完全不为现实生活中遇见"仙人"的事感到兴奋或危险。就拿曾在北京和陕西短暂任官的南方人袁枚(1716—1798)来说,他是一个能接受各种意见、对奇闻逸事的娱乐价值极为热衷的文人。《子不语》里的狐精,不管是雄是雌,是少是老,是好是坏,通通都叫"狐仙"。将几则故事从纪昀的《阅微草堂笔记》抄录到《续子不语》时,他将标题都冠上"狐仙"二字,而原本并无这两个字。[75]

另一个南方的士人邓晅,于嘉庆元年(1796)出版了其佚文作品集《异谈可信录》。他在序文里说,他只是从书肆可得之书里抄录故事而已。该书有与狐精相关的部分,收录三十四则从清代早期及当时的文学作品中抄录出来的故事,大多数摘自纪昀的《阅微草堂笔记》。尽管收录了各种不同的狐精故事，邓眩总名此部为"狐仙"部，与明代编纂者所用的"妖邪"或"狐妖"形成明显的对比。[76]江苏常州人赵翼（1727—1814）发现，"京师多狐祟，每占高楼空屋，然不为害，故皆称为狐仙"。[77]当地人称狐精为"狐仙"，以免受祟害，若用意带轻蔑的语词，像"狐祟"，就会有麻烦。就一个外人来说，赵翼也许曾经听当地人称狐精为"狐仙"，就此推论这个词通用于所有的狐狸。

如前所述，河北和山东的人一向明白地分别"狐仙"和口语的"狐仙儿"之间的差别。但对一个南方人而言，和今天一样，语汇的语尾没有"儿"音，而且倾向于将之看作会话语尾一个没有意思的音而已，没人理会这差别。又，这个差异在文学作品里也表现不出来，因为文言文和白话文就像两种截然不同的语言。而且除了《平妖传》和《醒世姻缘传》，几乎目前所引的主要集子，都是用文言文写成的。口头用语的"狐仙儿"及其不可避免地在书写体中与"狐仙"混淆的情形，也许能够说明为什么蒲松龄鲜少使用"狐仙"来描绘他的狐女角色，以及为什么纪昀不把神仙的"仙"与同村之人使用于精怪和巫者的"仙"合在一起。相反，南方人通常不能体会语尾"儿"音的微妙之处，而且也和信仰仪式没有直接的牵连，故能无拘无束地使用"狐仙"这个词语。

游客与移民传播的狐仙

游宦的士人、考生和商人对狐仙信仰的传播也有贡献。许

第二章　狐仙与狐仙信仰的扩散

多清代的逸事都提到，游宦的士人或考生到北方就职或参加会试时遭遇狐精的事。不论愿意与否，他们当中的某些人有带狐精回家的经验。以嘉善（浙江）士人黄凯钧为例，他记录了一则据称是在19世纪初，一名浙江人与被誉为"贞洁狐仙"的狐精往来的故事。时任北直隶某县署僚佐的钱姓士人，某夜遇见一名狐女，他只听闻其声而不见其形。后来，狐女随钱生回到浙江嘉兴老家。她与钱生只以兄妹相称，而非爱侣，与其妻子在内的家人生活逾一年之久。她又交代钱生如何投资，以增家产。在钱生反复的要求下，她一度以年轻妇女的形貌现形，而钱生迷恋其姣美，不久即陷于瘵疾矣。狐女拒绝与钱生有床笫之私，却在治愈其疾后永远离去。后来，人称她为"贞洁狐仙"。作者更进一步说，若她听到人们谑称她为"狐精"，必会发怒，故非得以"狐仙"称之。[78]在这里，当狐仙被带到南方去时，它仍具有带来财富、治愈疾病的天生异能，也有魅惑男人的女性美，但与巫者和采阳补阴的联结则被切断了。

　　商人或许也助长了狐仙信仰的传播。有则故事记载，有个来自四川的殷实商人到湖北汉口做生意，经常被坏心眼的伙伴欺骗。他的性格太过懦弱，无法与他们计较。他的老实却得一名狐女青睐。狐女待在商人店铺的楼上，赠他白金以为供奉白饭之谢。经过狐女的协助，他甩掉了坏心眼的伙伴，终于获得大笔的财富。商贾成了富人，返回四川，在成都设立狐仙坛奉祀之。[79]另一狐仙坛也以类似的方式建立于会稽，但情节则另有发展。某狐精使一旅居北方、贫不自给的少年富有起来，然不久为其所弃。少年则以巨富之姿回到会稽。十年后，狐女来到会稽寻仇，两世的恩怨被一个道士介入，允诺在当地道观设坛奉祀五百年后，方获得化解。后来，人人皆以"北来大仙"称呼这只狐精。[80]这些故事说明，在处于远离家乡的陌生，甚或险恶的环境时，客商往往求助于当地的宗教资源。此外，他们发财后，新保护神的神威也会传回家乡及其地方团体。

逐渐熟悉书面和口头文学中的狐精故事后，或许南方人也会把北方来的陌生人看成狐精。据来自江南地区的作家钱泳所言，乾隆五十一年四月，有两个"狐仙"化作美女形貌来到杭州城。她们操北方口音，向当地人赁屋居住。她们酷嗜阅读，有人奉上著名的情色小说《金瓶梅》，她们便边笑边把书扔出去。反之，她们把《易经》列为最可读之书，深通阴阳变化之理。她们借一童子与他人交通，这使人想到童子被狐精附了身。她们告诉当地人，其原居在北京以西的西山，乾隆二十七年（1762），皇帝下江南时，她们充神兵，护跸至杭州。在那之后，她们留在杭州看守藩库，故被称为"管库狐仙"。[81]在此不可能追溯乾隆皇帝南巡时，是否带了一些北方的信仰来到南方，但这则故事说明，北方人游历至南方，也许助长了狐狸崇拜的扩张。

狐仙成为万用语

到了19世纪末，狐仙坛和狐仙祠在中国南方许多地方已经明显可见，而"狐仙"一词则在华北和华南出版的文学作品中被当作狐精的通称。19世纪和20世纪初，狐精故事的编辑者已不像早期北方出身的文人，前者认为"狐仙"的多重意思同时存在，而在强调狐狸某方面的同时常常也包含承认其他方面，

第二章　狐仙与狐仙信仰的扩散

像天津文人李庆辰就认为，民间巫教的"仙"和寻求成仙之道及涉入情欲的"仙"相同。他在某则故事里说，有个王姓商人为了商利，在家里的神坛供奉狐仙。不料有个美女来访，两相热恋两年之久，美女又回阴间。另一则故事以某仙祠供奉的老妪白老太太为主角，据说她是一只刺猬精，凭巫者治人疾病。就此"仙"自己所语，她的法力乃"修炼多年"所得。[82]

南方的文人亦从同样的思路来理解"仙"。出生于江苏无锡，也是清末著名改革家的薛福成（1838—1894），记录了两则与狐仙有关的长篇故事，均以文人和美艳狐女的遭遇为主题。故事肯定了狐女迷人的外表，同时也巧妙地将"仙"超凡与神圣的一面织入这些狐女美艳的形象之中。他在一则故事中说："雌者需求世上德容兼茂之丽人，择一人而慕效之，謦欬笑貌无一刻忘怀也，言动举止无一事相歧也。如此步趋不倦，五百年而形似，又五百年而神似，一千年之后始获离兽而入人。"另一则故事则记载，有个士人在晋阳就居的客栈遇到一名令人心醉神迷的狐女。她是狐仙，已居于通常用来设狐仙坛的楼上数年。狐女自言其乃北齐（550—577年）文宣皇后的侍女，自行修炼已两千余年，很快就要飞升成仙了。后来，她驱使两头纸扎的驴子，和士人一同骑了上去，两人立刻飞往一个奇妙的世界。[83]在这些故事里，"狐仙"一词以情色形象、神仙，以及有法力而被奉祀的鬼怪之结合体呈现出来。

然而，文学作品结合不同意义的"狐仙"之趋势，并未改变精英对狐仙信仰仪式的轻视，也未改变看不起供奉狐精的巫者之态度。文学的记载仍然严正地指摘这些是低俗且迷信的活动和行为。像晚清的徐珂，在他著名的百科式集子《清稗类钞》

中，有一关于狐精的专部。虽然他以"狐仙"来谈狐狸，整部却放在"迷信"卷里。这种精英式的偏见一直持续到民国初期。当地学者开始将狐仙信仰收进许多山东、河北和东三省的地方志中时，通常将这部分放在具有同样批评性标识的"地方风俗与迷信"的章节里。因此，"狐仙"一词的生命力不只展现在其所唤起的正面形象中，也展现在其所包含的复杂甚或相互冲突的意义里。

文学作品、社交场合，以及地方信仰仪式、印刷市场和旅行活动，都在形塑"狐仙"意义的过程中扮演了重要的角色，助长狐仙信仰在华北及其他地区的扩散。"狐仙"一词的使用，从晚明到民初之间越来越普及，象征文学创作与民间信仰仪式持续地交流与互相影响。在地方信仰仪式和俗文学中用"狐仙"一词来描绘狐精的情况十分复杂，这使得在英文中难以找到任何与之相对应的词汇。"神仙"（Divine transcendent）、"神魔"（genie）、"妖精"（fairy）、"艳女"（enchanting beauty）、"神灵"（spirit），或是"巫者"（medium）诸词语，也许沾上一两方面的含义，但没有一个能包含"狐仙"所有的意思。"狐仙"的意义可能是上举诸词的其中一个，或是包含所有的意义，全凭人们如何理解，以及如何在不同的背景中运用"狐仙"的种种寓意。这个词让人们在面对狐精时表示敬意，背地里却对狐精和灵媒表示轻鄙和怀疑。冲突与妥协同时存在于狐仙信仰的仪式里。

尽管"狐仙"一词有多种解释，但20世纪40年代，民族学者李慰祖的研究指出，他在20世纪初访问的农民，其所信仰狐仙的形式主要有两种，一是"家仙"，一是"坛仙"。前者供奉

第二章 狐仙与狐仙信仰的扩散

在自己的家里。它们有为祟和凭附人身的可能性,只要好好逢迎,它们就会照顾这家的经济环境,保证丰收,保护这家远离灾祸。后者的神力则由灵媒来展现,而人们只在有需要的时候才会透过灵媒找狐仙商量。它们治愈疾病,祛除邪魅,预言将来。[84]各地的狐仙信仰或许无法放在同一个框架之中,但这两个基本的"仙"的信仰模式已经主导中华封建社会晚期和近代散布在华北和东三省的狐仙信仰仪式。接下来的三章将探讨这两种基本的狐仙信仰模式。

第三章
狐精与家庭祭祀

明清官方对于大众信仰有如下规定:

> 庶人祭里社、乡厉及祖父母、父母,并得祀灶,余俱禁止。[1]

研究中国问题的历史学家和人类学者已经指出,至今仍有中国家庭会祭祀灶神、祖先和孤魂野鬼。它们在家庭的舞台上各有其被供奉的位置:灶神在灶上,象征家庭是社会结构中最小的单位;祖先被供奉在家里的神坛上;孤魂野鬼的祭祀则在后门外举行。灶神像外来者,其职责虽然因地而异,但主要是监视家中成员日常的一举一动。祖先是祭祀者的亲属,受当地神祇的管辖。孤魂野鬼则令人联想到乞丐、土匪,以及其他具有危险性的陌生人。一般而言,人们尊敬灶神和祖先,对孤魂野鬼心存鄙视和畏惧。不过,祖先和孤魂野鬼有一点是相同的:它们都是死者的灵魂。某个人的祖先对他人而言就是鬼。祖先也和灶神及其他神祇形成明显的对比:祖先提供护佑,以交换子孙供

第三章　狐精与家庭祭祀

奉的供品，而神祇则代表整个社会，报答或惩罚人们。在一些特定的节庆里，这三类神祇的祭祀需仔细地按不同神祇的祭祀仪式来进行。这些仪式会给家庭带来社区意识、政治权威感和等级社会秩序。[2]

狐精如何在既定的家庭祭祀结构中取得一席之地？明清时期的故事如何解释存在于家中的狐精？本章的焦点在于讨论人们如何运用不同的方法，想象存在家庭范围里的狐精。狐精在进入一般人的家庭后，立即发挥它们的法力，法力所及的范围，和上述三种类别的鬼神所行者相同。狐精和灶神、孤魂野鬼一样，也是外来者，但是几乎不见其和灶神一样，承担监视家庭的责任。由于狐精会作怪、附身，以及种种胡作非为，人们经常将它们和孤魂野鬼联想在一起，认为它们和干扰家庭生活的危险侵入者一样，要么尽力取悦它，要么驱逐它。不过，有许多安抚者把鬼狐转变成家神。如此一来，人们有时候以奉祀祖先的方式来接待它们，甚或直接就把它们当成自己的祖先。狐精有种善变的要素，即跨越一般家庭祭祀的界线，穿梭在不同的神力之中。它们会回应个人的需求，或个别家庭不合乎社会道德的要求，有时又让家里的边缘人物，像媳妇和小妾去追求她们长期被压制或忽视的利益。中国人透过祭拜或驱除狐精的动作，把由于自身对死者的责任而产生的焦虑，以及存在于生者之间的紧张感转换成家庭的祥和与兴盛。

狐精与孤魂野鬼

狐精如鬼

汉字"鬼"有多重意义。"鬼"字虽专指死者的灵魂,但也指魔鬼、妖怪和其他各种邪恶的力量。[3]狐精如鬼般面貌的特征,可以追溯到古代和中古时期的材料(见第一章)。狐狸许多生理上的特征,都让人直接把它们和鬼联系在一起:它们漫游于荒野,侵入凡人的家庭空间;它们多在夜间活动,掘洞为穴,尤其爱在坟冢和废墟之下筑巢。它们代表"阴",而"阴"则经常与寒冷、黑暗、土地、冥界、死亡或阴柔联系在一起,所以"阴"和鬼极有关系。

在明清时期的文献中,狐精和鬼的关系仍旧极为密切,它们若非同一族类中的成员,就是势均力敌的对手。举例来说,据说有名狐女自幼即被生母交付鬼母抚养;另一名狐女则自言借住在鬼的家里好一段时间。某鬼曾发牢骚说,有群狐狸趁它暂往他处,占据其墓地,它得费劲去夺回。[4]此外,一般认为狐精和鬼的力量比神来得弱,只能加害单独的个人和家族,尚不至于伤害整个社会。住宅不论是受到鬼,或是狐精的骚扰,即表示家庭空间已经被外来的势力接管了,而且会造成家中大乱。[5]狐仙坛,就像祭祀孤魂野鬼的祭坛,有时候就是简陋地设在屋外。每当接获供品时,狐精和野鬼与祭祀的人维持平等的交易关系,有求必应,而且常常是不被认可的需求。狐精和野鬼一如其中古时代的前辈,被认为是一种特殊疾病类型的病因:它们借由性交,汲尽男性的阳精,损其性命。明清时期的医学文献详细指出，受抑的感情和欲求不满会造成身体虚弱，这是"鬼击"或"祟"的病征。这两个词汇经常用来描述狐精的性附身。[6]因此，纪昀讨论了狐精和鬼之间的相似之处：

> 盖鬼为余气，渐消渐减，以至于无，得生魂之气以益之，则又可再延。故女鬼恒欲与人狎，摄其精也；男鬼不能摄人精，则杀人而吸其生气。均犹狐之采补耳。[7]

狐女和女鬼经常以采阳补阴之姿出现在明清时期的文学作品里。故事情节的发展是固定的，也猜得出结果：时间通常是在夜里，而场景经常是在一栋前不搭村、后不着店的房子里，或在荒郊野外，年轻男子孤零零一人，邂逅一名绝美的女子。这男子为之沉迷，一段地下恋情随之展开。不久，他就变得形容憔悴，垂垂命危，却依然不怕牡丹花下死。这时来了个法师，说这女的不是狐精，就是女鬼，要采此男之阳以补其阴。某些故事里，那男人最后成了风流鬼，有些则多亏法师或男人本身的想法正确，或妖女幡然悔悟而保住小命。[8]

家中祭祀死者的仪式或信仰，在助长医书、逸事和俗文学作品中关于两性采补的主题方面，具有举足轻重的地位。一般人相信，死者的灵魂若遭忽视，活着的人麻烦可就大了。年轻和未嫁之女的幽魂尤其危险。她们是外来者，娘家世系中没有她们，自己也没生孩子，故娘家必须为其完成冥婚，好让她们在另一个家族的世系中有个位置。假如不这样做，这些年轻女性有生之年未能实现的性欲，在其变成鬼之后就化成性饥渴，她们会回到人间，困扰生灵。[9]在一般人的观念里，狐女因为和阴有联系，所以也有像女鬼般可怕的性能力。曾和来访女性春宵一刻的男人，常常搞不清那个迷人的美女是鬼，还是狐精。对他们而言，两者均有相似的性潜力。又，"魅"字意指"以女色让男人中邪"，在明清时期的作品中，乃是用来描述性欲旺盛的女鬼和狐女。[10]

狐精非鬼

崇拜狐精的人，正如他们对狐精和鬼的印象都集中在阴的性质方面一样，也能从阴的性质这方面说明两者的差异。而两者之间的相似之处，只会使崇拜者更加小心地去区别它们。鬼和狐精只有在各自被定义成与人类的阳相对的时候，才和阴结合在一起。狐精和鬼两者被放在对立面比较的时候，狐精居于阳的一面，相对地，鬼就居于纯阴的一边。据纪昀说，鬼"有形无质"。它们是无实质的灵体，一旦其赖以聚形的能量消失，终将消散于无形。狐精则"有形有质"，它们是利用法术来隐藏肉体的生物。[11]也就是说，尽管狐精的本源是低贱的禽兽，但是一只狐狸即是一个活生生的实体，而鬼只是一个已死的、了无实体的形式而已。这个概念赋予狐精在由狐精、鬼和人组成的三角关系中一个特殊的位置。诚如纪昀所云："人阳类，鬼阴类，狐介于人鬼之间，然亦阴类也。"[12]

"介于人鬼之间"的特征，以及阴类之属，使狐精和鬼既分不开，又无法两相替换。首先，狐精能够遏止鬼灵的威胁，帮助人们安抚鬼灵。一则18世纪的故事叙述，有个官员来到山东济南视察当地政务,暂住在公廨旁一座据说闹鬼的园子里。夜里,他听见地下有女人的声音不断传来,告诉他说:"今公一来,我方欲诉我苦。"他正惑于这不似人间的声音时,有女子进到他的房间,自介乃为一狐。她说,这声音是其居于地下的邻居,一个节女的鬼魂所发出。这位节女因最近的一场叛乱被杀,死后亦未被用一般的方式安葬。为了超度这个无法安息的亡魂,狐女要求官员用佛教仪式重葬这个女鬼的遗体。这个官员依其言,重新安葬了女鬼的骸骨,而园子也不再闹鬼。[13] 人们原本认为官员有压制鬼魅活动的能力,但一般都相信死于非命的年轻女子之鬼魂极其危险。而在故事一开始,我们就知道曾经暂住在这个房间里的官员,没人能活着出来。在这则故事里,女鬼为求公平而求助于世俗权力的时候,狐精代表女鬼发言,而女鬼对官员的威胁性似乎就小得多了。狐精与阴结合的特质,使得官员不必真正地与亡者的秽气接触,就能够抚慰死者。

当一个人同时与鬼和狐精交涉时,狐精的中介角色便格外引人注目。蒲松龄撰写的故事《莲香》就是一个好例子。有个年轻士人同时与两个美女坠入情网,其中一个是狐精,一个是女鬼。狐精莲香,自称是"西家妓女",女鬼李氏则自称是"良家女"。[14]她俩于不同的夜晚来访,以免相见。狐精很快便发现,这个士人形容憔悴,乃因彼与女鬼也有相交。莲香向其示警,劝他与鬼断绝往来,并给药治病。士人不听,后果如莲香所言,其终至药石罔效。透过一段鬼与狐精在士人病榻前的对质,蒲松龄揭示了两者不同的地方:

莲曰："痴哉！夜夜为之，人且不堪，而况于鬼？"李问："狐能死人，何术独否？"莲曰："是采补者流，妄非其类。故世有不害人之狐，断无不害人之鬼，以阴气盛也。"[15]

蔡九迪指出，蒲松龄相当仔细地描述了李氏魅力的所在：三寸金莲、樱桃小嘴、体态纤瘦以及多愁善感。这一切都让人联想起娇弱感，而这印象正好是清代公认理想女性美的典型。明清时期，许多以狐精为女主角的作品都描绘她们单独面对人类的时候，多有李氏的特质。但像莲香这样的狐精，与鬼相比，则有所不同。蒲松龄只略提及她是一个美女而已。在这则故事中，她大多担任医生和法师的角色。她很快便诊断出士人得了"鬼症"，并用药草排出其体内的"阴毒"。与被和疾病、忧郁、寒冷和痴迷联系在一起、属于鬼的阴气各方面相比，莲香则以疗疾、笑声、和煦与智慧展现其阳性的面貌。[16]

在故事的后半段，李氏从危险的鬼转变成活生生的妻子的过程中，莲香扮演着重要的角色。莲香明白李氏深爱着这个士人，便使李氏执行营救士人脱离鬼门关最重要的步骤。她把药丸放在士人的口中，并命李氏将口接在士人的口上，利用李氏的"香唾"混合丸药，让他吞下。此乃标志将死的士人脱离死神的掌握和李氏即将复活的转折点。从那时候开始，莲香就极力地撮合士人和李氏。她赞美李氏的绝色，并怂恿她留下来过夜。最后，当李氏借邻居张氏之女的尸体还魂，莲香便催促士人托媒人前去张家提亲，并为他筹备婚礼。然而，就在婚礼告成之后，莲香却选择结束生命。就如同李氏从阴转阳一般，莲香经历了由阳转阴的过程。

十年后,莲香再度出现。这次,她转世投胎,成为一个贫穷人家的女孩,年方十四。虽然故事没有明说,但"良家女"的鬼魂李氏,显然更适合充任士人的妻子。莲香以少女之貌再次出现,被李氏买下来,带回家里。这让人联想到,曾以狐精充当妓女的莲香现在将担任士人的侍妾。这个新的身份并未改变她在士人家庭里的边缘地位,但在故事里,她个人尽力缓解生者与死者之间的紧张感。因此,狐精的存在有其仪式上的含义:她驱除了鬼魅的影响力,治愈病痛,并让人逢凶化吉。

狐精和祖先

如果鬼和狐精经常出没家中,要求在家中占有一席之地,那么它们所得到的祭拜仪式是不相同的。人们安抚孤魂野鬼,为的是请它们走得远远的。与之相反,人们取悦作祟的狐精,有时是为了让它们待下来,担当庇护家庭的角色。有则明代的故事显示祭祀狐精的人如何为了现实考量,暂时把祖先和狐精摆在一块儿:

> 弘治初,汴城张罗儿家,岁朝具果饵供祖。越两日渐少。张疑之,夜伏几下窥伺。至二更,有白狐来盗食。张急起迎狐,狐忽变为白发老人。张即以父呼之,食饮甚设。狐喜云:"吾儿孝顺。"为之尽醉,遂留不去。凡有所须,必为致之。甫三岁,赀盈数万,乃构广

厦。长子纳官典膳,次子为仪宾。[17]

食物供品是保证活着的子孙和祖先之间互惠关系的一项决定性因素。子孙借由奉献牲品,希望祖先能赐给子孙财富、五谷丰登和绵绵瓜瓞当作回报。他们也供给孤魂野鬼牲品,以免它们窃食亡灵的供品。[18]在这则明代的故事里,狐精一开始以像鬼似的形体现身,偷取祭祀祖先的供品。但是张罗儿不但没有驱除它,反倒马上同意它享用供品,并乐意把狐精认作自己的祖先。他这么做,也许是希望狐精同样以其祖先的身份行使它的力量。互惠是两造关系的特征:张罗儿视狐精为父亲供给供品;狐精则如同有责任感的祖先,带给张家财富、兴旺和子孙安康。相同的道理也促成了这个故事悲剧性的结局。当张罗儿在享有财富和名望一段时间之后,突然忧虑"身后子孙若慢狐,狐必耗吾家矣"。换言之,张罗儿担忧狐精成为这个家的祖先以后,必定会同他竞争子孙祭献的供品,因而他杀死狐精,借此杜绝它在家中占据一个永久的位置,再度待其如鬼。不过,破坏互惠的准则是危险的。张罗儿杀死狐精的行为并未如其所愿地保证其后代家道昌隆,反而招来绝子绝孙的灾祸:狐精死后三日,张家着火,所有资产付之一炬;一年后,次子因杀人罪行,死于狱中;又明年,张家其他的人又死于一场瘟疫。"人以为害狐之报云。"[19]

狐精在带给张家财富方面的效力,与普遍揭示在道德书和功过格中的儒家信条相抵触。后者认为祖先积累功德,可以使人在一夕之间暴富。反过来说,一个人无法发财或持盈保泰,很可能意味着他不是缺少阴德,就是已经耗尽几代祖先积攒下来的阴德。张罗儿利用祭祖的仪式和供品去讨好狐精,为了现实的利益,违背了自己对祖先应尽的孝道。不请自来的狐精一旦因为互惠原则而受到精心款待,便能提供致富的捷径,不必负担任何道德责任。这则故事正好呼应当时的民俗文学所显示的:贪财如何扭曲这个世界的人际关系,并侵蚀家庭中生者与死者之间的血缘纽带。[20]

狐精和祖先的混淆,也让某些人可以表达他们因子孙对祖先的义务而带来情感与经济负担的嫌恶感。一则题为《狐怪》的故事记载,有个人参加会试落榜,愤懑地回到家里,忽闻屋梁上传来声音,安慰他:"汝勿郁郁,终成进士耳!"惊骇之余,他看到一个老妇从梁上而降。她自称是他的高祖母,并预言三年后,他会金榜题名。后果如其言。但是,从那时开始,这个高祖母就不时来访,每每索取酒食,对家务也多有干涉。家人甚感嫌恶,但部分是出于恐惧,部分是因其有效的预言,他们还是对她有求必应,长达二十年之久。最后,当她不再出现时,他们推断,她也许是狐精。[21]这样的控诉让子孙可以对那个自命高祖母者贪得无厌的要求啧有烦言,而不会冒犯祖先。

有一种类型的狐女虽介入家庭生活却心存宽厚,她们自称是已故主人的侍妾或情妇,主人死后她们也离开人世。子孙困顿时,她们适时出现,伸出援手。在一则故事里,士人王慕贞遇见一个老妇,王慕贞怜悯其独生子被判死刑,出金救其子。当老妇之子向王慕贞表达感谢之意时,却告诉这个素未谋面的陌生人,其母已亡故多年。当晚,老妇再度现身,告诉王:"实相告,我东山老狐也。二十年前曾与儿父有一夕之好,故不忍其鬼之馁也。"[22]

这种类型的狐女会协助家道中落的后裔,矫其恶习,恢复其祖先过往的财富和名誉。另一则故事里,主人翁王成是地方望族之后,他的祖父曾娶明朝皇室衡恭王之女为妻。然而,传到王成,家里的资产因他游手好闲,已经消耗殆尽。王成和他的妻子穷得住在隘蔽的房屋内,共享一条破被子。某天,王成捡到一支金钗,千方百计地归还给原主——一名老妇。老妇为其真诚所感,并言:"我乃狐仙。百年前与君祖缱绻。"王成曾听说祖父有狐妻,遂与妻子同呼老妇为"祖母"。王家的昔日风光与现今破败呈现强烈的对比,使老妇伤感不已,于是她典当发钗,买米接济挨饿的王氏夫妇。几天后,老妇再来,给王成四十两银子,让他去贸易营生。她说,这些钱乃是王成的祖父在世时,自己积攒下来的。王成在市场上几度失利,但到最后,赚得了本钱二十倍的收益。这个祖母劝他购地数百亩,并起造屋宇。她又督促王成夫妇监督雇来的佃农和纺工,如其夫妇有所懈怠,便叱责之。三年内,王家又成富豪之家。尽管王成夫妻苦苦哀求,请老妇留下,某夜,她却悄然离去。[23]

另一个男子赵孙诒的经验显示,狐女为一个家庭扮演各种各样的角色:她一下子就成了慈母、巫者、生者和亡灵间的调停者,以及世系传承的保护人。赵孙诒和王成一样,是富裕家庭的独生子,其家道中落得很快。但因为父母娇宠,他一直过着安逸的生活,并无视其父母的牺牲奉献。双亲后因贫病交迫辞世,他才悔疚其不孝,想要相随九泉之下补偿其父母。他在父母坟前临上吊之际,有个灰发老妇出现了:

妪曰:"汝是赵寄庵子耶?若然,则犹吾儿耳。"
生不解。妪曰:"儿不知而父在时,尚有一外舍乎?自

第三章　狐精与家庭祭祀

而父之殁，老身顾影凄凉，常恨生无儿女相伴晨昏。儿不如从我去，倘能事我，亦所以报而父也。且异时或可一睹慈颜。"生恍惚忆少时闻母言，父本有一狐妻，而视妪眉目间，亦有一二略似其母者。[24]

因此，赵孙诒把狐妇带回家，如孝子般侍奉她。她助赵孙诒改善经济环境，并谋得官职。故事在这里安排狐精扮演一个慈母的角色，对赵孙诒的罪恶感有净化的作用。赵孙诒想乞求死去父母的原谅已经太迟，他差点用小命来悔罪。然而狐妇来到赵孙诒破碎的家庭，让他有机会重温过去双亲的关爱，并以适度的敬爱回报亲恩。当亲子之间的互惠关系倾斜时，人们用狐精的力量予以矫正。

侍奉狐母对赵孙诒而言，只是从不孝子蜕变成孝子的第一步已。如他在父亲牌位前忏悔所言："祭而丰不如养之薄也。"他需要更多的功德来彻底地抵偿内疚感。于是，这狐精从母亲变成一个女巫。她引导赵孙诒的灵魂进入冥界，告诉他会见父亲的方法。[25]在她的协助下，他和父母重在冥界团圆。他有了直接慰问他们的机会，并且获得原谅。此外，他得到了父母的祝福：他是独生子，所以被送回阳界，娶了父母中意的女子。这个女子接着给他添了个儿子。在这则故事里，狐精的介入象征涤罪仪式的过程。经由这个过程，不孝子得到救赎，而赵家香火也得以接续。

男子位居中国家庭祖先崇拜的中心，而女子唯有依附其夫才能受祀。进一步来说，妻子和妾、情妇之类有所区别：只有前者和她的丈夫一样，有权完全享受子孙的祭祀；后者在这个家

091

里仍是边缘人物,很难在祖先牌位里有一席之地。[26]在祭祀仪式中,狐精的存在既挑战也支持这些见解。张罗儿和高祖母的例子显示,狐精要求要像祖先一样,有个合法的地位被子孙祭拜的时候,它们经常创造机会,也带来麻烦。人们盼望狐精能尽到祖先的责任,但他们也把对于祖先的负面感受投射在狐精身上。对他们而言,以祭祀祖先的方式来祭拜狐精,是一种与官方仪式规范周旋的策略,以便从日常生活中有所得,或释放埋藏在其间的紧张感。在上述二例中,祭祀者都以奉承的姿态,只是暂时地把祖先的位置挪出来让狐精使用。虽然他们都实有所获,但都拒绝把狐精当作真的祖先,长期地尽其义务。祭祀者和狐精之间的互惠关系完全取决于涉及家族利益的程度,不是被很小心地维持着,就是很轻易地被取消。

人们想象中的男系祖先的狐精爱人则有所不同,其被当成祖先关照及庇佑的来源,在实际生活的官方仪式中,她们几乎不可能被看成侍妾和情妇。狐精以延续家系香火和恢复家族财富与名望的方式,帮助在世的子孙实现对祖先应尽的义务。这些狐妇不像渴求在祖先坛上有个合法位置的狐精,她们出手相助并非图彼回报,而是为了矫正后裔的缺点。此外,即使不存在亲属关系,王成和赵孙诒均考证儿时的回忆来确定狐妇的身份。此举表示,这些人愿意让这些妇人在他们的家中占有一席之地。这些故事极为强调以母子(或祖母与孙子)之间真诚的敬重和感情的付出为基础之互惠关系。这类关系在以男系为中心的祭祖仪式中,通常只是蜻蜓点水式地提及而已。再者,以男系祖先爱人的身份再度出现的狐精,被后裔称为"母亲"或"祖母",并待之如"母亲"或"祖母"。对侍妾和情妇而言,其地位通常不会有如此重大的改变。然而，这些故事也显示，如此翻转祖先崇拜的正常结构也只是暂时的而已。子孙之所以会全心对待这些狐女，多是因为先前对她们已经有所了解。她们如同侍妾和情妇的化身，在家族世系上没有永恒的位置。她们从来不是祖先坛上被祀的对象，而且任务完成之后，她们就全都消失不见了。这些观念强化了侍妾、情妇和这类型女人在家庭生活中的暧昧地位，并巩固了祖先崇拜的传统思想。

积富之家：狐精、性与妇德

唐代故事中的狐精早已善用它们非凡的眼光，助其凡人伴侣获取商业利益（见第一章）。在一则宋代的故事里，某人的妻子被两只狐精所魅，其中之一自言："所为来欲富汝家。"[27]"狐可致富"的谚语反复出现在明清时期的故事中，而且是一个众人都相信的观念。晚清士人薛福成注意到，"北方人以狐、蛇、猬、鼠及黄鼠狼五物为财神。民家见此五者，不敢触犯"。[28]欧文神父（Reverend Owen）于光绪十三年（1887）证实了薛福成的观察。他发现，在北京和天津一带，上述五种"神圣"的动物被百姓当作财神祭拜；在民俗绘画里，它们被描绘成手握银蹄铁、脚踏聚宝盆的样子。"大多数建在打谷场和菜园一角，当作这些动物庇护所的小祭坛，俗呼为'财神房'。"[29]六十年后，李慰祖和永尾龙造都注意到，"五大仙"（或"四大仙"），人称之为"小财神"，在华北和东北地区得到农村和城市居民虔诚的奉献。20世纪初，有位中国社会学家也发

093

现,山东某些地区的农民认为狐狸进到家里是吉利的征兆,对这个家族而言,是好运的象征。[30]

性与财富:狐男和凡女

明清时期的故事里,被狐妖附身的妇人,的确被视作家族财富的来源。以一则晚明山东德州某家族的故事为例:

> 嘉靖中,德州民周某妇惑于狐妖。始亦患苦之。试告以所乏,狐辄偷他家物给之。后致巨富,乃于宅后聚禾槀为二羸,使巢其间。其孙忘之,欲于其地作屋,将除去禾槀。狐怒曰:"吾使尔世享富乐,一旦倍德驱我,谓我不能使若贫耶?"孙大惧,乃岁岁增槀,远望如丘。其富至今为一州甲。[31]

另一则是关于距离河南开封九十余里远的上蔡袁氏的故事:

> 始狐通其子妇。袁伺便执置囊中,欲烹之。狐求免曰:"舍我,能富汝。某地见有藏金,请先以为验。"如其言掘之,得金,乃纵狐去。狐益盗物致之,富遂不訾。迄今数世,所娶妇皆恣狐所欲,而家亦益富,人号为"袁生金"。有巡按御史闻而恶之,欲籍其家。狐通梦御史,惧以祸福,遂不敢动。[32]

万志英(Richard von Glahn)认为,在探讨致富与女性被附体方面，五通信仰和16世纪多变的经济状况有密切的关联。到了18世纪，市场经济稳定，人们对金钱与财富的看法较为正面，五通神喜怒无常的性情也随之消失。魏乐伯讨论了一个类似的、具有阴神特征的"十八王公"信仰。该信仰是自充满致富机会的当代台湾地区社会中孕育出来的。[33]狐精的案例显示，这类边缘性的信仰盛行于华北地区，该地区不论是从生态意义，还是从经济环境来说，都不同于中国封建王朝晚期的江南或现代的台湾。

实际上，中国封建王朝晚期的中国社会，见证了高度城市化、经济化、人口稳定增长的时代，结果则是人均土地持有面积急剧缩小。更多的人受雇于非农业部门，而他们的生计有赖于一个易变的市场经济。包含今天的河北、山东和河南地区的华北被整合到全国的市场网络中，成为全国市场的一部分。虽然自明代以来，棉花种植的扩张已经造成农产品的商品化，但人口的增长也耗尽家庭手工业的获利所得。小自耕农的模式依旧不变，伴随而来的是农村孤立无援和农民普遍穷困。对大部分生活在华北平原的家庭而言，财富可望而不可即。和南方不同，北方的精英或大户不过是为数极少的"经营型农民"（managerial farmers）而已。他们无法积累族产作为稳定的财源，或从经商和任官中获取较大的财富。他们虽然从某些商业活动中赚取利润，但只有与他们贫穷的邻居相比才显得富有，而且他们大都富不过三代。因为高度依赖商品作物，富人和穷人都极易在天灾、歉收和其他不可预测的灾祸中受到重大影响。这些都容易被视为时运不济。[34]

两宋时期的理学家重整族属关系和家庭伦理，使得家财一事变得更为复杂。有子嗣是孝道的要件，以使香火延续。国家和士人提倡的理想家族是"五代同堂"，一个家族是否兴旺，主要是由男丁人数来判断。嫡长子制被更具平等精神的父系体制取代。父系体制要求家族各房祭祀同一祖先，家产由男丁平分。理学家提倡的这些改革，产生了各种各样的社会效果。首先，改革促进了人口的增长，加强了对土地和其他社会文化资源的竞争。一份完整的家产由诸子均分的结果，容易使一个原在富裕阶级的家庭沦落到中农或小农的地位。其次，家族的繁育和女性的生育力，于私于公，都变成关心的重点。一方面，中华封建社会晚期的律法允许丈夫休掉生不出儿子的妻子，或是在丈夫年满四十岁，而妻子未曾生出儿子的情况下纳个小妾。另一方面，女性的性欲被看牢，这样才能使一女不事二夫，以及只服侍夫族。政府对节女的表彰，在此时达到中国历史上前所未见的高峰：拒绝再嫁的年轻寡妇，在老年时会受朝廷的公开表彰，而失去贞操者则被认为应该自尽。[35]

在一般人看来，一个善变的神灵与家中某一成员的特殊关系，有时可被用来解释家庭财富短暂且易变动的原因。狐精和五通神之间有显著的相似之处。跟着雄狐的荒淫无道而来的是它赠予的财富。在崇尚父系家长制的儒教家庭里，年轻的妻子和媳妇一般被认为不洁且危险，却又是少不了的人物：她们是嫁入这个家庭的外来者，也是引起家庭失和的因素。她们经常被说成是分家、亲子失欢、兄弟姐妹失和的祸首，但她们也代表保证家族香火延续的女性生育力。如同万志英所提出的，在16世纪的江南，由于五通神、财富和女人被认为是"诱人，以及反复莫测的象征，因此充满了毁灭的力量"。[36]

第三章 狐精与家庭祭祀

如同五通神的例子，年轻女性面对即将和素昧平生的男子订婚或结婚这件事，心理和生理都有极大的压力，此时若被反复无常的鬼神赋予魅惑之力，反倒可以当作一种武器。受到神灵附身之后，她们自称进入另一个世界，因此把自己与一个不同的权力来源连在一起。[37]虽然在上引的故事里，两名受折磨的妇人不发一语，但我们可以想象的是，她们是一家之长为了获得财富而与狐精沟通的唯一媒介。另一则明代的故事更清楚地显示，妇女利用狐精附身的机会，公然反抗社会规范。某李氏的女儿许配他人不久，就被一只狐精附身。几年后，出嫁之日迫近，家人发现狐精已经将她变成男儿身，这桩婚事于是告吹。地方官介入调查这件怪事，却发现李氏的女儿仍是女儿身。官员既困惑又火大，便把她投入大牢。她在牢里仍受狐精保护，很快就被放出来。后来，她远嫁他乡，但狐精仍缠着她，并杀了她的丈夫。一直等到她回到娘家后，狐精才不再出现。[38]

地位低下的女性利用狐精附身的手段，向父系家长制的权威争取自己的利益。以下试举一例说明。河北沧州的名门士绅张铉耳家，有个早已过了适婚年龄的侍女，有天侍女突然发疯，几度逃家，却被发现睡在屋后的柴堆下。据说，她被狐精魅惑了。张铉耳因为这个侍女在被附身之时失贞，要笞责她时，狐精笑着对他说："过摽梅之年，而不为之择配偶，郁而横决，罪岂独在此婢乎？"张铉耳默然不语。隔天，他找来媒婆，赶快把所有年长的婢女都嫁出去。[39]

主人认可家中妇女的牺牲，并一再地想把狐精留在家里，其中也大有文章。这两种行为均违反公认的女性守贞的戒律。在这里，女性的身体也许使得华北地区为贫困所苦的家庭能以性交易谋生。透过租售妻女和媳妇的方式，利用家族女性来谋生，是当时的一个重要的生存策略。纪昀就记载了许多这类在自己的家乡沧州发生的事件。对当地的男人而言，靠他们的妻子向其他男人提供性服务的收入来维持生活，似乎是司空见惯的事。某则故事就记述，有个家庭把媳妇卖到一个富有的家里以赚取可观的利益。另一个家庭则因为过于贫穷而典卖其妻。有个挥霍无度的乡村无赖花光了家里所有的积蓄后，反而靠着妻子卖淫的所得过活。纪昀的表亲甚至说了以下逸事：当地有人利用自己妻子卖身所得在外金屋藏娇，供养一狐女当情妇。[40]此类行为一般被认为是脸上无光的。然而，实际上，大家对他们的态度并不严厉。如果遇到经济上的需要，甚至还鼓励这么做。通常的情况是，对"那些选择积攒金钱，而不是名誉，或者……仅仅只有贫穷"的人来说，现实的利益压倒了理想的道德。[41]

狐男玷污凡女的行为，也许可以当作家中的男子放弃道德规范、追求金钱利益的一种"投射作用"。借用弗洛伊德（Freud）的话来说，即是"无意识地把自己的思想、情绪和行为归属于其他人，若不这样做，就会感到郁闷——也许是罪恶感或自卑感"。[42]只要把不正当的性关系和财富都归咎到狐精身上，家里的男性成员就可以合法地享用狐精／女人带来的财富，而不必受到指责。狐精的投射作用，仪式性地缓和了现实生活中的道德张力。此外，信奉狐精也让这些男人把具威胁性的精怪转化成有助益的神祇。家中的女性成员也许会利用精怪附身的借口，达到在一般情况下无法达成的目的；而男性用安抚狐精的手段，就能够克制这些女性成员潜在的力量。把狐精塑造成崇拜的对象，与它建立一个平等的交易关系，一家之长就能够调解日常生活中的道德与失德、理想和现实、男性的主宰和女性的反抗之间的冲突。

从那些看到周氏和袁氏暴富四处传播这些故事的第三者身上，我们也能察觉到一种对两性政治学而言相当微妙且暧昧的态度。我们只能透过这些案例的记录来推测他们的观点。他们对狐精没有丝毫的敬意。它被描绘成"妖狐"，它的性欲高涨是"通奸"的表现，而被它祟惑的妇女则是"受骗者"。狐精为它的主家积聚的财富，主要是偷窃和抢劫来的。然而，当地人似乎没有传达任何道德判断。周氏被认为"其富至今为一州甲"；致使"袁生金"富裕起来的狐精甚至成功地阻止了政府官员消灭这个信仰的企图。在加诸狐精的负面特征背后，既轻视又羡慕的复杂情感也许已经在旁观者的心中油然而生：那些利用不道德的手段得到财富的人应该被公开地谴责，但背地里变成富豪，且保持富豪的地位，是大家都想要的。

在狐精的主家和围观者的眼中，狐精是唯独服务于私人，而且常常是一己之私利的守护神。狐精及其主人之间的私人约定不会涉及第三者，而狐术的好处不会扩及被祟者家庭以外的人。凡人家庭与保护神之间的关系乃是奠基在实际恩惠的公平交换上，不涉及任何道德判断，这样的交易需要一个微妙的利益平衡。在周氏和袁氏的例子里，家长一开始对狐精表现出忽视甚至厌恶的态度。但是，当这些神灵允诺赐给他们财富，而家里的财库也确实扩充了的时候，周氏和袁氏才开始认真地对待它们。人们在与狐精达成协议之前，以及达成协议之后的尖锐对比，表明狐精与人类之间讲究的是利益关系，而这样的关系往往是脆弱的,任何一方都可以轻易中止。

事实上,狐精和凡人家庭之间为利所驱的互惠关系是如此脆弱和注重实效,使得家庭场域中的狐仙信仰方式受到这种关系的影响。狐精对周家在后院用稻草打造的窝巢感到满意,这种窝巢直到20世纪,在华北的农村里仍然相当普遍。[43]这样简单的布置表示,任何人都能够各自祈求狐精神奇力量的佑助,穷人中最贫穷的也可以。同样,内容重于形式才是主要的考量。上举的例子和许多其他的故事在礼仪规范方面大多没有着墨,在供品方面反而陈述得特别清楚:酒、水果、蛋和鸡——所有这些对生活在华北的普通农民而言,都是昂贵的佳肴。[44]狐精作为为人类家庭谋一己之私的恶灵,人们认为它们是有利用价值却又不必崇敬的神灵。信奉者借着与狐精谈条件而取得对等的地位,并利用狐精的力量为自己谋得好处,以此来显现他们的自信。

财富与妇德:狐女和凡男

狐精不像五通,五通总是化作男人的模样去侵犯妇女。如同下面这则故事所示,狐精则以女性的样子出现:

> 豫省李姓者,徙居宿州。贫甚,为人佣。一日耕垄上,有美好女子就之。李惧祸,不敢应。女曰:"实语君,我狐也。凤缘应相从,故不耻自媒耳。"李益惊愕。狐曰:"我非不利于君者,愿无恐。"李疑其幻而悦其美,遂偕之归。居旬余,谓李曰:"力能为君高大

门间，但地素相狎，恐骇听闻，因另择一村迁焉。"为李经营创作，不数年，宅第连云，田禾遍野，合村仰望，号曰"李疃"。狐性颇贤。缘已久不育，为李纳妾。生子，抚之若己出。居恒与李谈导引术，戒其节欲。及生子后，每令独寝。妾不得常侍衾裯，深衔之，煽动李之戚党，谓李曰："彼异类，乌可恃？一旦触其怒，货物资财将仍摄去也。且逞其蛊媚之术，恐终为性命忧。闻茅山多异人，宜求法驱治之，世世子孙无虑矣。"李惑于众议，从其指，得符藏之。先是，狐常自诩能潜形入微孔中，人莫之害。李一日置酒款曲，饮之至醉，从容谓曰："子自谓善隐，吾未之见也，能入瓶中为戏乎？"狐醉不疑，遂窜入。李遽出符封其口。狐曰："闷甚！速出我。"李不应，始知其害己也，恳曰："廿载恩情，何忍心至此？倘不相容，第放我出，当潜踪远遁。后此余生，皆君赐也。"李犹豫不能决。众曰："势成骑虎，纵之，祸立至。"乃置瓶沸水中。移时倾视，血迹点滴耳。李欣然，自谓得计，戚友亦交相贺。不数年，家道零落，与其妾相继殁，子亦夭折。[45]

这则故事中的狐女亦是财富的来源，但随着狐精和凡人之间的性别角色对调，通奸为合法的婚姻所取代。因此，凡男得到的财富具有道德上的正当性。这类财富也许能与女性经由婚姻或其他在日常生活中可被接受的方式，而把财产带入家庭的能力联结在一起。这些财产不仅包括家业所得，还包括妆奁和她们生下的子嗣。在这桩婚姻里，狐精并不是引发男人耽溺性事的女人，而是逃避生育的女人。她象征女性应有的德行：为家人的幸福无私地奉献；为其夫纳妾，好诞下子嗣，并把侍妾生的孩子当作亲生子般来养育。这些妇德把她塑造成一个为丈夫最佳利益服务，又保障男性对家中财富享有掌控权的模范妇女。家庭的尊卑伦理，而非地位平等的交易关系，俨然成为凡男和狐女交往的特征。

狐女在家庭里的权力必须受到既存伦理秩序的规范。如果狐女的权力变得越来越无法驾驭，她就必须受到打压，而且被斩除。就在作为李某妻子的狐女违背丈夫的欲望，要求其不行周公之礼，从而走出一个模范女性的角色之际，她将遭灭顶之灾。和男性祖先的狐妾与情妇一样，这些仁善的狐妇也许会受到当地人的祭祀。但是，在文人的故事里，她们几乎不会被当成崇祀的对象。因为如果把她们当成祭祀的主角，无疑正式承认女性在以男性为中心的家庭伦理中的地位，并暗中瓦解了男性掌控家产的权力。然而，李某一家最终以破灭收场，意味着在不成文的情况下，女性的权力仍然受到适当的认可：天谴的道理抵消了男性中心的主流意识形态，证明在父系家长制的家庭里，女人的地位或许不显眼，但并非微不足道。

文人写得最多、也最为渴望的狐女形象是其既是热情洋溢的爱人，又是体贴入微的妻子。以近代版的《聊斋志异》收录的八十三则狐精故事来说，大约有三十六则叙说的是凡男与狐女之间的浪漫爱情故事，而所描述的狐女是年轻、貌美和仁慈者，有三十则之多。在这三十则故事里，除了六则，其余都以女主角的名字命名，而她们的名字几乎都有文学意象在其中。[46]故

第三章　狐精与家庭祭祀

事中，这些狐女都被描述成极欲甩掉鬼怪的特点，以便成为一般人。白亚仁（Allan Barr）已经很敏锐地察觉到，蒲松龄以极为严苛的男性视角描述这些狐女。她们与凡男间的私通，经由婚姻关系或命定的缘分，在道德上被认为是正当的。嫁给凡男之后，狐女本身便承担起传统价值观赋予的义务，全心全意地投入人类的家庭。在两者因为命中注定的缘分而结合在一起的情境里，这些狐女在缘尽后，一定会离开凡男的身边。作为一个暂时留在人类社会里的角色，她们因拒绝生育小孩而违反传统的期待，但她们未曾伤害凡人的家庭。相反，她们为了让男人有子嗣，甚至安排相称的凡女嫁给他，以遵守传统的道德规范。[47]

文人愿意接受这样的狐女，不只将她们作为文学创作的产物，或是男人幻想的对象，而且还将她们作为真实生活中的妻子与侍妾。《柳崖外编》的作者徐昆就叙述了一则他的密友兼邻居的王偁娶了狐女的故事。狐女为王偁生了一个儿子，并帮助王家打赢一场对抗地方恶霸的官司。两人偕赴济南时，徐昆和王偁甚至一同分享"狐嫂"焙制的顶酥饼。[48]纪昀几度记载家乡有人娶了狐妻或狐妾的事，他们其中有一人是当地著名士族张铉耳家中的人。此人曾问狐妾，她的阴气是否会害到他。狐妾解释："凡狐之媚人，有两途者，一曰蛊惑，一曰夙因。蛊惑者，阳为阴蚀则病，蚀尽则死；夙因则人本有缘，气自相感，阴阳翕合，故可久而相安。"[49]

像蒲松龄这样的作家会改编口传的素材以符合自己的文学口味，同时这些好心的狐女一再地出现在各有所欲的作家所编之种种笔记小说里（许多作者都宣称他们相信那些提供此类故事的人所言），这说明对于狐女的类似看法是民间故事和文学作品共有的认识，而且两者相互强化了这类看法。女性的权力受到认可，甚至以狐女主角作为典范，她们甘心与男人只拥有短暂的爱恋，而没有家庭的负担。不过，在赞扬狐精作为妇女典范的背后，或许也潜藏着不安：在一个以男性为主导的社会中，现实生活里的凡女不断地挑战这样的典范形象。白亚仁为《聊斋志异》不同类型的妇女作了如下的结论：

> （凡人）妇女对她们的丈夫或其他女性行使的权力，在保卫和促进她们自己的利益时展现的足智多谋，是这些故事中常见的主题。我们看到一个少妇如何使她任性的丈夫迅速就范，到年老时还一直维持着她的优势（卷九，第1272—1273页）；我们看到一个泼辣的妻子如何一次又一次地让她的丈夫丢脸（卷六，第681页）；我们看到一个妒忌心强的妻子如何预谋棰打侍妾，好让她流产（卷六，第723页），或是暗中胁迫她的对手，使她自绝生路（卷七，第883—884页）；我们看到一个女人如何暴虐她的长媳，唯在次媳的淫威下而敛其势（卷十，第1409—1411页）；以及丈夫在女性的威势面前，往往是如何孤立无援，或为之语塞（卷七，第902—904页，卷八，第1112页，卷十，第1409—1411页，卷十一，第1564页）。[50]

这些栩栩如生的形象也许传达了整个中华封建社会晚期全国妇女的处境。如同华若璧（Rubie Watson）所说："女人也许是财产的持有者，但很少，或根本没有处置财产的合法权利；她们也许是提出解决方案的人，但没有做决定的权力；她们的身体也许有行动力，但受社会规范和经济条件的限制；她们也许能行使皇帝才有的权威，但没有肩负皇帝头衔的权利。"[51]因此，在父系家长制的社会里，对狐女广泛的诉求仍然在于其互补性的角色。她们的超能力必须被限制在有限的世俗男性权威中。

不过也有相反的例子。在致富的过程里，狐精也和同性别的凡人缔结友谊。例如，有个狐男和他的信主均嗜爱杯中物，两者花了好几个晚上，一同饮酒、聊天。狐男同情信主生活拮据，便说出藏金之处，劝其家人根据市道种植不同的作物，但他始终未能成为被祀的主要角色。真诚的友谊把狐精与男人的互动投射在积极的一面，一旦男人去世，狐精也就消失了。另一个例子里，狐女因为某家奉祀她便助其致富。她因与这个家的妻子相善，便以钱财相赠。这个狐女不像李氏的妻子，狐女在这个家里没有任何世俗的位置。但她送给他们的钱财，带有道德难容的印记：她分给这个家庭成员的钱是偷来的。她还以一个下流的理由，滥用她的能力"帮助"这个家庭的丈夫：帮他偿还赌债。所以，为了保有这棵摇钱树，这对夫妇特别空出一间房让狐精居住，每天向她献上供品。[52]这两则故事彻底颠倒了我们稍早看到的性别角色，但它们保留了道德借口和狐精崇祀之间固有的关联。而且，它们仍然强调狐精和凡人之间私下的互惠关系。

狐太爷与朝廷官吏

19世纪末20世纪初，狐神的画像大量在华北和东三省印制、销售。某些图像以狐精穿着官服的清朝官吏的形象呈现出来；其他的图像则将狐精描绘成一个位居中间、满头白发和一脸白须的老人，两旁随侍的不是他的狐妻，就是两个中年男子，依次又有两个年轻的男性陪在他们身边。永尾龙造认为，他们实际上是在模仿信奉者家庭中祖孙三代同堂的景象。[53]和朝廷官员、老爷或老太太一样，狐精看起来像没有性欲的人。不过，性暗示的褪色与积极的财富概念并不一致。第一，即使是在早期的故事里提到以性事诱人的雄狐，我们对于其是如何被描绘的一无所知。人们也许仿照官僚或道教仙人的模样来描绘这些雄狐。而20世纪初的印刷版画也只是照着早期的样子，依样画葫芦而已。第二，尽管版画中的狐精庄严肃穆，但人们仍然依照个人的方法与他们建立关系。老男人被称为"仙""爷"或"胡三太爷"，而他的妻子则被叫作"胡三奶奶"。被画成女性的形象时，狐精就被称作"仙姑""仙姑老太"，或简称为"姑姑"。[54]所有这些称呼都是人们用在家里或乡里的长辈身上的礼貌性用语。胡氏一族三代被放在神龛上时，所有的成员都会被安上一个辈分明确的名字，然后呈现为一个三代同堂的大家庭。[55]每个家庭都有自己的狐仙信仰。使用男性的尊称来称呼狐仙，再为其配上一个女狐仙，添上许多子孙。由此，人们建立了一个和乐的家庭，让狐精成为多子多孙的象征和家庭兴旺的守护神。

狐精的神力显灵，象征在19世纪末20世纪初的华北，人们在连年动荡的环境下，拼命地争夺有限的经济资源。北京和天津地区的信奉者说，他们是"仗着仙家过日子"。一个家庭受到"小财神"的眷顾，就会有"柴尽烧，米尽吃"的恩惠。[56]不过，就像16世纪时在山东告诉郎瑛狐精故事的人一样，他们也

第三章　狐精与家庭祭祀

了解，狐精确实是将这类财富在东家与西户之间搬来运去，多数是透过附身到家庭某成员身上的方式，建立起专属的关系。他们认为，狐精能够"兴一家，败一家"，而狐精看中的家庭就得维护狐精的巢穴，并战战兢兢地按时祭祀它们。这样，它们才不会把这家的财富搬到别家，甚至让他们能取得别家丧失的财富。[57]一个19世纪的作者为天津的农村和城市地区盛行的鬼怪信仰作了如下概述：

> 有与仙缘者，仙即来福，人谓之作仙家买卖。一切商贾，则利市三倍，庄农则富有千仓。……然缘尽则散，散必取偿，或家出败子，或时遇飞灾，且凭空搬运，必至毫末无遗然后已。俗云："富贵无三辈。"悖入悖出，理或然与。[58]

尽管少了性暗示，但财富仍然被认为是由个人与鬼怪之间的关系而衍生出来的产物。对农人和城市的商人而言，这样的财富是同样脆弱的。韩瑞亚指出，狐精"不会引导人们投入更多的生产，而是投入就儒家的经济观看来不事生产得以获利的可疑的世界里"。[59]把狐精当作"小财神"来崇拜，与对家庭财富来去不定感到不安有密切的关系，这和"集体创业和团结一致"的中产阶级共有信条全不相干。这个信条在江南正好标志着五通神信仰的变化。从19世纪末到20世纪初，中国陷入政治混乱和经济崩溃之中，身着官服的"胡太爷"也许是唯一拥有较大的力量，能够为一个家庭私己的、实用的，甚至有时候是不合法理的要求提供协助的人。

107

往来于现世与彼世，穿越性别的界限，虽然狐精仍然被当作外来者，但它们把改变的力量带进家庭，让生者与亡灵之间的紧张感为之松弛。某些狐精和家庭有亲戚关系，但有些狐精则很可怕，或心存报复。狐精或许能扮演祖先、情人、妻子或朋友的角色。这些角色让狐精所在的家庭特别享有私人的且实际的好处，而它则根据互惠的原则，决定是否报答或惩罚其信主。它代表一种外在力量：能够提升祖先的威权、扩张某人的婚姻和社会网络、彰显受抑女性的声音，并强化家庭追寻实际利益的潜力，不受官方法律和普世道德的管辖。

然而，狐精和家庭成员之间的互惠关系是脆弱的。狐仙信仰暗含的私欲常常是不道德的，以及狐精体现出的可能存在的家庭矛盾，这些仍然受到官方法律和普世道德的约束。桑高仁（Steven P. Sangren）在性别与宗教的研究里指出，在中国，"女性神祇的形象都相当正面"，在肯定女性作为母亲的角色时，却拒斥了女性担任妻子这一角色。[60]狐精的例子既确认也补充了这个观点。虽然家庭采用奉祀雄狐的方式来为追逐私利辩解，然而年轻的狐女在家庭里，尽管表现出好心好意的一面，却更可能被以这样或那样的方法驱逐出去，以消除她们在以男性为主导的社会结构中的潜在威胁。家庭财富以及财富的道德价值是从性别的角度来解读的；女人在家中的角色则是用狐精魔力的性别意义去阐释。由于狐精的意义暧昧，又可男可女，就华北的众多家庭而言，面对世事无常，狐精给了他们各式各样的抉择，也让他们在公众福利与私人需求间取得平衡。

第四章
狐精与灵媒

从古到今，灵媒就是中国宗教生活中一个很重要的构成要素，某些仪轨的形式和做法，随着时代的更替一直延续下来。明清的笔记小说捕捉到某些灵媒活动的掠影，而近代的民族学研究则是建构狐仙信仰在地方社会中更完整的画面不可或缺的资料。透过这些资料，我们看到狐精附身下层社会的民众，尤其是妇女，在家庭结构的外部取得权力，并向各种社会团体提供专业、有效的服务工具。士绅也许对灵媒不无成见，也对淫祀心怀疑虑，但其中某些人在心有所忧、身有所求或偶遇麻烦的时候，也会向灵媒寻求可能的解决之道。因此，狐仙信仰的内容或许荒诞不经，却不仅合于下层社会民众与屈居下属者的追求，也会吸引个人及普遍的人类诉求。就提供算命和其他服务来说，狐巫负有重要的社会功能：家庭纷争被解释成鬼怪骚扰所致，而疾病与失德有关。在解决家庭和社会生活中的冲突与恢复秩序的过程中，狐巫在华北的农村里成为另一种权力的来源。在这些农村中，有功名的士绅相对显得弱势。[1]灵媒在狐仙信仰中的角色相当吊诡：他们虽然迎合个人和地方的需求，却又常常援用官方的话语和公共的道德规范强化本身的合法性,在公共领域中取得稳固的基础。

成为灵媒

李维(I. M. Lewis)在其非洲社会神灵附体的经典研究中表示,在一个男性主导、阶级严明的社会里,两种类型的人在恶灵信仰仪式中扮演着重要的角色:女人,尤其是结过婚的女人和社会地位低的男人。这些女人和男人与任性的鬼怪订下神秘约定,让他们得以有较高的社会地位,向那些通常将他们当成下等人者抗争。[2]同样,华北的狐巫也涵盖了来自社会下层的女人和男人。[3]民国时期的北京郊区,三种类型的人最有可能被动物神看中而成为灵媒:身心障碍者;前世是畜生,这辈子投胎成人;曾经违背动物神所立下的某些禁令的人。[4]要知道,那些成为灵媒的男人和女人,被认为生下来就比他们同乡的村民来得低等。

有则16世纪的故事,让我们得以一瞥女性如何利用与狐精私通的契机成为女巫,从而寻获脱离家庭的限制,改变她们的社会地位。

> 周府后山狐精与宫女小三儿通。弘治间出嫁汴人,狐随之,谓三儿曰:"吾能前知,兼善医术。若供我,使汝多财。"三儿语其夫。夫固无赖子也,即听之。扫一室,中挂红幔,幔内设坐。狐至不现形,但响

第四章 狐精与灵媒

啸呼三儿。三儿立幔外,诸问卜求医者,跪于前。狐在内断其吉凶,无不灵验。其家日获银一二两。[5]

和前一章提到的妻子及媳妇的情形很像,小三儿是个遭到狐精玷辱,但因缘际会下又得到物质利益作为补偿的少妇。她利用独获之狐术,转而成为一个具有双重身份的女性:家庭主妇和社区中的宗教专门人士。就其本身而论,她可以给家庭带来财富,而不必完全地屈服在家父长的权威之下。小三儿的丈夫本身是个没有收入的男人,必须仰赖其妻之所长以为生计。他完全不想干涉小三儿与狐精的交往。

虽然强调狐精的灵验,然而即使是明清时期的笔记小说也很少论及那些灵媒的出身背景。现代的民族学报告让我们可以作一些推断。杜瑞在20世纪初所作的报告指出,在苏北,担任狐精和黄鼠狼灵媒的人大多是已婚妇女。充任一名女灵媒的专门知识是她们维持生活的工具,让她们"补贴生计之不足"。[6]李慰祖注意到,在20世纪40年代的北京,动物神的灵媒主要是女性,尤其是来自贫穷家庭的妇女。她们能为家里带来可观的收入,甚受丈夫和家翁的重视。[7]贝桂菊(Brigitte Baptandier)在当代福建所做的田野调查也发现,"大部分的女巫已婚,且已为人母",而她们所做的仪式则"加深了儒学正统和道教组织对女性权力和性特质的疑虑"。[8]一般来说,已婚的妇女应该屈从于丈夫和翁姑,而根据前述的结果,已婚妇女似乎能够颠覆把她们束缚在家庭生活边缘位置的等级秩序,并在社区里担任公众角色。小三儿是被解职的宫女,而她的丈夫则是没有稳定收入的男人,他们生活在社会的底层。一个家庭最为关心的问题是求生存和改善生计时，父系家长制的秩序和男性的权威就会被（或是必须）打折扣。

如同小三儿经历过的，入巫的过程包括神灵附体的程序。神灵附体期间，灵媒新手歇斯底里的行为深深地困扰其家人，其身体的力量却大大地增强。20世纪40年代，北京两个女灵媒有相似的经验。第一个是王妇。她可能是被一只瘸脚的老狐附身，故被敬称为瘸老爷子：

> 她说自己是神仙。而对她的状况极为困扰的丈夫对她说："你说自己是神仙，所以我要用鞭子抽你三十下。如果你受得住，我就承认你是个仙女；如果受不住，我就知道你只不过是疯了！"她被打了三十鞭而没有露出任何痛苦的表情，而她的丈夫则必须承认她是个"香头"。

另一个女灵媒李妇，经历了类似的过程：

> 每天下午四点以后，她就进入一个出神的状态。她对家事漠不关心，绕着村子狂奔。她的丈夫拿棍棒殴打她，但她一点儿都不害怕。邻人告诉她的丈夫说，有几个人在夜晚曾经见到有个年老妇人进到他们的屋子里。"仙家"也许已经化成一个老妪的样子。这个丈夫能做的，只有祈祷而已。他求神灵不要再附在他妻子的身上，并且允诺让她做神灵的仆人。[9]

第四章 狐精与灵媒

入巫的程序对研究世界各地的萨满和灵媒的学者而言，是个熟悉的故事。[10]然而，在狐巫的案例里，丈夫在这些妇人从附身的受害者转换到女巫的过程中所扮演的角色是很重要的。如同小三儿所做的，这些妻子在成为专业的狐巫之前，必须先取得丈夫的允许。在阈限的阶段，狐精的权力和父权两相面对，受害者则为了得到一个新的社会身份而与自己在家庭中的传统角色斗争。她们既认可又挑战传统中国家庭中的家父长权威。对那些鬼怪来说，透过附身的手段和一家之长谈判，取得他们的允许，以便要求被附身者的服务是司空见惯的事。不过，不同意的话，那些鬼怪就会常来骚扰。[11]大多数家庭会像上述的两个丈夫一样，顺从鬼怪的意志，让被附身者成为灵媒。

在入巫的过程中，一个对家父长权威更大的挑战在于，灵媒们一经脱离各自的家庭之后，在彼此之间会形成等级网络。狐巫信仰的这个特征很可能是源自明清时期，甚或早期的传统，而被19、20世纪的民族志学家妥善地记录下来。杜瑞即提到，在安徽北部有个重病的妇女，据说在被某动物神治好后，变成灵媒。为了回报神明的恩惠，她不得不成为动物神的弟子之一。其他的灵媒对这样的新手而言犹如师父，教导他们"秘诀、咒语和瞒骗他人的伎俩"。[12]

李慰祖提供了一份关于全部入巫仪式的详细记录。一开始，作祟的神灵和入巫者之间有一段冗长的对话。作祟附身的理由、神灵的真实身份、入选者的工作性质和一家之长的同意，都在这个时候全说清楚，从而神灵和灵媒之间，以及老灵媒与新灵媒之间的关系就建立起来了。接下来，老灵媒中地位最高者向所属集团的其他成员介绍新灵媒。这个集团的阶级组织

狐仙崇拜：中国封建王朝晚期的民间信仰与民众心理

严密，以地位最高的祖师爷为最高领袖，其下等级逐层降低，依次是师兄弟、徒弟、徒孙。将新灵媒的名字和集团的其他成员写在一起。然后，地位最高的老灵媒如同这个神灵家族的家长一般，为了正式向神灵报告新成员的加入，引领众人焚香、请神，并呈递奏章祝文。在这仪式之后，随之而来的是"拜师仪式"。所有的弟子和他们的守护神都出席这个仪式。新加入的灵媒在地位最高的老灵媒面前五体投地，拜他为师，并得到两个法号，表明他在信仰圈中的身份位置和在同辈弟子中的排序。

只有在这个时候才能举行安神像和安神坛的典礼。此外，请帖也首次发给动物神家族的所有成员，包括狐狸、黄鼠狼、刺猬或蛇。接下来的仪式由地位最高的老灵媒带领，在子夜举行，而且极为秘密。所有不相干的人等，特别是小孩和孕妇，全都禁止参加，甚或不准从窗外偷窥。参加者仪式性地整理仪容，用圣水、朱砂和一面镜子绘制神灵的图像。祈拜者焚香，边烧祝文，边念祷文。最后，每个神灵皆降临在参与者准备好的画像前，而灵媒的祭坛也正式设上每个动物神的神位。[13]

笔者在这里采用李慰祖用男性代名词指称所有老灵媒和弟子的方法，但他在报告里并没有详细说明或讨论性别的问题。我们应该清楚地知道，大部分灵媒是女性，因此入巫的仪式一定由女性单独进行，或由男性和女性合在一起进行。师徒关系也有可能跨越性别的界线，女灵媒也可能担任师父的角色。也许并不是每个华北地区的神巫都经历同样复杂的入巫过程，或加入如上所述的等级网络。然而，许多仪式过程中的关键因素，像师徒关系、夜间仪式和秘术传授、焚香和祝文、妇女的重要角色，以及会场中性别"混杂"的可能性等，对研究中国宗教的学者而言都是很熟悉的内容。[14]在成为狐巫的过程里，一个人不只取得一个在家庭和亲属之外的新社会身份，还会加入一个提供专门指导和同伴情谊的独立社会网络。

灵媒执业

治疗疾病

现代的民族志学家将狐巫提供的服务分成两种形式。第一种形式，灵媒焚烧炷香，将火焰或香灰的颜色及形状解读成神灵显现的灵迹。严格来说，在这种形式下，他并不是一个灵媒，因为在整个过程中，其意识是清醒的。第二种形式，灵媒焚香请神，在出神的状态下代表神灵低声说话，并有所行动。在整个华北和东三省地区，灵媒服务形式的变化，包括出神、附体和烧香等，仍是狐仙信仰最明显的特色。以苏北来说，那些仪式可由同一个灵媒进行。如果他无法顺利解读神灵降下的神谕，便请神附体。在北京和河北地区，灵媒经常被叫作"香头"。上述两种形式的服务由不同类型的香头分别进行。第一种类型是"瞧香的"，第二种类型是"顶香的"。[15]在陕北，出神和神灵附体的仪式叫作"顶神"，行此仪式的灵媒则称为"马童"。

这些不同的进行方式，让灵媒能够自称拥有沟通人间和神界的法力，最终涉入人间事务。他们经常被雇来治疗疾病。如果一个家庭成员遭鬼怪为祟，这个家庭就会靠灵媒找出鬼怪要的是什么，以及如何安抚它。张景运描写了一段在家乡沧州发生的治疗祟病的过程。女灵媒请来两位神灵,即"老仙"和"少仙"。病人的家人听见有二仙下降到他们家,他们彼此交谈,也和女灵媒谈话,享用献祭的饮食,最后留下一张处方。[16]20世纪30年代的社会学家李景汉在河北定县发现,"乡民有平日敬拜狐仙的,按时给它烧香,叩头,供奉食品、衣物,有时也请它治病"。

居中斡旋:民族志的报告

除了治病,狐巫在家庭和农村生活里还担任多种协调角色。他们施法来延续生命;找寻孤魂野鬼;充任幼童的义母,不让鬼怪侵犯他们;指导地方家族为动物神灵建祠立庙,将该动物神当成他们的财神。李慰祖记录了许多这样的例子。例如,有个农家女,年已三十五仍云英未嫁,而且经常说被某些动物神灵骚扰。有个女灵媒被请来和神灵沟通,透过女灵媒,其中一个动物神灵下令快嫁掉这个女子,并帮她找到一门婚事。当真正的媒人谎报男方的年纪时,神灵就透过女灵媒向女方讲出事实,女方的家人表示不愿意把他们的女儿嫁给男方,这个女子又被骚扰,直到双方家长都同意这桩婚事为止。另一个妇人在虎年生下一个斗鸡眼的婴儿,孩子的父亲认为那是个坏兆头,要求妻子弃养。妻子不愿意这么做,结果丈夫离家,多日不归。这名父亲的一个亲戚向村巫求助。村巫在神灵附体的情况下,用神灵的声音,预言这名父亲很快就会回来。村巫的话果然应验,但这名父亲仍然不喜欢新生儿。后来,这名父亲被带到村巫设置的神坛。神灵将他斥责一顿,要他接纳自己的儿子。这名父亲于是悔过。从此以后，这一家三口快乐地生活在一起。[17]

人们也请求灵媒及其所奉的神灵，运用法力处理通常是亲人或邻居犯下的微罪——盗窃。他们觉得，"向警察报案是不好的"，期待灵媒亲自处理这些事件。这里有两个例子：

> 两年前，有家乳品店的工人丢了十几元钱。他的六个同事和店里的掌柜来到李法师的坛口，向李法师保证他们的清白，同时请神灵告诉他们谁才是真正的小偷。神灵告诉他们："我不需要直截了当地说出谁是贼。你们每个人轮流点一束香。"这六个男人，一个接着一个，各点了一束香。六个人当中，有五个人点的香的火焰明亮，只有一个人就是点不着他的香，那束香只是浓烟直冒而已。神灵再次开口说："不用我再说，就看你们六个人点的香吧！"那个窃贼发现他点的香露馅儿了，就变得脸色苍白、冷汗直冒，什么话也说不出来。掌柜回身向神灵说："您不需要公开地说出来。我已经看透整件事了。"这个窃贼就这样被找出来了。

> 有一次，有个住在李法师坛口隔壁的妇人丢了十几元钱，这笔钱本来是做小生意的本钱。这妇人把钱藏在她儿子的一只长袜里，以为那是她可以在屋子里找到的最安全的地方。有天，她向儿子问起这笔钱的时候，儿子开始撒谎，辩称没有什么钱放在长袜里。他说，老娘也许是忘了把钱放在什么地方了。这妇人

以为钱可能被邻居偷走，便找李法师，请神灵指点迷津。神灵告诉她："钱还在你家，放在你儿子的一只长袜里。回去问问你的儿子！"同时，儿子在祭房外，偷听屋内的谈话。他赶紧回家，把钱放回长袜里。他的母亲回家后，再次问他钱的去向，他说："我觉得有什么东西在长袜里。"这笔钱就找着了。[18]

在这两个例子里，狐巫成功地消解了家庭与社会生活中的紧张感，更避免涉案的家庭成员与社区成员间的直接对质。他们形成一种地方支配力，查出、惩处微罪，而不至于诉诸世俗的法律权威；他们不只担任生者与冥界、或神界沟通的桥梁，还担任生者间的媒介。正式官僚和士绅精英在地方社会中留下的权力真空处，正好由他们填补。

居中斡旋：明清的笔记小说

李慰祖的民族学研究让我们能正确地解读明清笔记小说中的记述。前一章，我们看到狐精在家庭环境下如何在生者、其祖先和孤魂野鬼间做调解人。即使这些故事都没提到灵媒，但我们仍能看到他们介入的痕迹。就拿莲香的故事来说，狐精把女鬼变成士人的妻子。她能看见鬼、与鬼沟通、驱逐鬼，并助鬼借尸还魂——在现实生活的情境下，这些通常是灵媒承担的职能。灵媒的角色在赵孙诒的故事中更为明显。他是个娇生惯养的孩子，父母死后，被狐妇调教成一个孝子。这个狐妇非常像李慰祖访问到的灵媒，收赵孙诒为子，领他游地府，去见他死去的

第四章 狐精与灵媒

父母,最后让他幸运地娶妻生子。

仔细阅读一则17世纪的故事,更能显示宗教人士如何运用驱邪的能力介入家庭生活:

> 益都岳于九,家有狐祟,布帛器具,辄被抛掷邻堵。……诸如此类,不堪其苦。乱诟骂之。岳戒止云:"恐狐闻。"狐在梁上曰:"我已闻之矣。"由是祟益甚。一日,夫妻卧床未起,狐摄衾服去。各白身蹲床上,望空哀祝之。忽见好女子自窗入,掷衣床头……岳着衣,揖之曰:"上仙有意垂顾,即勿相扰。请以为女,如何?"狐曰:"我齿较汝长,何得妄自尊?"又请为姊妹,乃许之。于是命家人皆呼以"胡大姑"。
>
> 时颜镇张八公子家,有狐居楼上,恒与人语。岳问:"识之否?"答云:"是吾家喜姨,何得不识?"岳曰:"彼喜姨曾不扰人,汝何不效之?"狐不听,扰如故。犹不甚祟他人,而专祟其子妇:履袜簪珥,往往弃道上;每食,辄于粥碗中埋死鼠或粪秽。妇辄掷碗骂骚狐,并不祷免。岳祝曰:"儿女辈皆呼汝姑,何略无尊长体耶?"狐曰:"教汝子出若妇,我为汝媳,便相安矣。"子妇骂曰:"淫狐不自惭,欲与人争汉子耶?"时妇坐衣笥上,忽见浓烟出尻下,熏热如笼。启视,藏裳具烬……又使岳子出其妇,子不应。……狐怒,以石击之,额破裂,血流几毙。
>
> 岳益患之。西山李成爻,善符水,因币聘之。李以泥金写红绢作符,三日始成。又以镜缚梃上,提作柄,

遍照宅中。使童子随视，有所见，即急告。至一处，童言墙上若犬伏。李即戟手书符其处。既而禹步庭中，咒移时，即见家中犬豕并来，帖耳戢尾，若听教命。李挥曰："去！"即纷然鱼贯而去。又咒，群鸭即来，又挥去之。已而鸡至。李指一鸡，大叱之。他鸡俱去，此鸡独伏……李曰："此物是家中所作紫姑也。"家人并言不曾作。李曰："紫姑今尚在。"因共忆三年前，曾为此戏，怪异即自尔日始也。遍搜之，见刍偶犹在厩梁上。李取投火中。乃出一酒瓶，三咒三叱，鸡起径去。……岳乞付之汤火；李不可，携去。或见其壁间挂数十瓶，塞口者皆狐也。言其以次纵之，出为祟，因此获聘金，居为奇货云。[19]

这则故事举出两种不同类型狐精的差别。岳家的狐精似乎是只祟狐，而张八公子家的则被描述成"居楼上"的狐精。岳氏和德州周某及袁生金（见第三章）非常相似，后两人奉祀狐精，用家中的女性换取家财。岳氏生活在山东，那里的人清楚地知道家中经常出现狐精，意味着富裕和兴旺。因此，岳于九要祟狐学学"从不扰人"的喜姨时，他是在努力发掘狐精带来的良机。一开始遭遇狐精的骚扰时，他并没有采取任何敌对手段来因应。相反，他安抚咒骂不已的家人，试着让彼此相安无事。后来，他与狐精协商，更清楚地表现出其意图：尽管狐精对家里的资财造成诸多危害，还戏弄岳于九夫妻俩，但岳于九并没有要她离开。他反而要求狐精别再为祟，安分地待在家里。[20]然而，不像我们在前一章看到的，岳于九和狐精之间建立关系的媒介，既非以性交换财富，也不是缔结婚姻。反过来，岳于九提出的条件和狐精所要求的，恰好形成强烈的对比。因为狐精乃以一个少妇的姿态接近岳家，所以岳于九倾向于让她在家中有个身份：一开始是当他的女儿，再后来是他的姐姐。

在中国的父权社会里，女儿和姊妹因为血缘关系，情感上可被娘家当成自己人。但从出生开始，娘家就不赋予她们永恒的身份，视之为外人。由于女儿的身份只是暂时的，所以家人倾向于从经济角度来评估其价值。那就是，女儿应该偿还父母的生养之恩。为了准备嫁妆，从小开始，女儿就必须帮助家计，直到出嫁前夕，所有的工作所得要交给父母。[21]岳于九以父女或兄妹来定义彼此之间的关系，也许是想掌控狐精的力量，让她为家族的利益效劳。不过，狐精只能接受暂时充当岳于九的姊姊和孩子们姑母的角色。她真正渴望获得的身份是媳妇，也就是男性继承人的妻子。不像女儿或姊妹在一个家庭会逐渐从自己人变成外人，媳妇一开始虽然被视为外人，但终究会慢慢地变成自己人。在室女在娘家的身份会随着年纪增长而变得越来越不稳定，而媳妇的地位则会因为生下儿子和逐渐取得操持家务之权而巩固下来。狐精拒绝女儿或姊妹之角色的另一面，是想在岳氏家中寻得一个永久之席。

媳妇在中国人的家庭生活中总是个不稳定的因素。即便法律和儒家道德训条均倡导妇女应该完全服从丈夫和尊长，但笔记小说和通俗文学显示，在真实生活中，泼辣的妻子和不受教的媳妇仍旧随处可见。她们通常因为引起家庭财产纠纷，也兴起父母与儿子或兄弟与未嫁的小姑间的争执而遭到指责。[22]据艾亨（Emily Ahern）的近代受访者指出，为了巩固自己在新家的地位，一些年轻的已婚妇女通常会求助于邪灵的力量。某些人据说使用厌胜之术，诸如符咒，使她的丈夫唯命是从，从而破坏古老的家庭纽带。[23]这样的做法可以帮助我们理解岳家媳妇遭受的狐祟，而且我们也许想知道这样的例子是否也会在较早的时代出现。

狐精骚扰岳家，使人联想到公婆与不受教的媳妇之间的紧张关系。首先，当狐精捉弄这个儿媳妇时，她向狐精猛掷什物、咒骂狐精，表现出狂暴的情绪。这种行为与举止有节、百般柔顺的妇女形象搭不上边。其次，这个儿媳妇与周氏、袁氏的例子不同。在周、袁两家的例子里，家长有与狐精谈判的绝对权力，而妻子和媳妇则静默无言。岳家媳妇的反应则极为不同。岳于九向狐精祈祝，使自己得到她的欢心，但媳妇仍然顽固地叱责狐精，"并不祷免"。岳于九对媳妇的行为无计可施。

狐精要求岳于九的儿子休妻，好让家里重获平静时，公婆与媳妇之间的紧张关系变得更加明显。就在这时候，狐精和媳妇成为可交换，但又相互不统属的实体，象征秩序与失序，以及秩序与失序的翻转。表面上，狐精因扰乱家庭而受到指责，满足她的要求则是恢复秩序的必要手段。但是，对狐精来说，媳妇就是问题的所在，将她赶出家门才是恢复家庭和平的关键。再者，面对这个看似无法无天的要求，到目前为止一直负责与狐精沟通的岳于九突然间默然不语。他的媳妇取而代之，直接面对狐精。她显然是有丈夫撑腰。结果，她比阿翁更不退让。岳于九像无法制伏为害的狐精一般，对训导不受教的媳妇同样无能为力。与狐精谈判似乎变成一种过程，在这过程里，家中掌权的长者和新进门的媳妇为了追求家中的权力平衡，彼此进行协商。

第四章 狐精与灵媒

与狐精的谈判破裂,岳于九家人感觉无法靠着自己的努力恢复秩序时,就延聘宗教专家来驱逐狐精。戴维斯的研究指出,从12世纪开始,灵媒与道教或佛教法师的驱邪角色变得难以分辨彼此。[24]在这类故事里,我们恰好看到这样的融合。李成爻的宗教身份并不是十分清楚,但他执行的仪式程序,大致上与一般道教法师执行的驱邪仪式相似。某些技法,像使用符咒和容器(罐子、麻袋,或瓶子),一般人相当熟悉。李成爻的助手是一名灵童,原来是与神灵交通必不可少的人物。再者,虽然李成爻成功地控制了岳家的狐精,但他原来是个搜集狐精的人。之后,他一定会为了自己的利益,再把狐精放出来祟害他人。这种控制狐精法力的能力,一般咸归道士和灵媒所有。

李成爻把狐精和紫姑视为同一神灵。关于紫姑的不同说法,从六朝时期起就同时在华北和华南流传。这些说法均指她是一个小妾,受到正妻的虐待,在厕所里被谋害。大众信仰的诸神中,她被奉为"厕神"。在华北,人们经常把自制的小人偶当作紫姑神,于每年的正月十五这天祭拜她。每年的这天夜里,女信徒便在厕所玩起"请紫姑"的仪式游戏。她们对着人偶祝祷,告诉她,她的丈夫和正妻都不在这里,可以放心地出来了。紫姑人偶的动作,有时候被当作按照礼拜仪式的祝祷而自动写下来的文字,暗示信徒所问的某件事可能会怎么样。[25]明代的通俗小说已将厕神变成三姊妹。据说,她们掌管混元金斗——神圣化的马桶的同义词,所有的人,从神仙到凡人,从天子到耕夫,都从这里诞生。[26]

就像狐精一样,紫姑神也被赋予污染、丰产和女性本领的意义。中国学者许地山(1893—1941)以阿紫的故事(见第一

123

章）为基础，推测紫姑之名也许是源自六朝道教的狐精概念。[27]另一位现代学者观察到，20世纪山东南部的某些地方，真正进行扶乩的紫姑神其实是只雌狐精。[28]紫姑神是受家暴而死的小妾，经由厕所而和家庭污染结合在一起，广为妇女崇信。而且紫姑神只有在丈夫和正妻不在场时才能行使法力，故而明显地对受到压迫的一般家庭妇女有吸引力。李成爻把三年前祟祸开始之前就已经请进岳家的紫姑神（更有可能是这个家的女人）当作祟人的狐精来驱除，他把可能由媳妇惹起的家庭纷争，导向大家公认、只有女性才拥有的颠覆因素和威胁象征。在新年期间祭拜紫姑神，等于提供了一个暂时脱离主宰日常生活等级秩序的正当时机，但如果紫姑神老是出现在生活中，那就不堪其扰了。[29]如同"请紫姑"这个仪式本身的程序所表明的，唯有丈夫和正妻不在场时，她才能够显灵。

贪婪的一家之长和屈居下位的女性都为了自己的利益而利用狐精附身和狐祟这个传统主题。他们若不是把狐精安顿在私人的空间里，为个人的私利而安抚狐精，就是援用灵媒的外来力量去制伏他们认为是有害的，而且超过自己能力所及的事物。在岳于九的例子里，他也许向来无法让不受教的媳妇变得柔顺（如果她真的是个泼辣的媳妇），但透过李法师仪式性地揭发了象征替罪羊的狐精／紫姑，一定会为岳家带来预防和净化的作用。

第四章 狐精与灵媒

巫觋和士绅

官府、士绅的评论与道德除魅

中国历史上已经有相当长的一段时间把灵媒和淫祀联想在一起。明清的律法规定，犯戒如下的人都应受严惩：

> 凡师巫假降邪神，书符、咒水、扶鸾、祷圣，自号端公、太保、师婆，及妄称弥勒佛、白莲社、明尊教、白云宗等会，一应左道乱正之术；或隐藏图像，烧香集众，夜聚晓散，佯修善事，扇惑人民，为首者绞，为从者各杖一百，流三千里。[30]

对官府而言，巫教信仰之所以不合法，乃在于其组织潜力源自超越家庭纽带的社会网络，也跨越性别界线，存在于师徒之间。苏堂栋指出，早期的儒教精英容忍，甚至庇护巫教信仰，但在明清时期，理学家和官府对巫教的疑虑达到顶峰，形成一种"反巫教的舆论"。他们批评灵媒，原因不在信仰仪式本身，而是因为和精英分子一样，这些灵媒很容易被组织起来，借由文字（降乩扶鸾）、道德的形塑及政治主张来夺取权力。[31]

的确，16世纪末，流行于山东和河北的"邪教"——"闻香教"的创立者，据说就是只魔狐。他们利用烧香和师徒间传承知识，在华北和华中吸收许多信徒，天启二年（1622）终于掀起一场叛乱。[32]晚明的历史学家谈迁（1594—1657）将这个教派与同时期流行于陕西中部几个州府的玄狐教联系在一起。他强调"妖师"在教派活动中的性质：

> 妖师所至，家家事若祖考，惟其所命，极意奉承。一饮一馔，妖师方下箸入口，其家长幼大小，即便跪请留福，夺去自食。至于退处空室，则使处女少娟次第问安。倘蒙留侍枕席，即为大幸有福云云。[33]

这段文字很清楚地表示，精英批评主要针对的是灵媒在年轻良家妇女中猎艳的行为。对理学家而言，批评这类行为也许是在地方社会建立其道德权威的最好方法。

为了维护社会和道德秩序，明清时期的精英认为，妇女的工作应该只限于家庭场域。即使是农家妇女，除了自家的田地，在自家以外的地方工作是不对的。所有明清的经典和通俗文献均再三告诫良家妇女，应远离生活在家庭体系边缘、向社会提供专业服务的女性。"三姑六婆"这个特殊词汇就是专门用来指称这些边缘妇女，包括尼姑、道姑、卦姑、牙婆、媒婆、师婆、虔婆、药婆和稳婆。这些妇人通常来自下层阶级的家庭，比起男性同行，她们享有一个特殊的好处：能够造访精英的家庭，满足那些受家庭束缚的妇女的需求。反对这些专业妇女的告诫可能曾经发布过，因为她们和来自体面人家的妇女互动频繁，而且人气甚旺。无论如何，在精英的眼里，那些三姑六婆因为经济独立、活动力强，拥有专业知识而威胁到了男性支配的社会秩序。[34]

虽然明清时期的记述和近代的民族学研究都证实，所有来自

第四章　狐精与灵媒

不同社会背景的男性和女性均曾求助过狐巫，包括精英在内，但明清时期的作家会认为这些求助者只有妇女，而且是来自下层社会的妇女。一个19世纪的作者将女灵媒对"乡愚无识者"和妇女所具有的特殊吸引力写了下来：

> 天津女巫，自称顶神，能看香头，治人疾病，人称曰"姑娘子"。乡愚无识，遇有疾病，多召之来。彼即炷香于炉，喃喃作呓语，俄而谓所顶之神下降。或称"白老太太"，或号"黄少奶奶"，或谓"胡某姑姑"，所立名号，大抵妇女居多。磁石引铁，故妇人易被蛊惑。小家眷属恒信之。其治病之法，或给药丸，或施圣水。病愈则竟自居功，不愈则诿为命尽。所索香资药费颇饶。[35]

纪昀也指出，在其家乡沧州，女灵媒从妇女当中找她们的顾客和朋友，尤其是女佣。他向亲友搜集来的某些故事提到，狐巫甚至会被所奉的神祇惩罚，前者由于贪财而受斥，被禁止执业：

> 女巫郝媪，村妇之狡黠者也。余幼时于沧州吕氏姑母家见之，自言狐神附其体，言人休咎，凡人家细务，一一周知，故信之者甚众，实则布散徒党，结交婢媪，代为刺探隐事，以售其欺。尝有孕妇问所生男女，郝许以男，后乃生女，妇诘以神语无验，郝瞋目曰："汝本应生男！某月某日汝家母馈饼二十，汝以其六供

翁姑，匿其十四自食，冥司责汝不孝，转男为女，汝尚不悟耶？"妇不知此事先为所侦，遂惶骇伏罪，其巧于缘饰皆类此。一日，方焚香召神，忽端坐朗言曰："吾乃真狐神也！吾辈虽与人杂处，实各自服气炼形，岂肯与乡里老媪为缘，预人家琐事？此妪阴谋百出，以妖妄敛财，乃托其名于吾辈，故今日真附其体，使共知其奸，因缕其隐恶，且并举其徒党姓名。"语讫，郝霍然如梦醒，狼狈遁去，后莫知所终。[36]

我们可以清楚地看到，正是灵媒在家庭和社会生活中拥有的功能，使纪昀这类士绅忧心忡忡。他们认为自己才是地方社会的领导者。灵媒凭其职业赚取的钱财，被说成是带有欺诈性质的、不道德的黑心钱，而由灵媒身边的妇女所形成的信息网则被视作流言蜚语的来源。尤其是纪昀利用这些控词抹杀灵媒传送出来的道德信息，因为这些和纪昀在许多故事中所倡导的信息是一样的。[37] 郝媪代表狐精，其实是在对一个女信徒上一堂孝道的课。在中国的农村和其他地方，这种情形很常见。鬼祟和时运不佳经常被解释成缺德所致，而透过灵媒传达信息的神灵则充当"社会监察员"的角色。即使他们被指"敛财"，而当中或许真有些贪心的人在，但近代的民族志学者指出，这些灵媒通常高举道德准则，自称出自神灵"良善的意图"而为他们自己积德。求助者可随意给钱。如果灵媒要的太多，就要冒着被他们的神灵甩到一边的危险。[38]

纪昀的故事谈及看不见的家庭失和与近邻反目，类似于稍早前提及的李慰祖的田野调查记录。一则故事说，有个小男孩

第四章 狐精与灵媒

把母亲的鞋子拿来当玩具玩,之后丢在后院的花架下。他的父亲捡到了鞋子,开始怀疑起妻子的贞洁,因为妇女的缠足被认为是私人且具性诱惑之物,除了丈夫,没有其他人可以随意碰触。无人可以证明妻子清白,其妻只好决定以死明志。其家忽而狐祟大作,妇女的近身之物被丢得到处都是。过了半个月,狐祟乃止。其夫对妻子的怀疑也因而释怀。[39]另外,有个家庭遭狐祟,某天,忽然有砖瓦掷进家里,砸坏花盆,这家人因而对狐精咒骂不已。夜半,狐精到来,试图安抚这家人,说:"邻里乡党,比户而居,小儿女或相触犯,事理之常,可恕则恕之,必不可恕,告其父兄,自当处置。遽加以恶声,于理毋乃不可。"家人闻之感动,向狐精道歉,自是邻居转相和睦。以后,每当有乡里僮仆稍有口角,酿成争斗,几乎要变成流血冲突时,人们就会想起狐精说过的话。[40]这些故事里的狐精看起来似乎只是家庭与乡里和谐的调解者和促进者。纪昀尽管对这些狐精未必心存敬意,但他忽视了灵媒在使狐精的声音被听到和在消解家人或乡里间的紧张感中,大有可能扮演调解人的角色。

纪昀和持相同看法的精英认为,狐精的神力与灵媒的道德权威应该两立,这种道德上的除魅能力应该是士绅的特权。他们反复引用《左传》"妖由人兴"这句话,相信内心软弱会招来狐精。纪昀更进一步说,处理邪祟的时候,"道家言祈禳,佛家言忏悔,儒家则言修德以胜妖。二氏治其末,儒者治其本也"。[41]

纪昀的父亲是位高阶士大夫,在纪昀的论述中总是扮演着道德典范的角色。据说,曾有一段时间,家里的仆隶进到一间房子里时,常遭狐精戏弄,而只要纪昀的父亲进去就不会受到骚

129

扰。有个老翁来拜访纪昀的父亲,并自称是狐精。他告诉纪昀的父亲:"凡兴妖作祟之狐,则不敢近正人。"[42]相反,平常总以严格的道德教条训斥友人的假道学,连续两晚在跟被认为是狐精假扮的妻子狎昵之后,陷入重病。他的朋友非难他说:"夫妇居室,不能谓之不正也。……周张程朱,不闻曾有遇魅事,而此魅公然犯函丈,无乃先生之德,尚有所不足乎?"[43]纪昀及其士大夫朋友们以狐祟为引子,详述他们的道德理念,奚落当时某些程朱学派信徒的所作所为。他们取代灵媒,充当诠释狐精缘何介入人间事务的角色,而维持乡里的公共道德和社会和谐正好是他们的职责。

士绅家庭中的巫师?

灵媒在小三儿的丈夫看起来是有利可图的职业,但在精英的眼中是丢尽脸面的事。以下是一个士绅家庭中的侍妾想成为灵媒,却白费力气的故事:

> 东光周孝廉妾某为女狐所祟。啼笑无恒,言语失次。自云:"家西山中,修炼百余年。今将得仙因,欲觅一香头代人疗疾造福。如从我出马,疾当自愈。"香头者,俗言神附之巫也。周深以为耻,大怒不许。于是披发跳踯,叫号日甚,亦无如之何,听之而已。一日偶戏谓曰:"吾闻仙人能致财。余方窘迫,子能助我乎?"言未已,划然一声,空中赤仄乱掷,收之得十余缗。一夜漏三下,周欲饮酒,默念夜已深,恐不能沽。

第四章 狐精与灵媒

未形诸言也,忽回首,见烛后酒一壶,扪之炙手,遂酌饮之,居然良酝。自是姑与相安,但闭妾室中,不听出耳。如是者数月。周一旦揖之而言曰:"吾闻仙凡道殊而理一。今既数月矣。吾妾可死必不可出,谅亦子之所喻。倘渠阳算已绝,幸速取之去。若犹未也,祟之奚益。余将敬备不腆,子他往,其许之乎?"妾两目上视无语,若有所思。良久乃曰:"休矣。细思所言,亦殊有理。当如言备物送我可也。"周乃烹鸡具酒,并熟鸡卵数十枚,果蓏称是,再拜祝而陈之。妾喜,酌酒擘鸡,持果握卵,长饮大嚼。俄顷俱尽,遂引被冒首,卧逾夜乃醒,举止如常矣。问前事,了无一觉。[44]

侍妾在家庭事务方面没有发言权。狐精附身在周家侍妾身上,并透过侍妾之口说话时,狐精就和这个女人合成一体了。周某和狐精谈判时,他也同时和侍妾谈判,而这时候这个女人得到和他平起平坐对谈的机会。借由要求成为灵媒,这个侍妾/狐精其实是在要求走出周家,为乡里服务。不难想象,她的地位会因为充当治疗师赚取金钱而得到改善。因为就如周某自己后来提及的,也许他真的有经济上的压力,需要某种形式的外快。

但是,周某不同于小三儿的丈夫,也与上一章讨论的那些因狐精而致富的一家之长不同。像小三儿那样的灵媒,乃来自下层社会的家庭。而周某则是一名举人,因此他的家族在地方上的地位与声望皆高。[45]周某对狐精提出的要求觉得丢脸和火大,显示灵媒这个职业被认为不适合士绅家庭的妇女。不过,周

131

某对狐精的力量却了然于胸。他并不是真的尊重狐精,却尝试与之沟通,而非一下就展开驱邪斗争。他要求狐精利用带来钱财的方式展现其魔力,假如周某的侍妾变成了灵媒,那么这一点也许就是这个侍妾想要得到的——利用魔力来赚钱。得到这些金钱收益时,周某巧妙地转移了侍妾不停地跳踯号叫所造成的紧张感。之后,在侍妾能够超越家庭权力结构而留在家里,并且因为狐精附身而受到尊敬期间,周某给狐精机会和时间在家里发挥它的力量。周某"随她去"的做法在几个月后的谈判桌上巩固了他的支配力:虽然他在狐精面前卑躬屈膝,献给它丰富的饮食,但他仍为家族名誉而不肯让步,甚至不惜牺牲侍妾的生命。狐精最后放弃,而且离开了。这或许可以理解成是这个侍妾已了解本身极限的征象。就要求当灵媒而言,她或许错了,但因为把这个要求归咎于狐精,她也没有什么损失。周某一再伸张他的权威,成功地维护住自己家族的社会名声。士绅家族的妇女,尤其是像周某的侍妾这样的边缘妇女,也许利用狐精附身的机会,暂时展现她们平常受到压抑的自我。但是,假如她们真的按照与狐精的灵力约定来行事,就会给她们的家族带来恶名。

士绅寻访狐巫

尽管受到士绅的批评、歧视,但从侍妾/狐精的胆大妄为来看,大众对灵媒的态度是相当矛盾的。杜瑞发觉,苏北地方的人认为女灵媒利用和动物神交媾而有了魔力,因而"让人觉得不妥,声名狼藉"。但他也发现,没人理会官府禁止巫觋活动的命令。富人和穷人在延巫治病方面，都表现出极为关心和尊敬的态度。[46]在北京，李慰祖的受访者告诉他，灵媒的社会名声比一般的农民还低，大部分人认为灵媒"不过是个骗子"。灵媒恰巧也承认这种成见，因为一开始他们大多是不得已而为神灵服务的，一旦入行便失去社会地位。但是李慰祖采访的灵媒也相信，为四大家之一服务，他一定会"因为行为正直而获得好运"。虽然灵媒在他（或她）自己的家里享有崇高的地位，也可能"极受信徒的尊敬，但同时被不相信其神力和四大家存在的人鄙视"。[47]

寻访狐巫的人之中也有士绅和官员。[48]访巫的士人偶尔也在笔记小说中留下蛛丝马迹。前引小三儿的故事，还叙述了小三儿开始执业之后的事：

> 时某参政之妻患血崩，众医莫能疗，病危矣。参政不得已，使问之。狐述："待我往东岳查其寿数去。"少选，复啸至，曰："命未绝。"出药一丸，云："井水送下，夜半血当止矣。"果然，又服二丸，疾已全愈。参政乃来称谢，以察之。狐空中与参政剧谈宋元事，至唐末五代则朦胧矣。参政叹服，听民起神堂。……正德初，镇守廖太监之弟鹏，召富乐索千金。富乐言所得财货，随手费尽，无有也。鹏怒下之狱，狐亦自是不至矣。[49]

这则故事显现出两种不同的地方势力对狐仙坛的反应：参政代表的官府势力和廖太监弟弟代表的地方恶霸势力。参政在

狐仙崇拜：中国封建王朝晚期的民间信仰与民众心理

开始的时候，心不甘情不愿地寻求狐精的援助，暗示拜访狐仙坛对他那样地位的人而言不是正当的选择。他的疑惑与官方立场和士绅反对大众信仰仪式的偏见没有两样。然而，他的妻子快死了，对他个人来说是大事，他的官威全派不上用场。药石罔效下，其妻只服用狐精三粒神奇的药丸就痊愈，这让他相信神灵回应个人的请求异常灵验。

不过，对一个有官职的读书人而言，要让其接受狐仙坛，需要的不只是疗愈的奇迹。狐精对前代遗事熟悉的程度，让参政相信这狐精的确活了数百年之久。这个官员经由询问狐精有关他在书上读到的历史事件和逸事，满足了知识上的好奇心，最后同意设坛。他对狐精有某种程度的颂扬，但小心地避开参拜。他似乎是跟雄狐，而不是跟女灵媒打交道，这样一来就克服了高级官僚与出身卑微的女灵媒往来之中的性别和阶级障碍。狐精在实际作为和思想水平两方面颇有说服力，而非淫祀会对官方立场造成任何可能的胁迫，这样的看法颇为流行，使得官方的态度从怀疑转向包容，甚至默许。

不过，即使有这样的支持，小三儿的狐仙坛并没有维持多久。终结小三儿兴隆的"生意"，连带使得神坛没落下去的原因是觊觎钱财的地方恶霸，而不是官府查禁淫祀的结果。寥太监的弟弟倚仗官方的权势，将小三儿的丈夫关到监狱里，并中止狐精与灵媒之间的约束。而他之所以这么做，全是为了一己之私。故事的结局也提醒我们，即使小三儿是维持神坛、赚取钱财的那个人，但在公共领域中，她并未被当成家庭财富的代理人。地方恶霸为了勒索钱财，召来的是她的丈夫而不是她时，男性权威主宰家中财富的事实重浮台面。

第四章 狐精与灵媒

蒲松龄在题为《上仙》的故事中，提供了另一则士人寻访土巫的记录：

> 癸亥三月，与高季文赴稷下，同居逆旅。季文忽病。会高振美亦从念东先生至郡，因谋医药。闻袁鳞公言：南郭梁氏家有"狐仙"，善"长桑之术"。遂共诣之。梁，四十以来女子也，致绥绥有狐意。入其舍，复室中挂红幕。探幕以窥，壁间悬观音像；又两三轴，跨马操矛，驺从纷沓。北壁下有案；案头小座，高不盈尺，贴小锦褥，云仙人至，则居此。众焚香列揖。妇击磬三，口中隐约有词。祝已，肃客就外榻坐。妇立帘下，理发支颐与客语，具道仙人灵迹。久之，日渐曛。众恐碍夜难归，烦再祝请。妇乃击磬重祷。转身复立曰："上仙最爱夜谈，他时往往不得遇。昨宵有候试秀才，携肴酒来与上仙饮，上仙亦出良酝酬诸客，赋诗欢笑。散时，更漏向尽矣。"
>
> 言未已，闻室中细细繁响，如蝙蝠飞鸣。方凝听间，忽案上若堕巨石，声甚厉。妇转身曰："几惊怖煞人！"便闻案上作叹咤声，似一健叟。妇以蕉扇隔小座。座上大言曰："有缘哉！有缘哉！"抗声让座，又似拱手为礼。已而问客："何所谕教？"高振美遵念东先生意，问："见菩萨否？"答云："南海是我熟径，如何不见。"又："阎罗亦更代否？"曰："与阳世等耳。""阎罗何姓？"曰："姓曹。"已乃为季文求药。曰："归当夜祀茶水，我于大士处讨药奉赠，何恙

不已。"众各有问，悉为剖决。乃辞而归。过宿，季文少愈。余与振美治装先归，遂不暇造访矣。[50]

蒲松龄是一个有文采的人，但只考中贡生而已。高姓三人是来自淄川著名士绅家族的亲戚。高季文是个终其一生都在追求功名的文人。笔者未找到与高振美有关的资料。从这则故事来判断，他可能曾是念东先生的学生。蒲松龄赋予极高敬意的"念东先生"是高珩（1612—1697）的称号。他在明朝获得进士功名，在明清两朝任官，官至翰林秘书院检讨。康熙十九年（1680），他以老乞休，获准。他与蒲松龄有私交，于康熙十八年（1679）替《聊斋志异》写了第一篇序言。官场外，他是一个对通俗小说和戏剧，以及奇妙和不可思议的事物充满兴趣的人。他和蒲松龄一样，崇尚晚明文人诠释情感和爱恋的"情"。他也旅游全国各地，参访神仙圣地，并自名为"紫霞道人"。[51]

高季文生病的时候，念东先生和他的追随者马上向狐神寻求帮助。他们被狐精的声望吸引，并给予应有的敬意。由女灵媒和蒲松龄所描述情节可以发现，通俗却又不失礼貌的对话导引着女灵媒和求助者之间的沟通。对蒲松龄和他的朋友来说，造访狐仙坛不只是为了寻求治病而已，那也是探索文学、宗教疑问，以及运用宗教资源来证实本身学养的机会。狐精和文人在女灵媒的运作之下，所求的也许和那些有求于狐精的乡民们不同。实际上，蒲松龄等人甚至不关心他们是否能得到有效的治疗之法。反之，他们和狐精乃是在一问一答、饮酒食菜和相互尊重的条件下所构成的融洽关系中互相交流。那是一次类似文人社团聚会的会面。

第四章 狐精与灵媒

官方反对大众宗教的立场在这则故事里也受到考验。妇人梁氏和小三儿一样，都是为了钱而工作。就像韩瑞亚针对这则故事讨论中注意到的那样，一群文人拜访一个没有男性亲属陪伴的妇女，在这种场景里，一定存在性别和阶级的紧张。[52]然而，全程没有提到金钱交易，这一点似乎与蒲松龄对其他方面巨细靡遗的描述相异。村妇在场也没有影响狐叟和文人交谈的主题。叙述中呈现出来的这些特征提示我们，蒲松龄和他的同伴宁愿在没有灵媒的介入之下，根据事情的是非曲直，把他们与狐精的遭遇当作一种灵异经验。蒲松龄的沉默，呼应先前讨论中指出的精英鄙视灵媒的看法，因为赚取金钱的行为和女性的性别角色，正好就是精英攻击的焦点。像蒲松龄这类文人把灵媒摆在一边，降低了神坛不合礼法的一面，也减缓了文人和村妇会面所产生的性别和阶级紧张感。他们以个人，而非有居中斡旋者，崇敬狐仙信仰，故而把与狐精之间的对话维持在私领域的层面。

我们也可以从蒲松龄记录的一个重要人物——念东先生身上发现，他对狐仙信仰兴趣浓厚，但也小心翼翼待之。蒲松龄明确地说，他们问狐精的问题，事实上是由这个人有条有理地拟出来的。他在当地士绅中名声响亮，也是高姓三人当中唯一拥有官衔的人。但是，念东先生让他的学生代替自己向狐精发问，避免自己直接和狐精交谈。这似乎表示，对他来说，自己不该和狐精说话。然而，他依然深受狐精的吸引。这三个问题显现出他对大众所信仰的神祇的好奇心，以及急着要证实狐精确实存在。在《聊斋志异》的其他故事里，他很热切地把故事告诉蒲松龄。他曾经告诉蒲松龄一则关于猴精的故事。故事中的猴精，在治疗病痛、预言未来，以及和来访者讨论文学方面，都和狐精类似。[53]不过，他在这些叙述中完全不提有关奇异和超自然现象的任何道德关怀，这与他在《聊斋志异》的序言中所言形成对比。序言中他主张，书写奇异事件主要应该说明儒家的美德和道德秩序。对他而言，个人与神怪相遇，并将之记录下来，在社会作用上似乎有不同的意义。

蒲松龄的记录说明，文人和士大夫面对大众信仰时，有两种不同的思考模式：当他们担负起自己的责任，或写作劝喻文书时，采取的是官方立场；但就个人而言，为了询问个人关心的事，他们可以接纳灵媒操作的仪式。官方与非官方、公共与私人之间的界线，并非截然分明。拥有士绅身份的人，在不同的背景下，交替于这两种模式间，他们由此既能承担乡里中道德领导者的角色，也能追求私领域中的个人利益。

士绅用来处理灵媒及其信仰时所显现的官方和非官方两种不同的思考模式，其他人也可能运用。灵媒像其守护神狐精，跨立于私领域和公领域的边界。为了解决个人所欲和家庭事务而诉诸灵媒和狐精时，受益的人群不论社会地位如何，都认可出身卑微的灵媒和狐仙坛不合礼法的内容。理解官方权力和非官方权力行使的不同方式，可以将一个社会团体与另一个社会团体区别开来。文人和士大夫在公共生活领域中把他们自己当作道德典范和国家代理人，并且照旧批评灵媒的行为时，一般人则倾向于把日常生活中的斗争与狐精的善变个性联系在一起。个性善变的狐精正好是他们为了使家庭和社会生活和谐而透过灵媒去安抚的对象。虽然灵媒的社会地位低下，而且经常和官方认为不合法的宗教信仰结合在一起，但他们也刻意让他们的守护神狐精与公共道德和较高级的神明搭上关系。

蒲松龄所讲的故事中，透过狐仙坛场景的摆设，最能显示狐巫信仰的吊诡和自我吹捧间的动态性质。我们从狐精与蒲松龄朋友的对话中得知，狐精有本事上通较高级的神明，亦即观音菩萨和阎罗王，而这一点恰好得到念东先生的注意。观音的画像挂在墙上，而狐精的神龛则用一个放在桌上的小座位来表示。两种神祇陈设的位置显示了阶级秩序。挂在墙上的神像代表一个较高的权威，能激起人们的尊敬之心，但较难以接近。桌上的神龛虽然神力较弱，较不值得尊敬，但更容易接近。再者，观音的神像一直挂在那儿，动都不动；狐精虽然肉眼看不见，却因为透过灵媒传达人们的要求而时常来来去去。祭坛的安排也许是那些热衷于信仰仪式的人的心态的反映：尽管较高的神祇就在现场，但总是一副漠不关心的样子；反之，狐精主动回应信徒的请求，强化了这个信仰的可信度。

类似的关联在许多明清时期的记述中可以找到。在这些记述中，狐精似乎是某个女神的侍从，像西王母，或是碧霞元君。这些女神受到公众颂扬，而且是官方认可的神祇，但是她们是与道德无关的力量，在政治控制之外，并给予自利的恩惠。[54] 如同下一章将说的，因为狐精与这些受到敬重的女神有关联，所以，尽管狐巫信仰被认为有潜在的危险性，但在一个既存的社会里，也被认为是有道理、能够掌控的信仰。

第五章
狐精与地方信仰

我们已经在家庭的情境下,以及透过灵媒的眼光,了解了狐精崇拜和驱除狐祟的情形。然而,在华北,狐精绝非主导家庭崇拜和巫教信仰的主要角色,它们在人们的宗教生活中处于边缘位置。狐精是如何融入华北地区既丰富又复杂的宗教,尤其是中国人如何想象狐精与其他民间信仰之神祇的关系?唯有从华北地区其他著名的乡土信仰背景中研究狐精,我们才能较完全地了解在一般人的心目中,地位低微的狐精如何体现对官方权力的服从与抵抗。

狐精与天界官僚

官僚与宗教人士的除魅

中国的许多神明都被想象成天界的官僚,而且人们都希望它们如同人间官僚,按照管理人间政府的规则来运作。[1]诸神当

第五章　狐精与地方信仰

中,土地神和城隍神几乎遍及中国境内的乡村和城市,被当作地方神官来奉祀。土地神巡视辖区内的冥界,向在神界中位阶等同于人间知县的城隍神报告村民的死因,并保护生者不受孤魂野鬼的侵扰。

带有官僚和军事机能的神明是驱除狐祟时的重要资源,受到骚扰的个人和家庭经常直接向它们求助。一则晚明的故事记载,在陕西干州有个大胆的人自愿为同乡——一个受狐精侵扰的家庭驱除狐祟。不料事与愿违,这只狐精随此人回到家中,每日为患不已。他知道自己的能力不足,便具文牒到城隍庙向神明说:"神为一州主,乞为民除害。"隔天,两只狐狸被发现死在城墙下,此人的家里也恢复平静。[2]

纪昀记述,有个暂住在城隍庙里的小贩自称他在夜里目睹了一只狐精控告另一只狐精的讼案。被告的狐精吸取某个男人的精气,在男人气绝之际,狡诈地把前来复仇的猎人引到邻近的狐穴,亦即原告的洞穴。结果,原告的家族被歼灭殆尽,被告的狐精却溜了。城隍查了这个案子,检视冥界的记录,认可这件讼案的效力。但城隍也惩罚原告的狐精,因为其死去的家人也有祟祸人类、夺取人命的记录。[3]另一则故事说到纪昀的侄子认识的一个寡妇。她守贞多年,直到有个可能是狐精化身、身着华服的陌生人突然出现,每天骚扰她。这个寡妇无计可施,便到社公祠(和某些村子的土神庙相同)哭诉。社神没有立即回应,但七天后,有雷电击裂村南的一座古墓,随后这狐精就消失了。纪昀解释,社神在执行判决之前必须向上级汇报,所以,迟来的灵响完全情有可原。[4]

从宋朝以来,狐精作祟已经屈服在道士的官僚化权力之下

（见第一章）。专门记录驱除狐祟之法的手册在清代道士间尤其流行。[5]然而，强调维持一个天国体制和与世俗政府结盟的正统道教派别，瞧不起仅利用符箓章咒道术的道教派别。有个清代的作家在描述完张天师执行的驱邪仪式后评论："呜呼！符箓禁咒之术，本为道家下乘……"[6]有个道士指责行此道者皆是妖人，他认为他们使用符箓章咒，皆背离道家本旨，而招魂之法也只是"役狐魅"之术。[7]

自宋代开始，随着五雷法的兴起，狐精在进一步修炼成人或羽化登仙的过程中，必须面对雷击的生命危机观念已经逐渐发展起来。纪昀观察到，"狐避雷劫，自宋以来，见于杂说者不一"。[8]这个观念一直延续到20世纪。李慰祖访问的人相信，依照天律，狐精在达到较高一层的修炼之前，必定遭劫，而一般最为常见的就是"天雷劫"。[9]明清时期的故事中，道士利用五雷法袭击狐精的主题一再出现。有则清代的故事记载，某黄姓道士精于"太乙秘法"和"五雷正法"。[10]另一则故事以天坛的某道士为主角，他口念雷诀，制造雷电，震死许多狐精。[11]雷仪除妖的程序系依照宋代王文卿的例子来进行（见第一章）。举例来说，在一则故事里，某个士大夫的儿子受到两只狐魅的侵扰，行将就木。张天师前来营救。除妖之前，张天师起造雷坛，并诵咒三日。他的助手用一面镜子，找出原本看不到的狐魅。天师捉到两只狐精中的一只，用符将之封印在坛子里，投诸河中。[12]朱尔玫（？—1682）是康熙年间（1662—1722年）一个名声甚噪的道士。他因为法术和算命闻名于京师的王公之间，获得"神仙"之号。然而，他与正统道教的宗师张天师斗法时，法术竟然失灵。张天师解释："彼所倚者妖狐也，我所役者五雷正神也。正神腾空，则妖狐逃矣。"[13]显然，道士以五雷法为武器，如同神明指派的官员一般管束着狐魅。

狐精与天庭官僚的竞争

尽管神明指派的官僚有驱除邪祟的能力，但是，一般的村民有可能包容狐精的恶行。以下故事就说明了这些难以捉摸的感情：

> 盐城村戴家有女为妖所凭，厌以符咒，终莫能止。诉于村北圣帝祠，怪遂绝。已而有金甲神托梦于其家，曰："吾圣帝某部下邹将军也。前日汝家妖是狐精，吾已斩之。其党约明日来报仇。尔等于庙中击金鼓助我。"翌日，戴家集邻众往，闻空中甲马声，乃奋击金钲铙鼓，果有黑气坠于庭，村前后落狐狸头甚伙。越数日，其家又梦邹将军来曰："我以灭狐太多，获罪于狐祖师。狐祖师诉于大帝。某日，大帝来庙按其事，诸父老盍为我祈之？"众如期往，伏于廊下。至夜半，仙乐嘹嘈，有冕服乘辇者冉冉来。侍卫甚众，后随一道人，庞眉皓齿，两金字牌署曰"狐祖师"。圣帝迎谒甚恭。狐祖师曰："小狐扰世，罪当死。但部将歼我族类太酷，罪不可逭。"圣帝唯唯，村人自廊下出，跪而请命。有周秀才者，骂曰："老狐狸！须白如此，纵子孙淫人妇女，反来向圣帝说情！何物'狐祖师'，罪当万斩。"祖师笑不怒，从容问："人间和

奸，何罪？"周曰："杖也。"祖师曰："可知奸非死罪矣。我子孙以非类奸人，罪当加等，要不过充军流配耳。何致被斩？况邹将军斩我一子，并斩我子孙数十，何耶？"周未及答，闻庙内传呼云："大帝有命，邹将军嫉恶太严，杀戮太重。念其事属因公，为民除害，可罚俸一年，调管海州地方。"村人欢呼合掌，向空念佛而散。[14]

圣帝很有可能就是中国战神真武神。在民众的观念里，真武是玉皇大帝的许多化身之一，经常被称为"玄天上帝""圣帝"，或只称为"上帝"。在华北，许多村庄通常在村子的北缘建有一间奉祀真武的祠庙。[15]人们相信，这个神明曾经降服许多妖魔邪鬼，统率着众多的天兵天将。在这则故事里，圣帝、邹将军和周秀才作为合法权威的代表，向村民与读者传递信息。真正的受害者戴家人和同村的村民，虽然遵照邹将军的指示行事，但在整个过程中，仍旧是没有声音的一群人。如同一个家族的族长和道教大师的狐祖师则与官僚权威争辩不休。从表面上来看，村民们支持由帝王制定、邹将军付诸实践的律法。但是，狐祖师和官僚权威间的对话反映出，在这次事件中村民默不作声的看法。他们似乎认为，狐精作祟理应受罚，但应适可而止，而官方权力遭到滥用的情形应该受约束。他们猜想，狐祖师受到圣帝的敬重，是不受封建社会官僚影响的宗教权威，有超越地方官，而且制止后者滥权的权力。

在一般人对狐精的看法中，年龄一直是个重要的因素。狐精越老，它们的魔力就越强大（见第一章）。虽然在年轻的时候，狐精像年轻男女一样，采取异性人类的精气，但是，年纪大的狐精，就像上文的狐祖师一样，常常被描述成一个通晓阴阳变化之理、有智慧又博学的道教大师。举例来说，有只老狐出现在一帮年轻学生的课堂上，教授《周易》的奥义。[16]另一则故事则如此描述一老狐男："神清气爽，飘然若仙，对之起敬。"[17]从画面上来看，这样的狐精非常像官方道教诸神的道教传说人物，他们没有官职，但是享有极高的名望。[18]就像狐祖师那样，老狐男在与官僚势力斗争的过程中，把狐精非官方化的权力具体展现了出来。

狐祖师的行动就像责任心重的祖先保护子孙般。同样，当狐精家族住进一个既存的社区，和人类变成近邻时，老狐男被想象成父亲般的人物，管理家族的大小事情。明清的故事中，向人类求租屋舍的男人或女人，到头来却是狐精，这一题材相当常见。与狐精为邻，使得人们难以防范它们的胡闹和恶行。然而，如果有一老狐从父亲或祖父的立场来领导它们，那么狐精家族就很少作祸。老狐本身经常被描绘成一个饱学之士，用儒家思想训诫管理家中的妻子、孩子和仆人。在其领导下，狐精家族及其邻人和睦相处，若有任何成员胆敢攻击人类，便会遭老狐严惩。有则故事说，某胡姓狐精家庭向一个姓孙的人租了间房子。胡翁显得深明道家经典和儒家哲学，被称为"狐道学"。他治家严格。有一天，孙家一个婢女被胡翁的某个孙子骚扰，胡翁马上向她赔不是。隔天，胡氏一族已经搬走，留下三十两银子当作租金，以及一只小狐的尸体。[19]另一则故事中，有老狐男自言他和家人来自陕西，欲向浙江新市镇的江家租间仓房。这名老翁"丹颜白发，衣冠伟然"。他和屋主畅谈历史和哲学，举止

145

狐仙崇拜：中国封建王朝晚期的民间信仰与民众心理

有如父执辈，并告诫屋主嗜酒的坏处。[20]在某种程度上，这些老狐的表现就像受到大家尊敬、颇有权威的家长。

具备道教仙人和村里老叟两种特征的老人画像，经常出现在地方社会的狐仙坛和祠庙中。第四章讨论的故事中，附身小三儿的狐精一开始表现得像个急色的男人，但小三儿成为女灵媒之后，性寓意消失了，而狐精也变成一个上了年纪的男人。在山东临淄，妇人梁氏奉祀的狐神，也是个老叟。另外有个士人在山东德州发现一间以预知未来闻名的狐仙庙。庙中所祀的神明藏在帷幕后面，借由庙祝之口传达意思，声音听起来就像八十岁的老人。这个士人有礼貌地称它为"狐老人"。[21]另一则有关狐仙信仰的故事也以一个老翁为主角。他相当精通道家（老庄）经典，被称为"无真叟"。[22]这些老翁经常以"爷""老爷子"或"太爷"（意指"户主"和"爷爷"）的形象，出现在民俗画中。重要的是，这些形象与一般被描绘成白发老翁的土地神画像相似。不过，就整体来看，狐精和土地神不同，前者很少以降雨确保丰收，或是防范瘟疫等方法嘉惠整个社区。一般来说，它们处理基于一己之私的要求。

虽然人们把土地神和其他类似的神明当作天国的官僚一般心存敬意，但是，对于这些神明的神力在他们个人的生活上产生的实效则不免有疑。例如纪昀就曾质疑是否每家都有自家的灶神。他还说，如果事实如此，那么"天下灶神亦当如恒河沙数"。对他来说，这简直就是不可能的事。[23]袁枚对另一个官方认可的神祇关帝（关公）真正的神威也满腹狐疑。他解释，全国何以有那么多关帝庙："凡村乡所立关庙，皆奉上帝命，择里中鬼，平生正直者代司其事。真关神在帝左右，何能降凡耶。"[24]

这样的看法，让人们用不同的方法对待狐精和官方认可的神明。李慰祖观察到，受访的那些农民虽然在家里奉祀五大家，但是"就对人类福祉的灵响而言，一般人看来不怎么敬重庙里的神像。这些神像比较像被当作美德的象征而受奉祀，不像被当作凡世需求的协助资源而受供奉"。换句话说，庙里的神是为了公众的利益而存在，但动物神则是为了个人的需求而存在。有个农民对关帝表达了同样的疑惑。他告诉李慰祖："向关帝像祈求没用，世上只有一个关帝，他不可能住在每一座以他为名的庙里。不过，只要他办得到，铁定不会不听请求他帮忙的声音。"这个农民接着说，其他绘入年画里的神明都和关帝一样。人们在过年过节的时候拜的这些神"只是一张纸而已"。若要实际而且有效的协助，他们就会转向祈求低阶的动物神。[25]

狐精与女神

把狐精嫁给土地神

人们认为年轻女人样的狐精，性欲旺盛，而且就像孤魂野鬼一样，这些狐女和其他的地方神祇互相争夺凡人贡献的供品，对既存的神明仍有潜在的威胁性。有则18世纪的故事反映正神和狐仙信仰之间，在竞争地方乡民奉献的香火、仪式和献款方面的紧张状态。故事的作者方元琨［活跃于嘉庆四年（1799）］发现，某村土神庙的布置很有意思：前殿奉祀的是一名女神，而土地神则安坐在后殿。他从当地村民的口中听到以下说法：

> 此庙向祀土神。因岁久香火廖落，忽有女子见梦于村人曰："能为我立祀，当福汝。"村人以无隙地辞。曰："即土神庙可也。"因念："土神无配，何不添置一夫人像？"遂新其宇而丹漆之。自是祈祷日灵，祭赛日盛，而夫人貌亦日益丰泽，惟土神仍白须纵横，面泥剥落而已。
>
> 一夕，有丐者宿庙檐下，闻庙中詈曰："死泥偶！自我来，使汝舍宇重新，牲醴不绝。汝有何灵而坐享我右也？"此亦詈曰："野狐精！汝每夜出迷人，窃弄威福。家是我之家，香火仍我之香火。我宁终年忍饿，不愿戴这绿头巾也。"詈毕，即闻殴击声。次日，丐者以告村人曰："异哉！夫人之欲雄鸣，而土神之不甘曳也。"遂移其像于殿后。凡牲物，先祭夫人，而后及土神。嗣后相安无事焉。[26]

民间神坛和祠庙的建立与维护，占用各式各样的地方资源，而其中仍以土地最显珍贵。芮乐伟·韩森指出，宋代的民间祠庙，为了免除税赋和其他开销，通常只有一小块地，或连地都没有。许多宋代传说中，神明要求的是华丽的塑像、精确的图像、新修的庙宇和朝廷的封赐，"但是未曾要求土地"。因为没有地产，所以民间祠庙就得靠信徒的日常奉献作为修缮庙宇的经费。而当神明的灵响不再时，庙宇就会破敝。[27]施珊珊表示，在明代，附属于祠庙的土地正好是国家体制和非国家的宗教之间，相互争夺地方人民的财政和仪式忠诚度的核心。[28]上述讨论的故事很清楚地指出，清代的村民也很关心建庙土地的使用情形。如有奉祀一个新的信仰对象的需求，他们较不愿占用新土地，反而倾向于把这个新的神明安奉在香火不盛的旧庙里。

然而，财政的考量只能部分解释村民为何决定把新的神祇安置在旧庙里。村民重新配置庙神，在更深层的意义上是基于土地神和雌狐精在村庄的宗教生活中能够承担不同却又互补的角色。如同土地神咒骂狐精的话中揭示的，狐精的神力乃与采补之术有关，它不是从正神的立场，而是偷偷摸摸地行使神力。女神的出身可疑，因为它们对个人的利益和个人的需求有吸引力，故能够把信徒从那些被视为保护乡里公众利益的神界官僚的地方神祇手中拉拢过来。

村民用婚姻关系取代官僚化的联系，重建土地神和雌狐精之间的关系。我们也许可以假设，在这样的安排背后，存在双重的心态。村民发现，即使只是虚应故事，仍必须尊重官方的象征，但他们也真心地守护狐精实用又灵验的神力。庙宇的布局最直接地反映出这种双重心态。中式建筑的空间配置，暗示着阶级秩序。中国的庙宇通常由几间殿堂组成，而且常常把最显赫的神明置放在主殿，陪祀的神明则放在入口处和其他的厢房。奉祀土地神的祠庙通常很小，而这座特别的庙宇似乎只有前、后两间殿堂。[29]将狐精放在前殿，土地神放在后殿，其实是把土地神的地位抬到狐精之上。但是，向土地神致敬仍然只是作为官方结构应该有的表现而已，在阶级分明的空间结构外就是村民的实际作为，他们只向自己喜欢的神供奉。

149

狐仙崇拜：中国封建王朝晚期的民间信仰与民众心理

透过具体的布置和婚姻的安排，村民能够利用官方的象征和性别的阶级来压制狐精的恶行，并为了他们最佳的利益而增加它的神力。他们为了自己的好处而直接祭拜这只雌狐精，但这个行为也能解释成是为了荣耀土地神而努力。透过这个女神之口，我们也知道土地神从狐精获得的奉献中得到实质的利益。与主流的意识形态迫使妻子对她们的丈夫唯命是从一样，这个新祀神明不合礼法的信仰内容同时被土地神具有的官方职能给限制、遮蔽了。雌狐精想要"当家做主"的行为，也许已经映照出现实生活中，某些家庭的妇女制伏男主人的情况。丈夫与妻子之间的性别关系，可以是等级和个人的关系，全看这层关系在现实的情况下如何被诠释出来。一般人把这种关系当成有用的规则，按自己的心意，巧妙地运用两种不同的神威。

有更多的记载显示当地人如何利用夫妻之间的性别关系，把有害的狐精转变成能施德泽于人的神明。一则晚明的故事记载，有只名叫毛三姑的狡猾狐精，在河南固始的奇丝村大闹，危害匪浅。有天她告诉村人："今上帝命我为东岳行宫夫人。倘能庙祀，我当岁时庇佑汝，消厉而降祥。"村人满足了她的要求，并称之为东岳夫人。她大显神威报答村人，香火旺盛了好几年。[30]

在古代，东岳泰山一直是国家祀典的中心。迟至唐代，"东岳大帝"在民间的概念中，已经逐渐变成冥界的主宰，领导一群类似于阳间官员的冥界官僚。明清时期，朝廷赐予这个神明官衔，他在士人和平民百姓中很受欢迎。[31]

狐精"东岳行宫夫人"的这个身份特别值得注意。"夫人"这个头衔常常用在那些与女性特质和巫术传统有关的民间信仰的女神身上。[32]"行宫"一词专指皇帝在京城以外的居所，皇帝巡幸全国时就住在"行宫"里。在使用这样的词汇时，奇丝村村民承认这个神明拥有和皇帝一样的权力，但是这女神的权力是区域性的，只限定在一个村庄里。婚姻关系而不是通常使用的官僚关系，形塑国家权威与地方权威之间的阶级关系。此外，这个女神的地方性意味着她并没有完全被描绘成一个妻子，因为东岳大帝的妻子应该住在泰山。相反，她比较像个妾，主要被限制在自己的私人空间里。她和男性权威的婚姻关系让她的法力只能在某个范围内发挥。在家庭的官方结构内，她处在从属的地位，但她也可以行使不包括在官僚职能内的法力。人们期待她主宰人类生活中的私领域，满足实际且个人化的需求。

狐精与碧霞元君（泰山娘娘）的信仰

奇丝村的例子也许是在这个时候兴起的碧霞元君信仰因地而异、众多不同的变貌之一。这个信仰始于宋代，在明中叶后成为华北最著名的信仰之一。这个女神获得朝廷一连串赐予的殊荣，得到"天仙圣母"的封号，并被收录到道教众神当中。在封建王朝晚期，许多地方为了表示对她的崇敬，纷纷建立庙宇，山东和河北的每个县份几乎都有一间碧霞庙。人们一般称她为"泰山娘娘"或"泰山夫人"，把她当作一个回应所有信徒的祈求的慈悲女神奉祀她。道教的经典称其能"护国庇民，普济保生"。[33]更特别的是，像其他著名的女神，如观音和天后一样，人们认为她是一个能赐给信徒孩子和健康的生命之神。[34]

然而，值得注意的是，碧霞元君很明显地和那些形象正面的女神（如观音和天后）不同。人们常常把她和女性颠覆性的角色，以及女人的性特质联想在一起。这说明了民间传说中碧霞元君与狐精之间剪不断理还乱的关系。[35]从明中叶到20世纪初，她的信仰和狐精的信仰几乎盛行在同一个地区——华北（以及后来在东三省），而且大约是在同一段时间内广泛地传布开来。人们认为两者有类似的职能——灵验而又危险。奇丝村的故事告诉我们，明末的人已经把危险狐精的地位提升到泰山女神的位置。在明清时期，泰山宫和许多地方的庙宇中，都把碧霞元君描绘成一个缠小脚、着绣花小鞋的美女，以此为其特征。同样的特征也出现在许多明清时期的狐精故事中。[36]在山东，献祭给狐精坛的主要供品由女性的绣花鞋组成，因为信徒认为狐精变化成女人时已经缠了足。明清时期的通俗文学就认为商纣王声名狼藉的宠妃妲己是发明缠足的人。[37]

狐精和碧霞元君有相似的身份。18世纪的一则故事里，有一狐精为了获得香火奉祀，栖息在一座观音庙里，而观音常常被认作碧霞元君，并与其奉祀在同一座庙里。这只狐精因灵响如应，得到不少供奉，但它的塑像不同于观音：它看起来美丽、迷人，一如碧霞元君，为免男信徒想入非非，必须用帷幕遮蔽起来。狐精、碧霞元君和观音这三位女神在同一则故事中交会在一起。[38]寻求特别的神明时，有些人也许会向碧霞元君祈求，但其他人则向狐精祝祷。举例来说，对永平县的信徒而言，碧霞元君是孩童的守护神，治小儿痘疮尤其灵验。北京的东岳庙和泰山的碧霞元君庙里，治痘的任务由其下属的九位女神之一负责。安徽芜湖人奉祀狐精，将之当作痘疮女神。某些地方的人都用"娘娘"（母亲或夫人）这个称号来称呼碧霞元君和狐精。[39]

狐精和碧霞元君也因为形式相似的邪术而被联系在一起。在日常生活中负有重要的职能，而在社会阶层中没有体面地位的下层人士，如稳婆、媒婆、药婆、太监、衙役，以及多数的少妻和子媳，都是碧霞元君最虔诚的信徒。碧霞元君赐给他们得势的手段与在正统的社会秩序中无法取得的领袖地位。[40]狐精方面的情况也相同。狐精的香火旺盛与否，全靠灵媒（见第四章），而其潜在的危险性则与年轻女性的性特质（见第三章）和其他被归类在下层社会的女性，如土娼、艺妓和倡优（见第一章和第六章）紧密地结合在一起。

可是，狐精和碧霞元君只有作为个体与人类往来的时候，才有类似的地方。人们用关系的词汇来理解两者的时候，等级关系就建立起来了。第二章曾经讨论的山东小说《醒世姻缘传》中，碧霞元君就是天下所有来自泰山的狐精之领主，当地人似乎了然于心。笔记小说也提到这层关系。在一则故事里，有个年轻的士人娶了一个美女，知其乃一狐精。每个月他的狐妻都会离开七天，据说是到泰山娘娘处听候差遣。[41]另外，有只自称来自瀍水（流经河南洛阳）的狐精告诉它的凡人朋友，说是奉泰山娘娘之命，前去调征另一个当地的神明。[42]

碧霞元君有控制狐精危险一面的力量，而她在泰山的居所则是狐精从野兽变化成人类的救赎之地。有只狐精自白，其曾蛊惑良家妇人，有过露水情缘。而这个妇人李氏对其一往情深，为其生了四个儿子，每个都是人面，而尻多一尾。某天，这只狐精前来见李氏，泣诉："我与卿缘盖尽矣。昨日泰山娘娘知我蛊惑妇女，罚砌进香御路，永不许出境。吾将携四子同行。"

它让李氏斩断四个儿子的尾巴，然后带着他们离去。它认为，即使侍奉碧霞元君，也只有在断去尾巴之后，他们才能修得人身。[43]

人们有时以官僚关系想象碧霞元君控制狐精的事。有则故事说，所有寻求登仙的狐精都必须在泰山娘娘的监考下，参加与科举考试相同的测试。只有取得最低任官资格的"生员"才能进行高一层的修炼，落第者会被归为"野狐"一类，不许利用任何其他的方法修仙。[44]当官和修仙对传统中国的读书人而言，是两个截然相反的追求，而选择修仙胜于当官者，通常更受钦佩和赞扬。然而，在这则故事里，尘世和狐精世界的相似之处化解了有官衔者和道家隐士之间的隔阂。学仙对于狐精来说，就好像士子求官一样，而狐精和碧霞元君形塑出来的权力结构则类似于官僚阶级。

在封建王朝晚期，前往碧霞庙朝圣在不同的社会团体中变成一件广受欢迎的事。但因为他们有违反公序良俗之嫌，仍饱受精英的批评和政府的疑惧。[45]朝圣是男女杂处，以及会发生婚前情或婚外情的场合。朝圣也给了少妇和女灵媒、稳婆与媒婆密切接触的机会，这些人都是良家妇女居家时被告诫不可往来的对象。举例来说，《醒世姻缘传》中，男主角的父亲拼命不让两个道婆（组织朝圣的俗家女信士）和其媳妇往来。其媳逼迫丈夫持续进香的时候，这个父亲欲阻止其作为而抬出大道理，说和道婆见面不像样子，而且男女授受不亲。虽然"道婆"这个词可以译作另一个文雅的词语"寺役"（temple worker），但是"老盗婆"或"盗婆"也是道婆另一种轻蔑的称法。[46]

有则18世纪的故事揭露碧霞元君和狐精之间的关系如何被用来调和这种朝圣冲突的观点。儿女跳下泰山的"舍身崖"就可以治愈父母的病并延续其生命的传闻广为流布。平喜是个来自山东费县的孝子,母病药石罔效后来到泰山。他到碧霞宫默祷,之后便纵身一跃,舍命跳崖。过了一阵子,他发现自己躺在几千尺的山崖下,完好无损。当他寻找出路的时候,偶遇两名女子。她们领他进到一个洞穴里,逼迫他与其交合。平喜断然拒绝,这下激怒了她们。当中一人抽刀,朝他头上挥舞。忽然霹雳一声,有金甲神人闯入山洞,大喝:"二妖敢伤孝子!吾奉碧霞之君命,擒汝矣。"结果,这两个女子变成狐狸,另两名神兵立即将其带走。平喜凌空飞了出去,再次睁开眼睛时已回到家里,母亲的病也痊愈了。母亲告诉他,他不在的这段时间,有个白发夫人在梦中出现,喂了她一颗药丸。醒来之后,她口鼻皆香,身体也随之复原。[47]彭慕兰(Kenneth Pomeranz)在比较了一些同时代的故事之后指出,这则故事避开了跳崖丧命的悲惨结局,并允许人们在本身不因朝圣而导致道德堕落的情况下仍能尽孝道。[48]朝圣的危险因子完全投射在狐精身上,而制伏狐精的碧霞元君则完全变成母亲般的角色。她巩固了儒家基本德目的孝道,使自己不会背负起害人命的罪责。

狐精与碧霞元君两者有关的概念,突出了一般人在实际行动中,让民间信仰合法化的角色。正巧和精英一样,平民可能知道碧霞元君信仰中所包含的"左道"内容。人们通过想象碧霞元君掌控下的不安分的狐精,把这个信仰的危险元素转到狐精身上,随之提升这个女神神威的合法地位。信徒有意或无意的努力,持续地"净化"不好的特征,应用公认的标准,拉抬了碧霞元君的位阶。

正因为碧霞元君一会儿被当作狐狸精般的少妇,一会儿被当作摆脱了女性秽气的母亲般的女神,人们得以超越天庭官僚制度的控制,净化狐精的恶的同时,稳固了碧霞元君和狐狸精潜在的颠覆性权力结构。

王母、泰山娘娘和王奶奶信仰中的狐精

透过分析狐精与一系列女性神祇在历史过程中的变化关系,我们可以更清楚地了解狐仙信仰的推动力。早在汉代,人们就认为狐精是西王母身边的侍者,而西王母是源于地方巫术传统的女神,善用采补之术来赐予和延长生命,也带有性危险。虽然王母和狐精之间的关系在道教的神谱里消失了,在民间的传统中(见第一章)却一直延续到明清时期。以下举例观之。蒲松龄的一个文友梦见他遇见了几个年轻貌美的狐精,共享一阵缠绵。这些狐精后来受到西王母的征召,成了"花鸟使"。另一则故事则透露狐精能够仿冒西王母的样貌。一只狐精把自己化成女人,当被问及为什么她只能模仿她妹妹的外貌时,这只狐精回答:"(吾妹)与余从母至天宫,见西王母,心窃爱慕,归则刻意效之。妹子较我慧,一月神似,我学三月而后成,然终不及妹。"[49]

在中国封建社会晚期,随着王母信仰的知名度在全国提高,狐精也开始与碧霞元君搭上关系,成为新兴的地方女神。而碧霞元君带有类似早期王母的模棱两可的特征,以泰山娘娘之名而广为人知。就明清的人来说,王母的名字和泰山娘娘的名字带给人的印象不同。古代的传说将西王母与距离华北甚远的世外桃源昆仑山联想在一起。道教和通俗文学把西王母当作在

第五章　狐精与地方信仰

人间没有永恒居所的玉帝之妻。人们对其的印象是虽然法力无边，却冷漠、难以亲近，很少关心人间俗务。[50]

相反，所有的文字和口传文献都认为碧霞元君是东岳泰山的原生神祇，她把那儿当作永久的住处。对华北居民，尤其是河北和山东的人来说，泰山处在地理上可及之处，而且任何地方的碧霞庙都在等级和宇宙结构方面与泰山脱离不了关系。有个文学上的说法，认为碧霞元君是被黄帝送往泰山的圣人，而黄帝恰好是西王母有名的弟子。山东某些口传资料里把碧霞元君描述成一个来自地方上普通人家的聪慧女孩。少时，她遇见了一个仙人（在一个版本里说是遇到了西王母），习得不凡的技艺。回家后不久，她运用习得的神奇医术在邻里行善济世。后来，她退隐泰山，在那儿羽化登仙，成为一个女神。[51]

口传文献中碧霞元君的起源，以及女性在信仰活动中的高度参与，使得一位近代学者坚称她是神明化的女性治疗师、稳婆，以及在诸如华北的乡村社会中向妇女提供特殊服务的人。[52]从肖像上来看，碧霞元君/泰山娘娘保留了一般女性的特点：缠足和美貌。施展神迹的时候，她和请求人面对面，就像邻家慈祥的妈妈或祖母。如同早期的狐精和西王母，狐精和泰山娘娘形成一种对封建道德秩序具有破坏性的结构，以及透过一般能够接受和不能接受的手段，满足人们对生命的关怀和多子多孙的愿望。

19世纪末20世纪初，随着碧霞元君的信仰在华北达到最高点，并且迅速扩张到东三省，一种新兴地方女性神祇（名叫王三奶奶）信仰出现在北京和天津地区。在北京市西北，距离北京市将近四十公里远的朝圣中心，妙峰山顶上的碧霞庙群中，王三奶奶就被奉祀在碧霞宫的厢房里。王三奶奶的神像旁有两个小神龛，一个奉祀柳仙人，它是蛇精；一个奉祀胡二太爷，它是狐精。[53]

民俗文献中关于谁是真正的王奶奶的解释，差异非常大。有些人认为只有一个王三奶奶，她也叫作王奶奶。有些人认为有许多王奶奶，唯有在天津受到欢迎的那一位被称作王三奶奶。另有些人直接把她当作一只"有地方名望的狐精，据说能利用灵媒施行神奇的医术"。[54]更有些人说她是一个统率狐精和其他四个动物神的神明，听命于泰山娘娘。[55]在天津，人们认为她是一个老妈子。北京的信徒声称她是本地人，嫁给一个贫穷的农夫。终其一生，她在北京和河北的乡间四处巡回，帮贫困的人治病。有则故事说，她自己本身是个虔诚的香客，死后成为妙峰山的神明，吸引不少朝圣者。北京城中的某巫称她在1924年时透过降乩的方式到坛前显灵，讲授佛经，甄选了几十个信徒。1927年的某天，她向他们现出真形。妙峰山庙里的神像旁有张她的相片，大概就是趁这个机会拍下来的。[56]祭坛和庙里奉献给她的供品中，最典型的是为缠足者而做的绣花鞋。[57]

尽管资料有这么多差异，但王奶奶的信仰是源自百姓对狐精的信仰，以及王奶奶本身是女灵媒和其他活跃于乡里生活的边缘妇女之神格化代表，且明显深受妇女欢迎。民间的资料里，她的传记与碧霞元君的明显相似，但与身为一个有名望的区域神明的碧霞元君相较，王奶奶更加地域化、个人化，且容易亲近。妙峰山庙里，碧霞元君像和王奶奶像之间的强烈对比说明了这个看法。依照"天仙圣母"的官衔和朝廷再三的颁赐，碧霞元君是一个头戴凤冠、身着霞帔的中年夫人，两种衣饰都是高贵庄严的象征。其他两个外表相似的女神站在两侧。偏殿中的王奶奶,看起来就像一个乡下老太太。她的灰发梳成发髻,穿着一件长袍子和一条宽松、靛蓝色布料做成的长裤。在她一旁的是她的小儿子,拉着一头她出门医治病人时乘骑的驴子;另一旁是一个男孩,手持出身低下的妇女常用的长烟斗。此外,她唯一的头衔"王三奶奶",较之正式名称的"碧霞元君"或非正式的"泰山娘娘",在她的信徒中能唤起更为家族式的情感。随着碧霞元君的信仰变得强大,人们创造出附属的信仰,以便保存女性神祇个人化、易亲近的特质。

王奶奶的信仰也充满了官方语言和国家象征。所有的资料都认为,她死在妙峰山上,并成为一个"圣母",而人们早就用这个头衔称呼碧霞元君和西王母。她头衔的改变和在碧霞庙中的神像,非常清楚地表明虔诚的信徒如何使用标准词汇和象征,以提升她的信仰。1925年,在王奶奶相对来说仍是庙中的新神明时,近代一位民俗学家把她描述成了一个"老妈子"。[58] 仅仅四年后,另一个学者注意到,"这老妈子现在变成一个菩萨了。"虽然她的某些平民特征依然存在,但戴上了凤冠,穿上了金丝衣服。当时一张悬挂在碧霞庙边的巨大横幅上写着"敕封护国金顶妙峰山天仙圣母王三奶奶默佑四方有求必应"。从王奶奶殿的天花板上垂挂下来的表彰牌子上看,她得到了"菩萨"和"圣母"的称号。取得她照片的巫教自称,她曾在玉皇大帝的指示下降灵到他们的神坛,正是玉帝封她"圣母"的头衔。[59]所有这些要素让人联想到,不论有没有得到国家权威的支持,一般的信众都无拘无束地利用官方语言和象征来拉抬地方信仰。

狐仙崇拜：中国封建王朝晚期的民间信仰与民众心理

在不同的程度上，西王母、泰山娘娘和王奶奶的信仰均源自地方上的巫术文化，都对妇女有特别的吸引力，而且三者都和狐精结合在一起，这使人联想到她们潜藏的危险性。但在发展的过程中，随着信众使用众所周知的法规和官方的象征来提升她们的神威，这三个信仰的等级也被提升。当一个信仰从地方扩展到区域，再到全国各阶层，并且取得大众甚至官方的认可时，一个新的、在本质上是微小且地方性的次级信仰就会出现。狐狸本身就是这种升级过程中的一个例子。从19世纪末到20世纪初，狐狸在华北和东三省就经常被当作五大家（或四大家）的成员来奉祀。五大家的组成，包括狐狸、黄鼠狼、刺猬、蛇和老鼠（见第二章）。人们通常给狐狸在五大家中等级最高的位置，而许多与它有关的恶行都被"转嫁"到现实生活中和狐狸相似但较不被看重的动物黄鼠狼的身上。[60]

西王母、泰山娘娘和王奶奶这三种信仰的官方和个人特征所代表的，不只是相关信仰中等级提升的不同阶段，也表现出每个信仰的不同面貌。换句话说，一种已经得到官方承认和大众颂扬的信仰，依然存有其次级信仰的特征，这些特征包括个人的、地方化的和讲求实效的各种元素。就像前面所讨论的，碧霞元君是华北最重要的女神，地位和一些更被广为接受的神祇，像观音等神明相同。但在民间故事里，她有时是狐精，有时像王奶奶一样，是个老妇人。她的官衔虽然叫作"碧霞元君"，但更常用的称呼是如家人般亲切的名字"泰山娘娘"。

西王母的例子将这一点说明得更加清楚。西王母信仰到了明代已全国皆名，她和汉武帝的风流韵事也是广为人知的传说。中古时期的文学作品描述了两人在金碧辉煌的宫中相会的故事。西王母安排了一个备有奇花异果（尤其是来自天庭花园的蟠桃）的盛宴。伴随着美妙的音乐，她向汉武帝讲解长生不老之术。[61]然而，有则明朝的记载为这个故事加入了强烈的地方风味：

> 平山西北有西王母台，西王母祠在其上。又西有温泉，世传汉武帝于此会西王母。帝出狎语，王母唾之，其面遂生奇疮。帝谢罪。俄有白鹿跑地，泉随涌出。王母指云："欲愈，当浴此。"从之，果愈。至今患疮者多浴其泉。泉侧有汉武帝庙。案碑云："西王母，桑姓，生长于此。少入房山学道，既成仙，还归省亲，尸解于此。塑像即其遗，祈祷甚灵应，土人严事之。其村名王母村。"[62]

乡野奇谈取代了士人文学中有关会面的浪漫辞藻。就平山人来说，西王母是一个活跃于当下的信仰对象，不只是她的名声响亮，也因为她和地方的关联。与前面提到口传文献中的碧霞元君非常相似，西王母似乎是个出生在当地、与行医有关的女人。人们相信她在河北当地的圣地羽化登仙，而且选择护佑自己的乡里。尽管人们盛传西王母是个成仙的道教女神，但许多诸如此类的地方说法，为了维持她的灵验，一定曾经存在过。

在既成信仰的边缘：现代狐精信仰的反思

当代的民族志研究表明，如同狐精以侍者的身份出现在诸如泰山娘娘等女神的身边一样，在一些佛寺和道观中的陪祀神龛也看得到狐精。以李世瑜的研究为例，他指出，20世纪初，冀北万全县膳房堡村一座著名的佛寺就设置了两个狐精坛。[63]收在《满洲风俗图录》中的照片显示，19世纪末20世纪初，东北吉林的一间龙王庙附设了一个奉祀胡大爷和胡太奶的狐仙坛。[64]日籍学者内田发现，东北地区南部的一个小村庄里，狐仙坛就放在关帝庙内。村子里的男人奉祀关帝，而女人就向狐精祝祷。[65]到了20世纪初，狐精也曾被请进北京的东岳庙，而这东岳庙是清廷支持的道教庙宇。东岳大帝与其他主要的道教神祇一起，奉安在庙群的主殿中。庙群后部的楼上则供奉泰山娘娘和其他女神，王奶奶和胡太爷则安在侧边的神龛上。[66]

笔者在陕北做田野调查时发现，香火鼎盛的现代狐仙信仰就处于一座著名的佛寺边缘。空间布局、文字记载和口耳相传的故事呈现出佛寺和这个附设的狐仙信仰不同层次的诠释。相较于更早的材料，一次关于这些解释互动情形的田野调查，为这个信仰勾勒出更饱满的画面，并把狐仙信仰的传统置入较为敏锐的历史视野里。

庙宇和文字记录

官方的小册子强调，过去千年以来，当地的居民如何保护石佛免于战火和盗匪的蹂躏，因为石佛不只是宗教信仰的对象，还是界定当地人的地方认同和国家认同的一个独特的文化标志。例如在明代，蒙古军队多次在往南挺进时攻占波罗堡。因此，波罗堡的历史，也是人民团结、协助明朝军队和保卫城镇的历史。正德四年（1509）、嘉靖三十三年（1554）和万历三十八年（1610），这座佛寺至少被洗劫、破坏过三次。每当蒙古军退回无定河北岸后，当地的人就出钱出力，重建庙宇。明清易代之际，波罗堡人立了一座碑，纪念李自成（1606—1645）的大胜利。他是波罗堡东南三十千米外的横山县人，也是推翻明朝的农民起义的知名领袖。接下来清朝的征服战中，追随李自成的当地人士利用波罗堡的战略优势，与清军浴血奋战。他们惨败之后，庙被夷平，碑也被打碎了。[67]

小册子也记载，20世纪初期，义和团事起，中国受到奇耻大辱的惨败之后，这个地区逐渐遭到英国、法国和西班牙传教士的渗透，他们也发现了石佛。"他们企图夺走石佛，不料却激起民众的怒火，群起而攻之。"结果，石佛依旧安然无恙，而外国人"拆毁佛寺的山门和旗杆"后，才悻悻地离去。[68]

寺庙所在的地点充分显示石佛的显赫地位。佛寺主建筑位于山丘的顶部，是始建于唐代的大殿。这尊佛像高约四米，但因几百年来风吹雨淋，佛像的面貌几难辨认。八大金刚坐落在佛像的两旁，和许多佛寺里的布置相同。其中的七大金刚面目狰狞、手持武器、身穿铠甲，单单只有左边的最后一个是身着传统儒袍、头戴冠冕的中年士人模样。这尊金刚的塑像很特别，与一般在佛教文献和寺庙里看到的形成强烈的对比。

大殿之外立着当地施主竖立的一方庙碑，碑上记载着一则前述的官方小册子没有提及的关于狐仙的故事：

金禅老祖者，乃西方极乐净土之大罗汉也。昔万五千年，彼曾廿一世为人，后一世为狐。既沦异类，深悔轮回之苦，遂善念复萌，发意修戒定慧，离内蒙库克恩玛哈而觅波邑之钟楼山密修其诀。然岁月流逝，朝野更替，值公元一九三一年左右，兵卒扰攘，虽三异其地，而不得免，故略施小技，巧惩马号队伍于高氏油房[69]，致上下心诚悦服，允重修接引殿宇。时老祖正果初成，尚欠功德三千，始采马童，出口传言，广施恩泽，医疗治病，力修实行，利益世界，寻声救苦，普济万生，有十余载，不惮烦劳，道成大仙，出任白云五龙金宫[70]。逾二年再归接引，补佛前大神金刚之位，渐道风蔚，盛冠于朔方。善男信女，郡邑士夫，祝厘肆礼，祀载阙夫。盛名流传，遍及数省，重葺梵宇，敷扬洪业，兴继之美，见述后来，晓喻众生，孝弟为先，劝道缁素，一心念佛。凡此种种，懿欤盛哉。今老祖佛法高深矣，功德圆满，道履贞吉，证罗汉之果而受任西域，驾移金童，享祀千秋，接引佛刹，少停仙迹，大雄宝殿，陈留金身。尝睹圣容，万德萦怀，芸芸众生，本含佛性，宜思善因，免坠苦海。惟佛门摄广，净土缘深，虽万类殊形，又岂当定局哉？

从主殿往下几步不远的地方，有栋更小但装饰精巧的建筑物。和主殿不同，这栋建筑物是锁着的。那是间极小的六方形房间，约莫三米高，但占地仅约一平方米，最多可容三个人跪下来祈祷。一张桌子上陈列着一块简陋的、上题"西方大仙"字样的碑，还有一个香炉和一块写着"答谢神恩"的木牌。太极图装饰在天花板的正中央。六面墙上画着取材自著名通俗小说《西游记》三藏法师及其三个弟子的故事。受访者解释："这是狐仙坛，我们不常开放给大家参拜。"然而，房间里没有任何东西可以表明这里就是狐仙坛：狐仙的名字没写在碑上，它的像也没有出现在坛前或壁画里。对一个外来者而言，很难说出这个房间的功用为何，或这个房间供的是什么神。

还有其他与狐仙有关的东西，除非当地人协助，否则一个过客不可能注意到。从佛寺下来，沿着公路走几百米，再转上山丘，走过一百米，就会到狐巫雷武的家。他的住宅由一排美丽的砖造房子组成，其遗孀、六个儿子及其家人仍然住在那里。当笔者进到其遗孀的屋内，看到的是齐全的家具和家电用品，这显示出这个家庭非常富有。不过，这个家并不是雷武入巫的地方。往山上再走五十米左右，有个内有三间房的窑洞。当地人告诉笔者，这个窑洞自从雷武死后就关闭了。洞内约五米见方，炕就占了三分之二的面积。入口处有个灶，上面贴着两幅以地方戏曲故事为主题的旧民俗画。其中一幅画的上方是一幅以观音和她的侍从为主题的新彩色画。和施工精良、装饰华美、容易到达的石佛寺相比，狐巫的窑洞就显得破旧、简陋，又偏僻。

其人其事

当笔者还在榆林市的时候，遇见了一个大专学历、年龄三十七岁的会计师莉。她的丈夫地位显赫，也带给她实际的社会名声。莉向笔者介绍其他两个女人：中学毕业、餐馆老板之妻，年三十六岁的玲；早年丧夫，独自抚养三个孩子，教育水平很低，年五十三岁的专职家庭主妇英。笔者租了辆车子，一路从

狐仙崇拜：中国封建王朝晚期的民间信仰与民众心理

榆林旅行到小镇波罗。在波罗，有三个当地的男人加入我们：一个是文盲、退休陶瓷工，年六十七岁的杨；曾受小学教育，年四十七岁的农夫雷树；年四十五岁的福，是个木匠，他早年因为无法筹出人民币一千元的手术费用，故而丧失了视力。他们对这个狐巫（指雷武）的认识各不相同。莉曾为了母亲的健康求教于狐巫。玲曾一度是狐巫的顾客，而福则是狐巫的邻居，失明后当了这间庙的庙祝。英和杨是狐巫多年的密友。雷树是狐巫的次子。后面提到的四个人均积极地参与庙里的事务。

福对这座庙的历史地位相当关心。他告诉笔者，唐朝的玄奘（602或600—664）前往印度取经的途中，和他的弟子曾经路过波罗，留在庙里住了一晚。这或许可以解释为什么狐仙坛的壁画从《西游记》取材，画着唐三藏和三个弟子的故事。历史事实和虚构的小说混合在波罗当地的传说中。事实上，这个村庄离唐都长安以北约四百五十千米之遥，距离朝圣之路很远，很容易被忽略。[71]

波罗人对石佛的自豪也表现在庙会中，主要的祭典一年举办两次。第一次在农历四月初八，据说这天是佛诞日；第二次在农历十月初一，是信徒答谢佛恩的盛典。这两天都会表演陕西的地方戏"秦腔"。集市在庙外，沿着公路展开。这两个祭典在这个地区已经有悠久的历史。中间虽然曾被禁止过一段时间，但自20世纪80年代开始又恢复了。[72]

这座庙也是来自邻近县份、村社和榆林市的人所组织的七个香会分会的总会所在。会员来自各行各业，包括农民、工人、公务员、企业主、家庭主妇。雷树、杨和英是各自分会的主席。虽然有这样的头衔，但这些分会没有常设的会员或定期会议，

166

而是由志愿者组成，组织并不严密。大多数时候，都是由各个分会的主席自行运作。这些香会的主要目的是在祭典期间服务香客和提供捐献，也要负责起码的"奉佛"。以杨来说，他负责募捐，料理庙里的财务。雷树负责管理和维持庙产，而杨负责运作。假使他们需要协助，会找自己的熟人——家人、亲戚、朋友，或其他来自这个地区的石佛信徒。

文献资料中没有任何关于奉祀在石佛寺中的狐仙神力的记录，但其"灵验"在榆林地区早已口耳相传，广为人知。朝拜者不论是近是远，都群集到庙前。佛诞日当天也庆祝狐仙的诞辰，而且称之为"老佛爷"。福承认，他对狐仙的前世所知不多，但向我描述说，19世纪末，狐仙从今天的内蒙古乌审旗，穿过波罗堡北部的沙漠，来到波罗堡。狐仙自我修炼，后来成了金禅老祖。

雷树和杨接着说，狐仙成为金禅老祖不久之后，便挑了一个当地的男子做狐巫来供奉它。这个人死于20世纪40年代末期，几年之后，狐仙又挑选另一个男子，以延续它的香火。这个人就是雷树的父亲雷武。

笔者低声地问受访者英："如果狐仙的神威这么大，那狐巫自己为什么会死于癌症？"英回答："哦！他的死是狐仙的意思。他太贪心了，要价太高，所以狐仙不让他长寿。"笔者急切地想知道这个狐巫到底开价多少时，发现各种答案都有。有些人是给实物，包括酒、水果、肉类、谷类，或香烟；有些人付现金，视个人经济情况的不同，支付一元到二十余元人民币不等。不论他们付了多少，英说狐巫贪心，加上笔者个人对雷武家的观察都指向一个事实：雷武从事狐巫的职业，曾经很有赚头。

狐仙崇拜：中国封建王朝晚期的民间信仰与民众心理

官方和当地的诠释

记录文本是达成绝对控制的一种有效手段。[73]当地人对于使得这个镇在榆林地区如此有名的悠久历史和独特、庄严的石佛感到自豪。他们反复诉说着记载在政府小册子中的相同信息，而这些信息被用来建立庙宇的官方地位和突破地域层级的限制，宣传石佛的文化价值。历史中的有名事件，像明朝的居民对抗蒙古入侵、李自成对抗清军入侵，以及义和团运动后，反抗西方传教士的文化渗透，都在地方的历史里被放大，好彰显波罗的独特性。还有重要的一点是，虽然当地人都很清楚地知道石佛和狐精之间的关系，但小册子包含的内容中关于出名的狐仙只字不提。据受访者说，狐仙的课题"太不重要了"，以至于倡导当地文化发展的正式官方文件不曾加以记录。在更为地方化的庙碑里，狐仙进入了公众的视野。然而，碑记里只强调它和佛教的关系，以及实际上给它安上一个"金禅老祖"的名字而已。

佛像、狐仙和狐巫在庙里和庙附近的空间安排，也反映出符合官方秩序的等级结构。就如同它们实体位置的安排，从显眼的位置到幽暗的角落，从公共领域到私人领域，因它们而举行的各种宗教活动也各不相同，从官方支持、庆祝佛诞的公共庆典，到基于个人喜好和经济收益的有政治疑虑的灵媒活动。而且，每个个别设置都是慎重安排的设计，以符合官方和公共的象征。当供奉石佛的主殿打开来接受信众参拜时，放置狐仙坛的神秘六角形小房间就被锁上，只允许私下参拜。在六角形的房间内，依然看不到狐仙的真形，但取自《西游记》的壁画题材提供了超越地方层级、极多数的人都熟悉的主题。此外，

第五章　狐精与地方信仰

如地方传说所说的，这间庙是四个著名的朝圣者过夜的地方，所以，这些主题也为这个神坛添加了历史的重要性。甚至在狐巫入巫的窑洞里，也尽力地利用官方认可的宗教象征来确认狐仙的神力：一张保存良好、象征慈悲和多产的佛教女神观音画像，悬挂在洞里最重要位置的墙上。这样的布局让人觉得似曾相识，因为在上一章里，距今大约三百年前，蒲松龄和他的文友于山东所拜访的梁氏女灵媒设置的狐仙坛中，我们也看到了同样的布置。

庙碑和口耳相传的说法，两者均拥戴官方的秩序。在人们的日常生活中，波罗的狐仙其实微不足道。它是一个尝试在地方社会中安顿下来的新移民，并从外界带来额外的能力。它的神力不论如何灵验，一般来说，总被认为低于显赫的石佛一截。就像笔者所访问的人，尤其是来自城市的那些人，一再说他们只有在现代医药治疗无效的时候才会找狐仙帮忙。住在农村的受访者也说同样的话，公开地谴责灵媒、神巫。像雷树，虽然对父亲救人无数的成就感到自豪，但仍然强调他的父亲终其一生当狐巫，都不是父亲自己想要的。叙述狐仙灵验事迹的过程中，所有受访者都对灵媒施法和"封建迷信"之间的关系心知肚明。[74]他们在对话的过程中一直提醒笔者，就如同庙碑所说的那样，狐仙和他的狐巫只是代表佛陀做事而已。他们把狐仙的灵验归功于佛陀，并自称是虔诚的佛教徒。

不过，其实在强化官方秩序的过程中，差异性的标志也从中显现出来。庙宇的硬件布置仍然固定不变，但当中还是包含流动且沉默的元素，时常让人注意到对于佛陀和狐仙的不同解释。同时，如当地人向佛陀献香一样，他们也把庆祝用的旗子献给狐仙。旗子上的谢恩文字，常常会让外来的人误以为是献给佛陀的。石佛成了官方关注的中心和公开颂扬的对象。相较之下，位于狭小六角形房间内的狐仙坛，显露出神圣却又与外界隔绝、神秘的特质。在官方档案和外人的印象中，这间庙宇之所以有名气，似乎是因为石佛的文化和历史价值。然而，对当地人而言，狐仙的神力不用说出来，也不必说分明。这座庙对他们来说很有个人意义：狐仙是另一种可供选择、能够确实地影响到他们个人生活的权力来源。借着对狐仙不言而喻的认知，以及将之限制在一个内部的小圈子里，当地人便能在象征官方的石佛边缘上，把狐巫信仰留在自己的团体中。狐仙的神力透过非正式的手段，像私人关系以及亲友间的闲谈，也大幅向前迈进。

在实际的情形里，扮演佛陀护法的狐仙并没有直接与庙里的参拜者互动，这也说明了波罗狐仙坛具有个人、当地化和实用的特征。狐仙和当地求助者之间直接的互动是发生在庙宇之外的窑洞里。远离公路，位于山丘上的这个窑洞，和外界的接触不太多。只有透过圈内人的引导，像雷树、杨、福或英等人，从波罗以外来的人，像莉、玲或笔者等，才能找到这个地方。又，因为这狐仙基本上是因为其治疗神力而闻名，所以实际上从事医疗服务的这个人，也就是雷武的个人身份，也鲜为波罗以外的人所知。终其一生，他仍旧是一个普通的农民。甚至是以个人的身份，从榆林来拜访他的莉和玲，也记不住他的名字。人们使用"狐仙"这个词来称呼狐精和狐巫。这个词与生俱来的模糊意义，让人们会在某些时候因出于敬意而提高狐精的地位。另在某些时候，又鄙视甚或批评狐巫。此外，狐巫和求助者之间的互惠关系，比起佛陀和寺庙朝拜者之间的关系来得更实际。因

第五章 狐精与地方信仰

此,狐巫也许是被排除在有关石佛寺的官方诠释之外,但透过非常有效率地为当地求助者的实际需要服务,让庙里的狐仙对他们而言更有意义。

围绕着石佛信仰而组织起来的宗教社团提供了一个其中某些传统社会障碍已经消解的共同体:农民和城居者、富人和穷人、就业者和失业者,以及官员和一般民众交往的场合。因为这些社团的宗旨是料理寺庙的事务和礼拜佛陀,所以,主事的位置就由没有正常工作,而且有时间处理庙里大小事的虔诚佛教徒来担任。他们来自社会的下层,虽然很难想象这样的组织在任何层面上能直接威胁国家的控制,但他们打开了一个新的社会空间,允许一些"无关痛痒"的团体在官方设计好的社会结构力有未逮之处担任一定的角色。

像狐仙这样的地方信仰,在传统中国一般会被贴上"淫祀"的标签,在现代中国则会被贴上"封建迷信"的标签。纵观整个中国历史,它们早就被禁止过无数次。然而,它们仍留存了下来。虽然时代和社会背景不同,但是当代狐仙信仰的许多元素仍然可以在中国封建王朝晚期的社会中发现。第一,官方的记载付之阙如,并非一定表示狐仙信仰不曾存在。当然,过去以淫祀为中心的仪式和灵媒活动,可以从源自口说传统的非正式和且属逸闻的作品中发掘出来。第二,在供奉官方认可的神祇的庙宇中安置一个有不合法内容的信仰,正好作为人们如何在官定的秩序内协调权力的例子。这样的信仰在硬件空间中占着较不重要的位置,说明中国庙宇的设计是仿照官方的权力结构而来。这不是由国家权威和精英领袖所指定或管理的,而是由公众的思考方式所决定。人类的行为创造并且维持了这样的信仰方式：在一间庙宇陈列的诸多神像中，要向哪个神献上香火和供品，以及使用哪种方法能使他们的祈求被神明听到。这些行为会产生对官方结构的顺从和反抗。第三，狐精和地方信仰之间的种种关系，显示了中国人为了不同的目的操纵狐精的神力时所扮演的积极角色，人们会利用两性关系、家法族规、官僚秩序，甚至企业关系。人们利用带有官僚身份的神明神威，遵照官方的规律去控制难以驾驭的狐精。但是，他们也借由把狐精与显赫的女性信仰以及各类神明联合在一起，调和信仰中不合礼法的特性，追求不受天界官僚控制的个人的利益。因此，与显赫的神明和女神有关的淫祀的变化，可视为文化界限观念在私领域和公领域之间，以及在官方和非官方的实际行动之间变迁的指标。经过这些变迁，这些信仰产生了在政治上既遵从又反抗的力量。

第六章
狐精与官员

明朝的士大夫康海（1475—1570）致仕后，回到陕北武功县的家乡编纂方志，他主张"治民人者，先其神"。[1]封建王朝晚期的统治者和地方官员几乎都有这样的信念。由于国家企图独占与鬼神沟通的渠道，故也着手与地方信仰斗争，其通过禁止地方信仰的活动，以加深官方和神界的联系，强化其合法性，并巩固对社会的控制。但是，近来有关中国历史和宗教的研究均反映出，国家加强控制地方的企图，不只遭到地方人士的顽抗，也受官员各自行事程序的影响。[2]国家在这些斗争中的胜利宣言，也许只是文字史料中的昙花一现而已，地方信仰的仪式仍然暗地里流行着。

明清笔记小说显示，官员极端重视狐精在日常生活中的种种表现。本章将辅以民族志的记录，探究这些文献如何彰显狐精、地方人民和官员之间的互动，展现出在地方层级方面权力概念的改变。除了镇压和查禁，官员对狐精及其信仰仪式还有很多不同的反应方式。有时候，官员和地方百姓联手，向狐精寻求类似的佑助，或是支持地方上的人士，共同反制狐精。有时候,官员站在地方百姓的对立面,遏制狐精的力量,以图控制混乱局面,扫除任何可能对官员造成的威胁。人们扮演积极的角色使这幅画面更复杂:他们乐意诉诸官方的力量,好避开邪灵的侵扰,但他们也仰赖狐精的神力,对抗官方权力,牵制官方滥权。

狐精是社会威胁的来源

艺妓、娼妓和俳优身份的狐精

早期将狐精与女性难以驾驭之性特质深具危险联想在一起的看法,一直延续到明清时期。许多故事反复申明狐精与娼妓之间本质上的关联,是建立在"阴",即淫荡或好色的负面内涵上,而且不仅是隐喻,同时也建立在现实意义上。有则18世纪的故事,叙说大同窑子的一个娼妓神游地府的经历。在那期间,她亲眼看见数名妓女和鸨母,各自因淫乱和贪婪而受到严惩。另一则故事则将男女交欢说成一场战斗。故事说,有两个精于房中术的妓女杀了一名道士,据说这个道士亦擅此道。后来证明,这些妓女和道士其实都是狐精所化。[3]有些清代的作者一口咬定,狐狸和娼妓是互为因果轮回的结果。蒲松龄"妓尽狐也"的主张就得到一个晚清作家的呼应:"人之淫者为妓,物之淫者为狐。"[4]这样的关联在大众的观念中如此普遍,因此在一本有关上海的艺妓与娼妓的通俗小说中,"九尾狐"这个词成了主要角色的昵称。[5]有些土娼甚至自称是狐精所变,好向恩

第六章 狐精与官员

客诈取大笔金钱,然后,她们一定会在一夜之间消失。据纪昀所言,至少在京师,这样的行为极为常见。[6]

游方戏子令人又爱又怕,他们在众人眼中又往往和娼妓、艺妓合而为一,明清时期的人故也将他们和狐精联系在一起。一则来自18世纪山东的故事陈述,有个富家的浪荡子常常将暇日虚掷在窑子里。有一天,他见到一名老妪领着两个年少的歌女在市集中卖唱。他见到两个女孩皆绝色,歌艺精湛,霎时为之神魂颠倒。后来,他发现这三个女人皆是曾经巡游鲁东、靠歌艺过活的狐精。[7]在另一则故事中,一只狐精化作年老、白须的老叟,在河南兰仪的防汛工程停工期间,安排六个美丽的女儿粉墨登场,一连演了三天大戏,甚至还邀请督办工程的官员前来观赏。[8]

明清时期,许多俳优巡回在乡村与城镇之间讨生活,表演地方戏曲、武术和杂耍。乡村生活中少不了这些男男女女,但他们终归还是边缘人物:他们缺乏稳固的社区纽带,在法律上受歧视和猜疑。清代的法律严格禁止民间戏曲中鼓励非法行为和盗匪的部分。神明赛会时的表演也在查禁之列。包括走方杂耍和武术表演者在内的俳优,会受到排斥和迫害。地方官常常发布榜文,不许他们在辖区内唱戏演出。[9]在地方官的眼里,有些俳优精于幻术,因此这些人不是加入就是招致邪教,甚至兴兵造反。拿乾隆三十九年(1774)王伦的叛乱来说,即吸引不少巡游的女优。据说,王伦的情妇兼出力者吴三娘善于拳术、走索和杂技表演,以街头艺人的身份到处巡回表演,足迹遍及山东、河南和河北。[10]这样的形象会与狐女连在一起。据一则来自明代山东临清的故事所述,有个年轻人遇见一个陌生的妇人,把她从

175

狗爪下救了出来。这个女人随他回家,并以身相许。几个月后,她自言自己其实是一只狐狸后便离开了他。翌年的某一天,这个男人又看到这个女人在临清的某市集上表演走索的把戏。她向这个男的请安,给了他一些钱,自此绝迹。[11]

华北和东三省的游方艺人、娼妓和妓院的老板,也照例在密室内为狐仙设置特别的神龛,并奉其为保护神。这样的狐仙神龛倘若不是以胡三太爷和胡三太奶这对狐仙夫妇作主祀对象,就是供一块写了他们名字的简单木牌。娼妓在夜晚秘密地向狐仙祈祷,请求赐予魅惑之术,好吸引客人。她们要是获得一个客人的光顾,隔天就会献祭还神。新年期间和每月的望日,这些女人会蜂拥前往当地的财神庙,献上一大束又一大束的香。[12]

狐精是流民

中华封建社会晚期,与江南地区相比,华北是个不富裕、商业化程度较低的地区。这个地区因为剧烈的气候变化、广阔平坦的地形,以及缺乏灌溉系统,而容易遭受自然灾害的冲击。大多数农民没有自耕地,往往从一地走到另一地找活儿干。饥荒、洪水、旱灾、匪乱,或仅仅只是残酷的自然环境,就常常让这些贫苦的家庭背井离乡。而为求生存,他们只得走上乞讨这条路。移民和流民问题在华北成为最重要的社会议题之一,尤其是在河北和山东。[13]包含乞丐、雇工、杂技班子,以及出身微贱、没有土地、家庭或社区纽带的人在内的流民,被认为是引起社会动乱的源头。他们看起来似乎难以控制,政治动荡和集体恐慌发生的时候,很容易变成被猜疑的对象。[14]

在许多明清时期的故事中狐精被赋予流民的角色。举例来说，山东临清本地人宋留，在某天黄昏遇见一个陌生人。这个人自称是雇工，正在找工作，于是跟着宋留回家，喝得酩酊大醉后，宋才发现原来这人其实是狐精。[15]河北沧州有名寡妇，见两个饥民，老父及其幼女，心生怜悯。他们看起来又饿又累，几乎走不动了。她答应这个父亲的要求，买下这个女孩当童养媳。几年后，这名妇人临终前，女孩向她坦白："我狐之避雷劫者也。凡狐遇雷劫，惟德重禄重者，庇之可免。然猝不易逢，……今藉姑之庇，得免天刑。"[16]

在地方人士的眼中，狐精就像移民。北京有一狐精告诉邻居，说它老家在云南。另一只刚迁到浙江新昌不久的狐精，说它的故乡在河南。[17]许多清代故事中的狐精，都自称来自山西和陕西。举例来说，山东博兴有个人和一名"奔女"有了一段地下情。后来，这个女孩告诉他，她原是只来自陕西中部的狐精。[18]有一名叫四钞的狐精，来到河北东光的一户人家，向主人请求借住于后院的干草堆中，并自言其家族住在陕西已经几个世代，如今因避战祸而逃至此地。[19]另外有只狐精来到山东潍县，定居该地。它解释道："贵乡福地也。秦中不可居，大难将作。"[20]明末清初之间，陕西常受战乱之祸。涌进山东和河北的灾民，在当地社会变成陌生人，而这儿的狐仙信仰和狐精传说相当兴盛。有时候，他们或许就曾被当作狐精看待。

狐精是亡命之徒

狐精会和违反法律的事件牵扯在一起，因此老让官员头痛。

它们因能操弄幻术,让东西神秘地消失,把东西从这家搬到那家而出名,因此狐精经常被控以盗窃的罪名,而这个罪名在乡间实属微罪。一则清代的故事叙述,有名上了年纪的守卫捉到一只狐精,要求狐精让他发财。起初,狐精以这老人命中无财为由,拒绝其请求。但这个老人威胁说要宰了它,狐精只好同意给他一袭皮裘。不过,狐精警告,他会因为这件皮裘而受罚,而后则会得到一些赏钱。次日,这个老人确实拿到一件皮裘,很高兴地穿上,衙门的捕役马上将他逮捕。原来,恰巧在同一天,县官家里丢了一件皮裘,他为此被责以十杖之刑。他向县官力陈自己的清白,还说了狐精的事。由于存放皮裘的衣箱仍然锁着,其他的贵重物品也都在,县官才相信狐精是真正的窃贼。于是放了这个人,赔偿他十千钱,数目确如狐精先前所说。[21]

违法逃离丈夫或主人的侍妾和婢女,有时候也会被视为狐精。有则故事如是说:有名少妇来到某个村寨,向一名老妇请求借住一宿。老妇害怕窝藏大姓逃出的婢妾,拒绝了她。这名少妇自表身份,说是邻村某刘氏家子妇,老妇才应允寄宿。但是,老妇向邻居借取火种返回之后,发现这名少妇已不见踪影。同一天,另一个村庄也有一名少妇向另一名老妇和其子提出同样的要求,而且也自言是刘家的媳妇。这对母子没有应允她住宿,反而把她送回邻村的家中。但是几天后,他们从刘氏那儿得知,当天他的媳妇并未离家。因此,人们推断,这个女人也许是只试图迷惑男人的狐精,但其计未能得逞。[22]

狐精也和其他挑动官员敏感神经的社会问题有关。某则故事叙述,有只狐精到了一户人家,帮其夫偿还赌债。另一则故事则叙述,有只狐精挪用金钱,帮助一对嗜赌的夫妇。有时,这

第六章 狐精与官员

狐精甚至代他们下赌。[23]如同有些村庄与邻村卷入长年的仇恨一般，狐精也会陷入残酷的家族纷争里。纪昀曾经写到，有个仆人目睹两个狐精家族的械斗，一个是来自他所住的村子，另一个则来自北村。两边大打出手，弓、箭、斧全都上阵，双方也都从敌对阵营捉到一名妇女当人质。[24]在另一则故事中，蒲松龄则揭示了人们如何建立狐精和土匪之间的关系，而山东正好是土匪猖獗的地方：

> 顺治间，滕、峄之区，十人而七盗，官不敢捕。后受抚，邑宰别之为"盗户"。凡值与良民争，则曲意左袒之，盖恐其复叛也。后讼者辄冒称盗户，而怨家则力攻其伪；每两造具陈，曲直且置不辨，而先以盗之真伪，反复相苦，烦有司稽籍焉。适官署多狐，宰有女为所惑，聘术士来，符捉入瓶，将炽以火。狐在瓶内大呼曰："我盗户也！"闻者无不匿笑。[25]

狐精的社会威胁也潜藏在它们与宗教专业人士（包括灵媒、在地或游方的法师，以及道士和僧侣）的紧密关系中。这些人自称拥有驱邪的法力，挑战国家代理人与神界沟通的权威。他们因为能预测未来、隔空取物，甚至利用幻术控制生命而出名。在大众的心目中，他们很容易就和孔飞力所谓的"巫师"联想在一起。[26]狐精惯常地被认为是巫师的同谋，早在六朝时期，它们就因行使巫术造成集体恐慌而备受非难（见第一章）。类似的事件也发生在明清时期，试举一例来说。正德七年（1512），据说在河北和山西，有形如狐狸的不明物体飞入屋内。它们用尖锐如针的爪牙伤人,尤其是对小孩子。嘉靖三十六年(1557),江苏地区据说有狐魅用类似的方式祟人:它们在黄昏后出来伤人,扼住百姓的咽喉或抓破他们的脸。隆庆六年(1572)、万历二十五年(1597)和顺治十四年(1657),同样的恐怖事件在这个地区一再发生,康熙年间也至少发生过一次。就如发生在嘉靖三十六年的案件资料所显示的,苏南的游方道人举行仪式,诵念咒语,驱使纸糊的人形狐精。他们在夜晚释放出这些模型,天将明时再召回。[27]法师操纵的飞狐对地方社会来说似乎是种威胁,引起失魂和丧命的集体恐慌。更重要的是,就如田海(Barend ter Haar)和孔飞力所说,他们会引起从县衙到朝廷每个层级政府机关的注意,担心他们可能引起的社会失序和严重叛乱。[28]

明清的法律显示,国家惧怕宗教专业人士招来邪神和组织教派的能力(见第四章)。人们经常把狐精的魔力和左道与叛乱联想在一起。例如,朱尔枚是个在康熙年间因为幻术和预知未来的技艺而赢得盛名和皇朝恩典的道士。然而,康熙二十一年,某些在朝官员指说他鼓吹异端邪说,号召民众组织左道团体,他就被处决了。后来部分清代的史料添油加醋,指称他的神力实际上得自其妻,而且据说其妻是只狐精。[29]

天启二年(1622),山东爆发了以弥勒佛下凡救世为教义的白莲教之乱。三名地方上的传教者:王森,其子王好贤,以及他的弟子徐鸿儒均被指为乱党。万历二十三年(1595),王森因组织邪教的罪名被捕时,官府总结他的供状,认为乱事开始时的成功乃拜狐精所赐,是狐精教会王森谋取财富的法术。其后,王森利用狐尾散发的香气来传教。凡是闻到异香的人,就会陷入失神状态，加入他的教派，因而这个教派又被称为"闻香教"或"焚香教"。该教在北京、河北、山东、河南、山西、陕西和四川等地传播开来，吸引信众超过两百万人。田海曾经比较几种官方记载的版本，发现王森设教的基本元素，诸如焚香和传教等，在皈依新宗教时看起来是正当的程序，却在后来的版本中完全被抹除了。相反，为了强化其幻术，狐精的角色被大书特书，成了这个教派的本质，所以变成了邪教。这个观点持续留存于封建王朝晚期的文人作品中。[30]

许多故事把狐精描绘成一个以宗教专门人士的模样煽起乱事的人，试以下例说明。有个来自山东曹州的李姓年轻士人，杀尽了向他租房子的狐精家族。后来，他偶遇一个算命师，预卜他将是下一个皇帝。李竟然信了，很快兴兵造反，后来以举家受诛收场。临死之前，他才了解，原来那算命师就是只来寻仇的老狐。[31]嘉庆十年（1805），有个来自陕西甘泉县，名叫高中秋的人，在某次打猎中，捕杀数十只狐狸。不久之后，有两名美妇前来搭讪，自称是天帝派来助他取得王位的仙女。高中秋信了她们"撒豆成兵，点石为金"的幻术，遂纳这两名妇女为"妃嫔"，起兵造反。他马上被县令缉捕，这两名妇女却杳无踪迹，众人以为她们就是前来复仇的狐精。[32]

控制狐精，控制地方社会

对官员来说，控制狐精与控制所有不同的地方势力这两者是无法切割的。官员和难以驾驭的鬼怪之间的对抗，象征地方层级的竞争势力。有则18世纪的故事很清楚地表达了这一点：

在金家女儿的婚礼上,出现了两个看起来完全一样的新娘,就算是新娘的父母也分不出哪一个才是亲生女。她们两人被带到县令刘某前受审。刘亲讯两人,但她们的供词都一样。后来,他再唤二女到案桌前,告诉她们:"吾今特设一鹊桥在此,能行者断合,否者断离。"然后,他便从仪门到官座之间,用条白布拉成一座桥,命二女从上面走过。其中一个哭了起来,说她走不过去,另一个则高高兴兴地过了桥。刘某立刻要过了桥的女孩上前,用官印把她敲昏,一把网住。只有狐精才能在轻如一张白布的东西上面走过去。结案之后,刘某也升官了。

之后,某茶商自称为盗匪所追,并请求有武举功名的两兄弟保护。夜里,盗匪果然来了,其中有四人为两兄弟所杀,其余三人逸去。翌日,两兄弟叫醒商人,使其赴县衙呈报。商人离开不久,官差就到了,还逮捕了两兄弟。其实,这商人早和盗匪勾结,控告两兄弟企图谋财害命。刘某亲审两兄弟,但他们恳求释放其中一人,回去保护家人。刘某不允,而后发现盗匪已经返回两兄弟的家杀光其家人时,才释放其中一人,但已为时晚矣。[33]

这名县令能够贤明地捉住兴讼的狐精,听到谋杀案件时,反而掉入了地方匪徒设下的陷阱。无怪乎作者在比较善变的狐精与嚣张的当地居民后,长叹道:"呜呼!公能断狐,竟不免为盗所卖,岂非治妖易治人难耶!"

知县与知府是国家在地方层级的代表人物,被看成"亲民之官"。不过,在整个明清时期,官僚所能掌控的地方社会却相当有限。有时候,强势的君主很关心贪污以及其他形式的滥权问题,会设法大力削减地方官员的权力。以明太祖(1368—1398年在位)为例,他就下令禁止官员离开衙门,下乡"扰民"。乾隆皇帝（1736—1795年在位）在得知王伦叛乱的消息后，做的第一件事即是调查地方官员是否贪婪、残酷，或是无力理民，才挑起乱事。[34]"回避法"禁止官员在本籍任官，而且也不准任何人在同一个职位上任职超过三年。因此，官员在他们的辖区总是异乡人，他们甚至常常听不懂当地方言。就治理地方而言，他们必须借重当地许多不同势力的合作。有时候，当国家以及地方或公共利益与私人利益发生冲突时，他们便陷入与精英、地痞、衙役胥吏、暴躁的农民、过路人和移居者、秘教教徒和土匪的斗争里。假如他们全心向违法乱纪宣战，有时候会保不住官位和性命。理政的每一个面向，像收税、断案，以及矫正道德和宗教习俗等，所需的不只是严明的纪律和廉正的态度，在协调的时候还要有勇气、智慧和技巧。[35]有关狐精与官僚之间的故事，揭示了官员和地方社会的合作、冲突与妥协。

保密与机敏：明清官僚的除祟及其限制

　　官僚在除祟仪式方面拥有专门的知识，并召唤天官的力量来协助。16世纪，有则来自山东的故事说，有只狐精与一个平民之妻交媾，占有了她。其夫多次逐之出户均不果，便诉诸县令仲裁。县令命其夫向城隍神告状。为免卷入诉讼，狐精便离开这妇人。另一则明代的故事描述，河北北部沿边某县有"妖狐"。它"淫人妇女，或窃财物，又时扰官舍"，道士法师对之无可奈何。新到任的守备组兵猎狐，却无所获。后来，守备撰文到真武庙和关帝庙祝祷。又在受狐精所祟的妇女家门口张贴榜文，曰："自兹不即远去，敢复为孽，吾即若巢焚煞。而类庙食之神，有不奋助者，必诉其不职于帝。"狐精自是从此处绝迹。[36]这些例子里的狐精都和通奸、罪犯、窃贼，以及其他挑战地方社会正常秩序的扰乱形式连在一起。一般人也许已受祸于地方有力士绅或恶霸，以及沦于邪狐的牺牲品，但官员仍旧是一个他们可以求助的对抗势力。

尽管在无数的明清记载中，有各种不同类型的驱邪仪式的部署，但官僚的权力似乎已经弱化了。虽然从日用类书到地方史书等各种明清文献的编纂者，不断地颂扬王嗣宗和胡彦高在宋朝及金朝的成就（见第一章），但终究不过是罕例。而且在明清时期，有如王、胡二人般惊人成就的官方治妖，几乎没有出现在世人眼前。[37]在清代，像上述两则明代的故事所说的那样，由人们亲自向官僚请求保护的案例很少；即使是在明代，官方的力量所提供的援助也少之又少。河南东部的虞城县某村人家，曾发生这样的故事。这户人家为妖狐所祟，驱邪无效之余，他们请求知县周某的协助。知县代苦主一家撰文祝祷城隍神。然而，狐祟之事不减反增，还听到狐精从空中对他们咆哮："汝求城隍，城隍奈我何！"周某甚感无奈，放弃除祟，说道："神且莫制，殊难为力。"一直到后来，周知县的一个友人教导这家人照着某巨绅之家驱邪的方法驱邪，狐精才消失。[38]

山东泰安有个士人家族也被两只狐精所祟，其中之一甚至迫使其少子与之发生断袖之癖。家人求祷于城隍和关帝，但都无验。后来，他们告到官衙，县官决定将其绳之以法。然而，正当他在官署前召集所有的衙吏，准备开审之时，忽有飞石击中他的脑袋，审判因此被迫中止。不过，故事还没完。有一天，

第六章 狐精与官员

那个年轻的儿子偶然间从醉酒的狐精那儿得知，它最怕构罪入狱。他暗地里把这个消息告诉父亲，之后其父便将他五花大绑（这只狐精可能附身在其子身上）送往衙门，关入牢里。此后，这狐精就不再出现。记载故事的人说："狱吏之威，妖邪如狐亦退避三舍哉。"[39]以上两则故事说明，县官的权力很容易被黠傲的狐精打碎，地方士绅和凶悍狱吏的权威反而更胜一筹。

甚至官员宣称他们战胜狐魅时，驱邪的力量也不仅仅来自官方本身，反而更加仰仗个人的特质。例如肥城有一村妪供奉狐精，在家里的神龛上悬挂一白首老人像。当知县的儿子得病时，知县夫人向狐精寻求救治。据说，狐精自信满满地写下药方，但吞下它开的药丸后，知县儿子却一命归西。大怒之余，知县逮捕老妪，把她投入大牢。"狐先期遁，媪亦遂死。"[40]激怒官僚致使他取缔这个信仰的是狐精治病失败，而不是狐仙信仰本身违背礼法。

面对狐魅，智慧、计谋和地方坚实的后盾是比官僚权威更重要的因素。有则18世纪的逸事正好说明了这一点。山东汶上县某卢姓士绅家族受到一只狐精的骚扰，另有狐精告诉卢某，如果要狐精不再骚扰，只有设一神龛，每日荐鸡与酒食，并把女儿嫁与狐精为妻。卢某不从，直往城隍庙告为祟的狐精。是夜，城隍神果至，但其实这是个冒牌货，正是扰乱其家族的狐精所假冒的。卢某的女儿被附身，陷入极度重病。翌日，身心俱疲的卢某前往参加由知县所主持的例行士绅聚会，并将家里发生的事情向知县和盘托出。知县佯装生气的样子，对他说："凡人奚可与仙争拗，且仙以丧子而娶女，可谓理正情顺。惟汝女跌伤未愈，一二日不能成礼奈何。汝归，先将上楼整洁，即安大仙黑胡同之位，日献酒醴以供之。俟女伤痊，择期成礼是。"之后，他对卢某使眼色，低声对他说："汝勿忧我，我非刻舟求剑者。"卢某返回家里，一切照知县所嘱，这下狐精可乐坏了。

是夜，知县沐浴斋戒。次日早晨，衙门大门深锁，不使人知道他成天都在做些什么。到了晚上，他传来众衙役，说他们须前往西村捕盗。途中，他们在城隍庙停下来。他取出牒文，在神像前焚烧。之后，他没有告诉衙役往哪头去，而是立刻带头前往卢宅。到后不久，他便冲进狐精的神龛处，把牌位扔下楼，一个劲儿地用力击打。后来，他宣布说："仰赖神威，执狐至此。"牌位被焚，散发出毛皮的焦臭味。知县赴庙谢神恩，又在神前发誓："于三月内，将狐党尽行逐去，使阖境安堵，官民获占神庇矣。"卢某与辖下士绅不约而同前往衙门，向知县表示感谢之意。[41]借由在城隍神庙控诉狐精的方式，卢某试图用正常的方式部署官僚权力。然而，他的失算以及知县在开始之前与狐精的协调表示，这样的权力，不论在此世或彼世，用来对抗胡来的狐精都是微弱的。知县似乎从一开始就了解其不足之处，在镇压狐精一事上，他也暗地里动员他所掌握的资源。

无独有偶，卢某的故事和黄六鸿在郯城追捕一名与官府勾结的强盗头子的经验，有趣味性的相似之处。17世纪末，黄六鸿任职郯城知县。后来，他在记录一生的成就时指出，他之所以有不寻常的功业，完全归功于二诀："密"与"速"。发动捕盗的过程中，他在夜晚四下无人的衙门里，找来受害者和衙门中可信赖的心腹，审慎地筹划，不让其他衙役和驻防营弁知悉——据闻，后者与盗匪往来甚密。之后，知县马上动身，亲率衙役和营兵直捣匪窟，不使他们知道将往何处，他们也就没时间通知盗匪。盗匪遭此奇袭，匪首就逮。虽然黄六鸿非常自豪于自己的策略奏效，但他的成功很清楚地表现出一个县官很难仰仗正式的官方结构以行使其合法的权力。甚至在官署内，他身边通常是一群利益与忠诚度都与地方网络紧密联系在一起的人。这些人不像他的助手，反倒更像他的敌人。[42]我们在这两个知县精心筹划的计策和他们从地方民众得到的反馈看到显著的相似性。"密""速"二诀致使黄六鸿成功地缉捕盗贼，也是汶上县的县官驱除狐魅时必要的条件。

官方的力量有时候的确赶走了狐精，但是要么是官员不知情，要么就是非其所愿。尤其是这些权威试图寻求神明协助的时候，狐精会主动逃离更高的世俗权威。试看以下例子。顺治年间（1643—1661年），有个因算命而闻名的相士在侍御史前来造访的时候失准。他解释说他的保护神是只狐精，侍御史驾临之时一溜而去，因为这个官员将来很有可能担任首辅大臣，有一金甲神人随后保护，狐精不敢见他。[43]李慰祖搜集的两则清代故事，进一步说明一般人如何想象狐精和官员之间的权力关系。在一则故事里，有个高官得知一只狐精的盛名，专程前往其神坛，祈求治愈老母的病。抵达之时，他身着官服，安坐在轿里——代表其官阶。礼拜狐精之前，有阵风袭过神桌，吹倒香炉和烛台，有物一溜烟地冲出。在第二则故事里，某村灵媒因为他所奉祀的狐精相当灵验而闻名。有位亲王闻知，从北京远道前来参拜。这狐精却逃离灵媒的家，从此消失。[44]

高阶官员和亲王出自个人的原因而来到狐仙坛，但在散播这些故事的村人眼中，狐神不过是一种服务下层阶级的神力形式。在承认狐精对抗世俗权威的局限中，人们对其权力感同身受。他们接受既成的社会秩序，并承认身处其中的卑微地位。然而，由于拒绝服务更高的权威，狐精也代表国家控制力之外的权力。在这里，官方除祟也许被当作狐精和"有资格"得到它们服务的人消极抵制的象征。

衙门内外的狐精

衙门内的狐精：敌乎友乎

州县级的衙门是地方社会的行政中心。那是一个庞大的建筑群，由许多不同的区块组成。衙门除了是主管官员、师爷和胥吏的办公处所外，还包括一所谷仓、祭祀土地神的神坛、监狱、客舍、厨房、仓库，以及官员家庭、师爷、仆役和衙役、胥吏和狱卒的私人生活处所。[45]

官方建筑，尤其是衙门，似乎曾是狐精最爱凿穴造居，或是为祟害人的地方。大量的明清笔记中常常收录用以下文字开场的故事：

> 康熙初年，顺天府尹郭廷祚衙斋有狐作祟。[46]
> 诸城（今属山东）丘公为遵化（今属河北）道，署中故多狐。[47]
> 汾州（今属山西）判朱公者，居廨多狐。[48]
> 正定府（今属河北）署多狐鬼。[49]
> 汝宾府（今属河南）察院多狐。每岁修葺，则狐

第六章 狐精与官员

四出，为闾阎害，工峻即息。学使至，多为所扰。[50]

蓟州（今属天津，近北京）署后有屋三楹，常封扃，云是"仙人堂"，狐所居也。[51]

万全（河北北部）署中亦有狐。[52]

陕西宜君县署故有狐。[53]

狐精到处侵入衙门建筑群中，反映出对于主事官员真实且能感受到的在地威胁。有些狐精只是丢掷石块、弄脏家具和器皿，对衙门里的人造成困扰，带来财产的轻微损失而已。有些则是更直接、更强烈地挑战官员的权力。例如，有个巡察使到安庆视察地方政务。抵达后不久，一个年轻貌美的妇人自称是他的至亲，前来拜访。这个官员和那个女人厮混，日复一日，荒废公务，也不听取知府再三劝说官衙里曾经住着狐精之事。后来，这个知府移文天师府，请求治妖。但在传递途中，书信不仅遗失，而且出现在巡察使的公堂上。更糟的是，这个知府马上就发现他的官印——代表其官位的重要象征——被偷了。直到他恳求狐精和解，官印才又失而复得。[54]失去官印这件事显示，如果当地的狐精利用亲属关系，勾结更高一级的长官，知府的权力会受到严格的限制，甚至会危及官位。

官员必须在衙门内让出一些空间给狐精，而那些特意腾出来的房间通常还会上锁，特别保留给它们。闯进这个神圣的空间，而没有向住在里面的狐精致上应有的礼数，必然会使官员成为神灵地盘的不速之客，而且麻烦无穷。有个天不怕地不怕的通判一度妄自把一间长年上锁的空房间改作居所的一部分，扰人的事情接踵而至。首先，他存下的两千两银钱神秘地

189

失踪。然后，有颗巨石在其妻子临窗刺绣的时候被掷入他的卧房，但窗架和玻璃丝毫无损。几天之后，后院的草堆突然着火，很快地整个后院都烧了起来。接下来，家人共进晚餐的时候，卧房也失火了。最后，这通判举家迁出这个房间，备齐牲醴，拜祭狐精，不久之后便平静下来。[55]

在住宅里盗窃、骚扰和放火，危害地方治安，这些都是狐精常搞的鬼。它们不见得使官员丧命或丢官，但也许象征官员在新环境中承担管辖责任的不安感。鲍菊隐（Judith Boltz）给了一个宋代的例子。故事中，有个官员拒绝参拜当地的神祠，几天后，他的州署和住宅被付之一炬。据说，火灾即是神明愤怒的表现。如同鲍菊隐所说，这个官员"为其骄傲自大付出巨大的代价，但他乃为人所害，而非遭受天谴"。[56]就像他们小心地对待衙门里的狐精一样，官员也许必须和胥吏、衙役及其他皂隶发展出微妙的关系，因为那些人与地方上的关系足以深刻地影响官员的福利，甚至官途。在不同的程度上，他们也许需要对各种不同的地方精英、恶霸，以及其他不法势力让步。触怒他们的下属，得罪这些地方团体，就像擅闯留给狐精的专属空间一样，也许会让他们的生命和仕途不保。

许多故事都警告官员，杀害衙门中的狐精和捣毁衙门内祭祀狐精的神龛很危险。蒲松龄记载的一则清代官员和狐精斗争的故事，情节和王嗣宗在宋初所做的相似，但两者的结局相反。丘公是遵化新任的道台，发现有狐精在他的衙门内造窝，而且前任的官员还设牲祝祷，因此大为光火。虽然狐精对丘公的刚烈性格畏惧三分，也说三天内一定搬离此地。但无论如何，丘公还是招来兵士，猛轰狐穴。数仞之楼夷为平地，革肉

第六章 狐精与官员

毛血洒散一地，一缕白烟直冲云霄，有民众说："逃一狐矣。"衙署自此平安。两年后，丘公谋求晋升，遣一忠仆带着银两若干到京城去。这个人非但未代丘公谋得迁擢之位，反而将钱藏在一名衙役的家里。有一老翁马上现身丘公的上司前，控诉丘公杀其妻子，侵吞军饷，将其作为买官晋阶的贿款。老翁带引调查人员前往衙役的家，发掘隐藏的银两，上头全烙有官印。丘公被抓了起来，而这个老翁也消失不见。人们说，老翁其实就是那只逃走的狐精。[57]

有些官员拒不与定居的狐精妥协，不仅是断送仕途而已，也许会遭到更惨的下场。有则故事记载，同治九年（1870）三月初五，有人溜进浙江嵊县知县严思忠的住宅，戕杀严思忠及其家人数名。杀手持兵刃，身着血衣，漫游街上，继续袭击任何一个他遇到的人。然而，当这名杀手被捕送去审讯时，似乎变得茫茫然，完全不知闯了什么祸。知县被杀这件事被解释为数年前，知县的父亲担任山东博山县知县时所击杀的狐精迟来的复仇。在那之前，有些狐狸经常闯入其宅院的某些空房，而严的父亲密令仆役和猎人跟随狐狸的踪迹到它们的巢穴，谋划一举歼灭。有个老翁出现在严母的梦里，警告她，其夫的企图会招来大祸。尽管她反对到底，严父仍轰掉狐穴，害死狐狸数十只。据嵊县人言，这些狐精透过一个疯子，最后把仇报在他儿子的身上，而他正好也是知县。[58]

定居的狐精有时也会惩罚那些违反当地习俗或胡作非为的官员。例如根据山东蒙阴县行之已久的惯例，每个知县都应该公开宣布狩猎季节开始与结束的确切日期，这样"俾诸狐知之得以先期徙避。盖古者网开三面之意。而狐亦必故留其老者、

191

病者、有罪当死者，以供猎户之求"。此举虽一年只有一次，但提供的狐裘足供猎户终岁之食，而不至于贪多。有个以好皮裘为人所知的县官前来任职，接受了贪婪猎户的贿赂，故意拖延公布的时间。结果，狐狸不论年龄大小和毛皮好坏，都变得容易捕获，猎户和知县均得暴利。然而，这名知县尚未有时间充分地享受所得，有个白发老叟来访，说："余，狐祖也。汝为县令，凡事当循旧章办理，乃贪利戕法，忍徇猎户之请？余之子孙为汝所歼多矣。余必有以报汝。"几天后，知县的儿子突然死去。不久，知县的父亲亦死。知县不得不离开官位，守丧三年。有人说，狐祖就住在衙门里，而它往往以一平凡、朴素的乡下人的样貌出现。[59]

考虑到毁坏狐仙坛会带来危险，那么就得小心翼翼地抚慰骚扰衙署的狐精。许多官员在就任后选择向狐精献祭，以交换将来平安无事，而非强迫狐精离开。清初及清中叶的文献资料常常把官员设立的狐仙坛和衙门里确有狐狸存在联系在一起。这些神坛大多出现在河北和山东，当地的狐仙信仰很盛行。此外，这些神坛零星设置，主要是以简单的形制呈现，好安抚已经造成困扰的狐精。蒲松龄曾经提到，有一大群狐狸徘徊在遵化府衙，并在最后的一幢楼里定居。它们经常溜出去祟害民众，每当被驱逐的时候就更加撒野。"官此者惟设牲祷之，无敢迕。"[60]

偶受奉祀的狐仙信仰在某些地方逐渐发展成例行性的仪式。在汝宁府，狐精给暂住在官舍的学使带来极大的困扰。"卢公明楷（学使）到任，祭之乃安。"此后，此举便为成例，新到任的官员亦同样祭祀。[61]在陕西宜君县县署设有一块祭祀定居在这里的狐精牌位，"新令尹至，必参谒如礼"。[62]也有人记载狐

第六章　狐精与官员

精长期占据河北中部一处的官署楼上，并在乾隆年间（1736—1795年）使出幻术。每个来访的官员都必须备牲祭之。尽管如此，这狐精仍不满意。当河库道何裕城巡视至此，狐精便掷石击伤访客，并要求何裕城委人绘制其画像，挂在神龛前：雌狐绘成唐朝仕女的样子，而雄狐则如世人所绘天官。[63]

倘若待定居的狐精如朋友，官员也能受惠。有些六朝时期的故事显示，狐精利用其神奇的先见之明，帮助官员明智地解决难缠的讼案，处理地方政务。[64]明清的故事中，也有官员尝试与狐精结盟的例子。他们利用狐精的神力，以为官方及私人之用。蓟州知府曾公空出单房给狐仙，并细心维护。每晚他会来此与狐精交谈，而狐精则化成一个白发老翁，有时也到曾公的卧房去。在夜谈之中，狐精向曾公揭发许多辖区内隐匿的犯罪和问题，而曾公也因为狐精明智的断案而闻名。[65]河南彰德县有一名通判，在衙署内定时敬事某一狐精。同样，这狐精也以一名老翁的样子出现。每当这通判遇到难以断决的狱案，就会向狐精祝祷。[66]有个巡按使巡视山东，他利用某雌狐精的洞悉力，公正、英明地稽核地方官员的施政绩效。[67]在这些案例中，对新任官员而言，狐精是个有益的消息提供者，让前者能深入地了解当地社会，根据当地风情来处理地方政务。

然而，官员多半是为了个人利益而与狐精结盟。上述两则故事中，曾公仰赖狐精的神力，把他在蓟州知府任内积存下来的一千石米运回北京的家里去。山东的巡按使在退休后不久，便带着雌狐精回到家乡福建，纳她为妾。其他故事所描写的，也是狐精满足官员个人的需求，而不是强化他们的官威。威县某知县与一狐精相善，唯每夜饮酒，畅谈古今佳丽而已。[68]汾州通

193

判朱公占尽了定居在他衙署中的狐精之好处：他不只与一美艳的狐女持续一段不为人知的风流韵事，还依赖她神奇的先见之明，预知仕途的升迁和家人的亡故。[69]

有时候，官员诚心对待与狐精的友谊，狐精也许会给他额外的能力，反制上级长官的监督和处罚。一则19世纪的故事说道，山西某县的城墙和城垛正在进行修缮之际，有个老叟拜访知县的临时居所。这老叟说："老夫实非人类，乃狐也。向者寄居城楼，今因修葺，欲借内室宿住两月。候城工告竣即奉让也。"知县没来得及同意这个请求，这老叟已经命其家人搬进去。消息很快就传了开来，这知县被巡抚传唤过去，叱说："汝窝藏妖祟，煽惑民心，殊属不法。速为我以烈火焚之，使无噍类，使快我心。"这个知县进退维谷。假如他遵守上级的命令，就背叛了他的狐精朋友；假如他依然忠于他的朋友，则必然被长官处罚。然而，他回到居所后，这老叟似乎已经知道其难处。"今日累君受屈，"这老叟道歉道，"抚公心太狠，此仇我必报。我知渠出都后一路诈赃，得某州若干某府若干。现其妾与守阃者私通，渠知而手刃之，埋于后圃尔，当为我宣布。"他用袖子拂过知县的脸后，这个知县立即失神，发疯似的四处游走，告诉每个人巡抚私下犯的罪行。不久之后，巡按使得知此事，上章弹劾。后来，巡抚被逮，并在京城处斩。[70]

明清时期的知县往往须同时面对效命于地方利益和完成既定官员责任的困境。这则故事表达了他们情感上的冲突。知县待狐精以诚，接纳狐精家族进到自己的住宅（虽然不甘不愿），尽管是上级的命令，依旧不愿杀掉狐精，他明白，自己必须与不可预知，但又具有潜在威胁性的地方势力和平共存。诸如狐精神奇的洞悉力及附身等为人所知的元素，成为县官用来保护自己、对抗上级的有效法子。有了狐精的支持，他也许就获得了地方爱戴的资源。在疯狂的状态中——可能是狐精的魔力所致，这知县避开了以正常方式举发上级的罪行，从而回避可能涉入的险境，成功地控诉其上级贪赃枉法的行为。

尽管政府猜忌和鄙视灵媒，官员往往还是会为了个人的事务求教于他们，尤其是家庭遭遇危机的时候。笔者在第四章中讨论了一个明代的参政如何在面对妻子濒死之际，百般无奈地寻求狐巫的援助，而且很快地又被狐精的神奇力量、不寻常的效验完全慑服。杜瑞记录了一个发生在五百年之后，即光绪三十三年（1907）的类似事件。有个年轻的男子在和州的一个市镇突然被一个他称为"金花仙子"的狐精附身。当地人群聚于这个男子的家，求赐治病良方。当中有个人，即和州知州，派了轿子来，邀请这个"仙子"到官舍，恳求他治疗急病高烧的儿子。[71]

狐精作为"第三只眼"

道德是驱除妖魅的手段，而狐精常常被用来试验一个官员是否具有美德。以刘寿眉（1800年尚存）来说，他就利用一次狐祟的机会来颂扬其父在任官时的德业。就在担任昆山知县不久后，有人告诉刘寿眉的父亲，后院的楼上不可住人，因为狐精已把那儿据为居所。其父对自己的道德能力颇有自信，对当地人的警告一笑置之，而且大胆地提出要居于此楼。夜里，他的确听到奇怪的声响，床帘无端地被掀起数次。刘寿眉的父亲没有

狐仙崇拜：中国封建王朝晚期的民间信仰与民众心理

被吓走，反而好好地训了狐精一顿："吾宰土官，赁居民舍，尔辈何得相扰？况尔欲肖人，是知人贵而欲为之。既欲为人，则不当扰人。今据人之屋，使人畏惧不敢与争，情同于盗而甚于盗。此真人面兽心尔。如有知，速当悔过，否则甘为异类，徒肖人形矣。"说完不久，万籁俱寂矣，这些狐精想必已经离开了。对刘寿眉而言，战胜狐精的骚扰，标志着他父亲的道德修为更胜于手上的官威。[72]

官员失于驱逐冒犯的狐精，常被视为道德缺陷。纪昀记载，家乡沧州某个人的家里曾被一肉眼看不到的狐精所据，当地知州董思任自愿前往驱除，后来他果真以一个好官而闻名。他急速前往受害者的家里，一如刘寿眉的父亲，他也发表了一段冗长的训话。但这狐精打断他，说："公为官颇爱民，亦不取钱，故我不敢击公。然公爱民乃好名，不取钱乃畏后患耳，故我亦不避公。公休矣，毋多言取困。"董狼狈而归。就如纪昀再三地在许多逸事中所说，"妖不胜德"。在逐退来犯的妖魅和摧毁淫祀的过程中，官员"（若）德之不修，于妖何乎"。[73]

由此，狐精经常肩负着"第三只眼"的作用。它们身负非凡的洞悉力，盯着官僚的道德操守，制约权力的滥用。就拿下面的例子来说明。献县（河北）知县明晟谋划申雪之前的一场冤狱，但忧虑上官驳回而犹豫不决。有一狐精透过一当地人之口，前来斥责他："明公为民父母，但当论其冤不冤，不当问其允不允。独不记制府李公之言乎？"明晟大吃一惊，忆起一段与制府李公卫的私人谈话。其中，李公卫说起当他还年轻的时候，有个道士救了他一命，并与之详论儒家的为官之道。后来，他答应这道士，他一定会学习历史上儒家忠臣的典范，服侍皇帝，

第六章 狐精与官员

"鞠躬尽瘁,死而后已"。[74]狐精促使明晟忆起李公卫的一番话,以儒家理想训诫他,并提醒他对百姓应有的责任。

在衙门外,狐精走入社会,与地方的男女相善,而且胆敢嘲笑官员,那也许是当地人在真实生活中不会公然进行的妄举。蒲松龄的故事中就有这样的狐精。故事叙述,有个老翁忽然拜访在蒲松龄老家附近潍县的某李氏家。他想向李氏租一间空屋,甚至在李氏应允之前,就拿出五十两银子充作整年的租金。后来,他和家人迁入空屋。原来,他是个富翁,不仅给李家人丰厚的礼物,而且还准备丰盛的宴席款待之。李氏慑于老翁的财富,怀疑他是高官。为表示友善,这老翁告诉李氏他的真面目其实是狐精。李氏吓呆了,将这个消息弄得全县尽人皆知。于是:

> 邑搢绅闻其异,日结驷于门,愿纳交翁,翁无不伛偻接见。渐而郡官亦时还往。独邑令求通,辄辞以故。令又托主人先容,翁辞。李诘其故。翁离席近客而私语曰:"君自不知,彼前身为驴,今虽俨然民上,乃饮糈而亦醉者也。仆固异类,羞与为伍。"李乃托词告令,谓狐畏其神明,故不敢见。令信之而止。[75]

另一则19世纪的故事也给一个贪腐的知县扣上类似的讽刺标记:

> 常熟余某为直隶县尹,卑鄙贪污。与同僚诣圣庙,方鞠躬行礼,见数步外有一钱,急拾之纳耳中。

197

狐仙崇拜：中国封建王朝晚期的民间信仰与民众心理

后改教职，尝与市人争数钱，致挥拳破额。妻田氏颇有风致，为狐蛊媚。余常受其虐，将往乞天师符箓。狐知之，谓妇曰："尔夫见钱则喜，请每日赠以酒资，劝其勿恶作也。"明日，于席下得钱三百，余大喜，退避他舍，任狐所为，从不置问矣。年余，狐欲行，余知之，谓妻曰："狐，卿之面首，我之心腹也。卿可揽其祛而留之，但云'我愿常醉不愿醒也'。"妻告狐，狐曰："予固非惜小费，且与卿情亦难舍。奈西山道侣相招，不容再放荡也。为尔夫薄留微资，以报年余相让之情。"遂出门不复返。次日，于故处得绿布二尺许，包银一裹，外粘红笺，书二字，云"臊敬"。[76]

狐精不只嘲弄讨人厌的官员，它们也协助弱势者对抗地方恶霸，打赢财产官司。徐昆家乡的一间房子，据说已经数度易主，但每次都有个勾结官员的无赖汉巧取豪夺。徐昆的朋友，即王氏兄弟，已经支付千金，祭拜完屋内当祭的鬼神之后搬进此屋。之后，当中的弟弟与一狐女敦好，逐渐变成狐精家族的挚友。狐精家族先前在这房子里已经住了好几年。不久后，这无赖汉又重施故技，强夺此屋。王氏兄弟一状告到县衙，然而，县令那里非但没消息，王氏兄弟还被那与之勾结的恶棍反告。兄弟俩万念俱灰，打算放弃这房子。但县令突然把那个无赖汉叫去，痛斥他曾犯下的所有罪行，令他撤销控诉，向王氏兄弟道歉。王氏兄弟喜出望外地赢了官司，这案子就结束了。不久，兄弟俩拿到房屋的所有权，而他们发现，狐精曾出手相救：那狐女代替县令判了这个案子。[77]

第六章　狐精与官员

19世纪末到20世纪初，清政府丧失了社会象征性与实际的控制力，狐精的辅助性角色甚是鲜明。作为因偷窃而恶名昭彰的精怪，如今狐精在民间传说中，有时被描绘成窃贼的克星和官方利益的维护者：

> 有三贼劫掠盛京太庙中用珍贵金属制成的神器。他们带着赃物，越墙逃离时，有个白须老人坐在太庙的屋顶，做了一个手势挡下他们，而他们则被迫一直坐在墙头上。隔天一早，他们便被逮获。这件事被上报到北京，朝廷下诏建祀供奉狐神——因为他是个年高德韶的老人。[78]

笔者找不到与此事件相关的诏令，但在沈阳市的确有一座知名的狐仙庙。慈禧太后巡狩盛京的时候，甚至特地参拜过此庙，这表示这座庙曾经享有某种程度的皇室礼遇。[79]

除了回应个人和实际的请求外，狐精也承担公共责任。有则故事提到，咸丰十年（1860）夏，有群叛贼攻陷松江府府治，并睡在贡院里。每晚他们都会听见打斗声，起床一看，只见城墙上的火把照亮夜空。叛贼怀疑官军前来包围，仓皇而走。但是，过了一会儿，一切又归寂静，好像没发生过什么事。经过几个无法合眼的夜晚，精疲力竭的叛贼终于放弃这座城镇。据当地人说，"是必楼中狐仙所为，盖助顺以驱逆也"[80]。从时间点和事件发生的地点来判断，"叛贼"指的也许是太平天国运动（1851—1864年）的附从者。狐精显然被当作扶助清廷和百姓的一种神圣力量。

199

狐仙崇拜：中国封建王朝晚期的民间信仰与民众心理

盛京（今沈阳）当地的传说叙述，在清朝末年，狐精为了履行它们对皇帝的责任，每晚穿成铁甲兵士的样子，巡查盛京城。光绪二十六年（1900），庚子"拳乱"爆发后，俄军攻破盛京城，洗劫盛京故宫，拆毁太庙和皇室陵寝，并公然凌辱中国俘虏。然而，在盛京故宫举行的庆功宴进行到一半时，突然有个男人从天而降，甩了俄国管事大臣一耳光。这大臣砰然倒地，待他回神之后，立刻拔军出宫。"或云，击之者狐也。"[81]国家权力无法抵抗外来势力威胁的时候，在一般人的印象里，狐精变成一种辅佐官僚的权威，援救皇室和国家免于再受羞辱，即便其能力和效果非常有限。

狐精是"守印大仙"

人们所理解的狐精能力，不论行使于衙门之内或之外，都能和国家官员展现出来的官方权威分庭抗礼。清末，祭祀狐精被当成绥靖骚乱的常见策略而广为官员采用。我们已经在前面看到，17世纪，一个官员，即丘公，如何安抚遵化府署内的狐精。然而，有个19世纪的官员任职遵化府的时候，仍然发现狐精随侍在侧。在江西瑞州府，狐精也经常享用福太守的献祭。不过，福太守死后，继任者认为官廨为狐精玷污，搬了出去。狐精在空荡荡的衙门内不能再得到祭祀，便迁移到参军署，不断地骚扰此处的居民。官员必须荐以酒和肉，向狐精换来平静。[82]

到了19世纪，官员祭祀狐精的行为已经扩大到狐狸和狐仙信仰都不太盛行的地方。而且，据说狐精也经常出现在下列所举地方的衙门内：

第六章 狐精与官员

太湖李南叔学士国杞视学浙江，招予襄校试卷。署有楼三楹，李诗屏大令居其东，予居其西。楼上旧有狐仙，往往闻履声橐橐，相处既久，亦不以为怪。[83]

壬子江南乡试，正主试为沈文忠公……沈初入贡院，见空屋三间，封锁甚固。问故，吏以狐仙对。不信，开视之入。室洁无尘，房中二叟迎揖曰："某狐仙也。"[84]

湖北抚署素多狐，后楼五楹，人不敢居。署后有庙，尼僧主持，亦狐所占。[85]

严秉玠作云南禄劝县。县署东偏有屋三间，封锁甚严，相传狐仙所居。[86]

至总督署（在福建福州）中之狐则据居一楼，称为"仙楼"。[87]

闽浙督署花园有大仙楼，联额如林，灵应如响。[88]

（桂林臬署）疑遭狐魅……署内时有抛砖掷瓦等患，或匕鬯自飞于梁，或溲溺自集于盎。（劳）廉访（当管知府）疑为狐，虔祀之，而闹如故。[89]

（宁绍台道）署后有小屋，供财神，其旁塑白须而坐者三人。询之旧吏，乃云狐也。[90]

值得注意的是，这个时期人们给狐精加以"守印大仙"的称号。在衙门里，狐精因控制着最重要的权力象征，即官印，以及保护官府的库房和档案而受到礼敬。[91]在文武官员较难控制的边陲区域，狐精的这个功能似乎尤为重要。有则故事说，某个来自浙江的文人章生，应清末台湾县知县之聘，为其师爷。他首度到衙门时,看到三幢门户紧锁的楼房,得知里头供有狐精。未得狐精首肯,无人敢擅自进入。章生很快就和狐精结成好友,而狐精也允许章生每晚到访其神圣的居所,并分享它修仙的乐趣。由于狐仙的协助,章生在海盗的攻击中保住性命,平安返回大陆。问及为何选择住在台湾时,狐仙回答:"吾曾见宋高宗(1127—1162年在位)南渡,至今五百余年矣。自天台得道后,奉天命派司是邑印信,故不得不居此耳。"[92]

另一则清末的故事栩栩如生地描述了一个新任的官员与故意在衙门里捣蛋的鬼怪和解,将之转化成自家和乡里保护神的过程。重要的是,按故事所指,狐精之所以被尊为"守印大仙",也许是出自官员本身对鬼怪作祟的原始恐惧,尤其是其偷窃官印的恶名:

> 兰纫秋名陔者,蜀之峡人。清光绪中,岁在辛卯(1891),为巡尹于闽省霞浦县三沙。先是署中尝有怪异,飞沙走石,抛瓦掷砾,作惊骇人状。衣裳在笥,时或失去;绫罗绸缎之品,数被剪坏,或污染。每设嘉毂盛馔,辄有矢粪杂其中,不能一下咽也。前任恒苦之,多方禳祷驱遣不应。兰初到任,前任以实告,兰意不之信也。甫接印,行堂事未毕,印忽失去。正仓皇失措间,闻屋上有石,由脊间滚至房檐,汩汩有声,又弗坠,如是者三。兰乃大呼曰:"兰陔职虽卑小,亦朝廷命官,奉大宪命,来守此土,治此民。初未尝有所得罪于尔上下神祇。而大仙乃显然不安于署,摄印以去,是令我得罪于朝廷也,其来为我护印者耶?吾

第六章　狐精与官员

将祀大仙于署中。来求血食者耶？吾将为大仙立庙于署傍。今请与大仙约，如前之一说，则从屋上如前滚石一次；如后之一说，请至于再；二者兼之，则请三焉。"语讫，屋上果如前滚石者三，以后寂无声矣。兰复语曰："承大仙指示，一切当如命。请还我印来。"印即从梁上坠下。兰乃于署中设位以祀之，而为之立庙于署傍。因不知大仙何名，以纸书大仙、仙娘、仙姑各数字，置于瓶中而祝祷焉。俄顷，纸由瓶中飞出，则为"仙姑姑"三字，遂祀其神曰："仙姑姑"。一时远近来求祷者络绎于道，香火不绝，署中自此无怪异。

故事接着还说，"姑姑"对兰的幼子极为照顾，她也送信到兰在四川的家。[93]在这里，丢失官印意味着丢失官员的权力，随之而来的就是丢官，因为官印本身象征皇帝的派令和其职位的合法性。官员断案和发布公事都要关防，没有批示盖印，衙役就没有薪水可领。如同鲍菊隐对一则从宋代的《夷坚志》中引出的类似故事所作的阐释那样，丢失官印是官员冒犯爱恶作剧的鬼怪的下场，强调了新任官员不易被地方社会接纳。在这则宋代的故事里，官印失而复得"绝不是标志着定居于此的鬼怪已被收服"，因为该官员仍在一个星期后死去。他的死与其居所受到鬼魅侵袭、当地反对他的声音超过他所能控制的范围有关。[94]然而，上述清末的例子中，兰陔存活了下来，因为他更愿意和住在该处的鬼魅妥协，比他的前任更加卑事鬼魅独立自主的力量。兰陔并没有官腔官调地取缔这个淫祀。更确切地说，透过为狐精在衙门内、外立祠，又把官印托付于它的手段，他对地方自主性欣然让步。之后,他的治理便一路顺遂。狐精作为"守印大仙",也许象征着地方势力战胜了国家的控制力。

19世纪和20世纪之交的外国人观察到,祀狐精为"守印大仙"的现象在晚清各个阶层的官僚中非常普遍。泷泽俊亮发现,东北地区许多县份的衙门内均设有狐仙坛。[95]卢公明(Justus Doolittle)和瓦特斯(T. Watters)指出,官印一般都放在高处、特别保留给狐精的房间里,狐精得戒慎恐惧地保护它。卢公明观看了驻扎在福建福州的总督进行的仪式:

> 官员在从北京或先前的任所——由总督到县令(如同某些中国人所说的)——履新后不久,按照惯例,若非依法律之规定,要举行三种迷信的仪式。首先,他们要祭拜官印,其次祭祀门神,最后则祭祀狐仙。做了这些事之后,他们才满怀希望处理政事。(卢公明强调)

他在下一段文字继续说,官员在一处两层的楼里奉祀狐仙:

> (里面)没有供奉狐仙的肖像或照片,而仅仅只是某处想象出来的狐狸而已。在二楼房间的案上放置着香烛和酒,而在案前,官员照常俗下跪叩头,作为向狐狸,即官印守护者,表示敬意的举动。据说,这个祭典未曾请人代理。中国人相信,官吏的官印在他抵达任所之后,即由狐仙保管。他们极为诚心诚意地说,假如这官吏在抵达任所后没有祭拜狐仙,官印就

第六章 狐精与官员

会莫名其妙地不见，或者一些怪事必定降临在他或他的衙门上。[96]

瓦特斯补充卢公明的说法，指出福州的总督衙门内至少有一尊泥塑的狐仙塑像，呈现"一个坐在椅子上的可敬的老者的模样"。祭祀的仪式，除了在官员履任后举行，每月初一和十五也定期举行。官员不得不小心翼翼且诚心诚意地祭拜，谁要是疏忽此事，当地百姓就会讨厌他。把狐仙当作"守印大仙"来奉祀并不在国家律例的规定之内，但"其完全具有法律效力"。[97]这表示，以各层级官员为代表的国家政府，现在必须与源于鬼魅与淫祀的民间信仰妥协。再者，政权也必须仰赖这个信仰，以维护自身统治的安稳。无怪乎清朝日薄崦嵫之际，位居土崩瓦解的中华封建社会中心的紫禁城内仍可以看到一处奉祀狐精为"守印大仙"的神坛。[98]

几个世纪以来，"官"与"神"之间的对抗一直是中国的笔记小说中耳熟能详的题材。鲍菊隐曾经使用许多宋代的例子，指出官与神之间的权力斗争，常常是"再塑被统治者与统治者之间永无止境的拉锯战"。[99]如同本章开场白提醒我们的，像康海这样的国家代理人，把管制地方神明和鬼怪列为治理地方政事的首要之务。

明清时期有关狐精的笔记小说说明了官员与地方社会之间的关系，远比康海和其他想法相似的士大夫所设想的还要复杂得多。狐狸作为华北日常生活中活跃的本土动物及一种精怪，不只侵入衙门的实体空间，还承担起一般来说是由官员和地方精英扮演的各种各样的角色。在不同的社会团体彼此分配位置的时候，作为另类权力的来源，狐精的力量可以用来挑战或维持地方秩序。官印无法保护官员免遭古怪的鬼神造成的损害和灾祸，也不能使他们追随历史上的典范，为执行国家律令，全力以赴取缔"淫祀"。相反，他们当中有许多人，就像他们的委托人（国家）一样，反过来祭祀狐精。在任官期间，他们也必须把官职和个人幸福托付给狐精守护。崇祀狐精系出自恐惧，而这行为也象征官员身处异域，必须妥协和顺从。官员不仅无法管控地方的神明和鬼怪，他们的权力也逐渐被这些神明和鬼怪及这些神鬼代表的一切吸收。狐精从官衙的不速之客逐步演变成"守印大仙"，官员屈服的不只是一个从前被视为淫祀的祭坛，而是臣服于其背后的地方势力。随着当权者对狐精的看法有所改变，在这样的氛围下，我们可以感受到整个中国封建王朝的脉搏越跳越弱了。

结　论

狐狸在中国文化里是个具有多重意义的象征。在封建社会晚期和近代，有关狐精的记载前所未有地大增。狐仙信仰的活动盛行在华北和东三省，而且传布到中国的其他地方。狐精承担许多不同的神职：财神；个人、家庭、灵媒和秘密教派的保护神；娼妓和优人的守护者；监守官印者；有时是显赫女神碧霞元君的侍者，有时则是其使者。狐仙坛设置在无数的地方——内闱、后院、祖先祠堂、路旁、寺庙、官衙，甚至是皇宫，而且吸引了各行各业的人。狐精跨越了各种文化藩篱，代表那些通常被认为是危险，但又为人所欲的外来者的意见。而且，它的特性推翻了某些社会主流文化的规范，这对日常生活中的实际所需而言，是不可或缺的。因此，有各种不同的社会边缘人物和团体认同它们，像艺妓、侍妾、儿媳、灵媒、盗匪和外来移民者，并且把在中国社会中受到主流抑制的声音、受到文化制约的欲望，以及受政治限制的力量带到台面上来。

狐仙崇拜：中国封建王朝晚期的民间信仰与民众心理

狐精与中国宗教

狐精的案例表明中国宗教和文化中存在的多数现象，如鬼一般的性质在中国的神明和女神中，似乎是司空见惯的事。多数受祭拜且拥有官职的神祇，像灶神和玉帝，都有不完美的个性、性含义或如鬼一般的起源。在这方面，它们与任性的狐精其实没有什么差别。[1]在官方正祀的外表下庇护淫祀，对人们而言也是再普通不过的事。宋怡明阐明福建五帝的地方信仰如何在列入国家祀典的五显和关帝之外衣下蓬勃发展。[2]郭启涛论证另一组五尊之神，即五猖，在安徽徽州被整并入已受认可的神明信仰中。[3]笔者的研究则提供更多的例子。以城隍神来说，它被认为是与县官同等的天神，它的祠庙被当作官衙的象征，定期举办官方仪式。但笔记小说显示，淫祀的成分有时候也会被添附到城隍庙里。河北万全县县治的城隍庙外观看起来非常雄伟，然而在其后院则有一间卧房，当中有许多女性的塑像，模样如同正在烹煮、编织，或做其他家事，而且许多塑像的穿着不得体，甚或半裸。[4]浙江德清县的城隍神据说有一妻一妾，均供奉在庙里。当地人虔诚地祝贺妾的诞辰，对妻则不甚关心。[5]龙阳之癖的信仰也默默地盛行在一些庙里。河北献县的城隍庙中有个衙吏的像，被称为"聋吏"。很多人相信它是断袖之癖者的守护神。这个信仰也许已经跨越地域限制而传播出去，因为同样的"聋吏"也出现在广东潮州的城隍庙中，职司同样的功能。有事求之者必须悄悄低语，把话传进"聋吏"的耳里，这样城隍神才不会听见这不合礼法的勾当。[6]衙役和胥吏的地位低下，但他们实际上掌控着地方的权力，这在中国的政治方面已

结　论

广为人知（见第六章）。显然，将淫祀的内容庇护于官方信仰之下的策略，使人们得以绕过正常的官僚职责，来满足那些上不了台面的不光彩的要求。而且，在这些案例中，个人且非正式的沟通形式取代了他们用来向城隍神祝祷的祈求和正式仪式。

因此，我们必须在中国神祇的多重面向，以及这些神祇在中国宗教中的普遍庇护能力的语境中了解狐仙信仰。狐仙信仰提供一个特别的棱镜，而我们则透过这个棱镜再次评估中国宗教中的官僚隐喻和中国文化多样性的议题。在《善变之神：中国的神与社会》（Unruly Gods: Divinity and Society in China）这本书里那篇重要的导论中，夏维明（Meir Shahar）和魏乐伯正确地指出，虽然中国的天界在许多方面都模拟人间的官僚秩序，但"官僚的形象只应用在某些中国的神明身上，而往往也只有一部分的神明适用"。[7]近年来，种种针对女神、怪神、邪神和战神所作的研究显示，包括许多被收录在夏、魏两人编纂的论文集里的作者，都在尝试阐明官僚隐喻在解释中国的宗教世界上的局限。韩明士在其新近出版的一本讨论道教仪式和男性精英所支持的地方信仰的书中进一步论述，中国人以两种独立的模式建立他们与神明之间的关系：官僚模式和个人模式。在前者中，神明被呈现为身在官僚中的官员，而且世人需有宗教专业人士居间才能与之接近；在后者中，神明和人类之间则建立起"一对一"〔dyadic（one-to-one）〕且互惠的关系。他说，这两种中国人与神明互动的模式并非固定在特别的社会团体或阶层中，而是给到所有身处中国社会的文化参与者的一种丰富的诠释资源。[8]

狐仙信仰的例子有力地支持了上述论点。狐仙信仰的例子

209

告诉我们，虽然成长迅速的市场经济和衰落的国家控制力有助于万志英所研究的五通神信仰和魏乐博所研究的甘王与十八王公信仰的发展，但一般说来，淫祀在经济稳定与不稳定的时期都能持续发展，而且同样存在于政治的边缘地区与核心地带，包括帝都所在的北京。淫祀的活力，并且就延伸至中国神明共有的淫祀面，存在于民间宗教习俗的个人本质，以及百姓可以期望从这些神明那里获得直接和灵验的应答。就像前面几章讨论的，狐精在许多不同的方面，从同它们的庇护人一起采用个人的名字和身份，到形塑与个人和家族独有的灵异接触，都是高度个人化的。由于狐巫通常由不同的狐精挑选，而且不是单独进行通灵事务，就是在一个有师父和弟子的等级划分家族里，和其他的狐巫一起行动，因此，维系狐仙信仰也是一件高度个人化的事情。由于极度地依赖朋友、家人和亲戚之间的口耳相传，该信仰的传播也有类似的个人化倾向。

更重要的是，狐仙信仰的实践体现了人们在日常生活中对非凡力量的最私密且最个人化的要求。狐精恐怖的特性代表了贪婪、纵欲、忌妒等各式各样的人性弱点、恶行，以及身体与社会困境，包括病痛、窃盗、贫穷和不安全等。对个人及其家人而言，这些问题常是个人及其亲属日常生活中会遭遇到的麻烦事，透过狐精及其奉祀者遭附身的家人或狐巫之间的联系表达出来。由这些奉祀者设在公众不易见之处的狐仙坛和神位，如私人的后院、内闱、密室，或是大庙中的一个无名偏殿，使得这个信仰呈现个人、短暂的性质，因此看起来很脆弱。这些神龛小而简单，因此，不想奉祀它们的信徒很轻易地就能够拆毁，像第三章提到的张罗儿；或地方恶霸，如第四章所引用的小三儿的故事；或很容易就被地方志或正史忽略不谈。作为一个组织松散的信仰活动，狐仙信仰对于中国社会的道德和政治稳定很难有什么严重的威胁。

但正因为狐仙坛小、简易，而且可以随便就搭起来，所以很顺利地占据了日常生活中最私密的区域，并为各个社会阶层的成员提供了方便且可负担得起的场所。狐仙信仰低下且脆弱的特质和中国宗教诸神常见的弱点，反映人们与神明站在平等的立足点进行交涉的自信，而且会为了自己的利益而操弄神明。[9]与奉祀在庙里的神不同，狐精像亲戚一样居住在人们的房屋，或像邻居一样前来拜访，会分享酒食，互助互惠，互通消息或结为朋友。因为狐精实际上和人们离得很近，所以它们更加愿意倾听一般人的声音，对他们伸出援手。再次引用20世纪40年代得自北京郊区的农民的那番话，只有动物神才真的灵验，而关帝或其他庙宇的神明的画像，仍然"只是一张纸而已"。[10]

狐仙信仰个人化的本质，使得狐精担得起多种身份，并且在回应社会的、经济的和政治的改变中，可以让人做出无数种诠释。它们体现出信徒和解说者的集体心态。试看以下的例子。对唐代的文人来说，狐精象征"胡人"，迂回地渗入中国人的生活，而且威胁文人的自我概念。对封建王朝晚期被派到陌生地方的官僚而言，狐精因为僭取他们的权威，并维护他们的官职而被敬称为"守印大仙"。到了19世纪末20世纪初，当国家的社会和政治情势更为吃紧，"守印大仙"的记载亦随之成倍地增加，狐仙信仰也传播到了中国的其他地方。当代陕北波罗镇的狐仙信仰也回应了社会的变化。

因此，淫祀的韧性，确切地说，乃存在于其弱点、弹性，尤其重要的是其个人化的本质。淫祀的内容使狐仙信仰成为一个容易受到精英批评和官方镇压的标靶；然而，其以自我为中心及个人化的吸引力，在某种程度上也赢得了精英的赏识，而任何制度化的压力也很难将之从人们的日常生活中抹除。这些特色赋予这个信仰行为持续的生命力，使狐仙信仰带着各式各样的名号和诠释，在各种场域里留存。

狐仙信仰的例子既支持也质疑韩明士以淫祀和性别在中国宗教中的作用所提出的中国宗教新典范。如同笔者在这本书里一直想表达的，狐仙信仰开放给各种各样的诠释语言，有时是官僚语言，有时是个人语言。这两种心理状态在实际的信仰仪式中互相纠缠，互相竞争，并为何以精英与百姓既供奉又驱除狐精提出有力的解释。尤其是人们依照仪式的背景，惯常地用两种不同的名号，一个是官僚的，一个是个人的，来称呼同一个神明，像道教头衔的碧霞元君和泰山娘娘，官方头衔的"圣母"和"王三奶奶"。或是他们会用一个暧昧到足以包含鬼神官僚的和个人的这两个面向的名号来称呼之，像"胡三太爷"，既能表示"胡三太爷"（Grandpa Hu the Third）或"胡三太爷"（Hu the Third Master），并一定为之穿上官服（人们称呼乡里的长老，甚或是县官，也同样用"太爷"这个字眼，见第三章）。

还必须指出的是，韩明士发现，由于精英选择个人模式多于官僚模式，因此道士是官僚模式的主要提倡者，也是三仙信仰的主要支持者。从这个研究的例子，尤其是第五章和第六章的案例中，展现出在这两种模式的运作中一种相反的倾向。各行各业的人们，不管有没有宗教专门人士作媒介，为了制伏狐

结　论

精的鬼魅潜质，都向拥有官僚权力的著名神祇祈求协助。一般人追求个人的财富、诉诸家庭的和谐，以及嘲弄和抗拒精英与国家的控制时，都能够向它们祈祷。人们雇请道士（有时是佛僧）来驱邪，但地方灵媒和儒家文士在利用官僚模式提倡或控制狐仙信仰方面发挥了更大的作用。对他们来说，就好像对所有的信徒而言一样，官僚模式对于这些信仰的生存与兴盛，仍是不可或缺的合法性来源。佛寺和道观的建筑能在其偏殿、后院和楼上的房间里容纳狐仙坛的存在。最讽刺的是，无数明清时期的故事显示，国家官僚除魅的能力极为薄弱，常常无法乞助于天官的能力，而且还必须把象征他们自身权力来源的官印托付给反复无常的狐精保管。

狐仙的例子也超越官僚模式和个人模式的架构。如同韩明士所表述的，假如"在表现神明的过程中，中国人利用在社会生活中所熟知的所有与威权主义有关的人与人之间的关系作为工具，而不是只运用政府之内的关系或国家与其属民之间的关系而已"[11]。

回到狐仙身上，我们需要仔细地看看这两种模式如何运用在淫祀信仰中按照性别而分类的权力表述上。在中国的宗教里，人们一般把女性神祇看成主要为个人利益服务和挑战天界官僚的，但当狐精的力量在家庭和公众的场域里跨越了性别的界线，狐仙信仰呈现出一幅更复杂的图像。狐精在扮演各式各样的角色中挑战官僚的权威，像家中的祖先、得道仙人、灵疗者、淫魔、媚妇，或是官印的守护者。在所有的这些角色里，它与人类之间的关系大多数是个人化的——像父母与子女、师父与徒弟、朋友与朋友，或是爱人与爱人，但其表现出来的能力则随着信仰环境的变化而有很大的差异。在家庭的场域里，年轻的女性成员与狐男之间的奸情，成为家中财富的重要来源；而透过祭拜雄狐精的仪式，女性的性破坏力被转化成繁衍能力。相对于狐男而言，狐女似乎出现在儒家道德光谱的两个极端，不是一个贞洁的妻子，就是一个如鬼般的妖妇。她们在家庭生活中扮演中介的角色，但她们的德行或性潜质挑战男性的权威，因而阻碍她们取得正常的家人身份，或是成为祠堂内被孝敬的对象等这类永久性的位置。狐精从家里的神龛移到由灵媒经营的乡里神坛时，这个信仰性含义的重要性就大打折扣。拥有疗愈和预言未来等奇特能力的狐精常常以一个对性事兴趣缺缺的老叟和老妪的形貌出现。它们仍然不得列于天官之位，却成为家族和代表正统力量的头头。年轻的雌狐精嫁与土地神或东岳神为妻时，它们的性特质也被制伏了，而奸夫雄狐则变成易受天官驱逐的目标。年轻的雌狐精也会出现在地方的官衙里，但极为少见。事实上，侵占官衙空间和权威的"守印大仙"，被当作反射道教仙人和天官的老狐男来奉祀着。

　　通观这项研究，我们看到这个信仰更为私人的背景，也看到这个信仰所能庇护的更加个人化且没有是非的利益。相反，这个信仰变得更加公开的时候，就更需要与官方秩序调和。于是，淫祀真正的危险，不在于其本身个人化和非道德的本质，而在于淫祀及其代表的权力在多大的程度上侵害了真实的及想象出来的官方秩序和公共利益。用个人化和家庭化的术语表达出来的性别和年龄等级，有时候结合上官僚地位，用以防护官方秩序、公共利益和儒家道德。但是，相同的阶级也可能产生个人的、非正式的，以及是非不分的权力，因此严重地挑战任何一

结　论

切官方的、公共的和官僚的利益。年轻的雌狐精很容易搅得天下大乱，但在性别和家庭的关系中，看起来总像能被驯服，因为其角色和个人魅力补充了官僚化神明的不足。雄狐精也能被驯服，成为显赫的非官僚化神明的下属。然而，它们假装是祖先或道教仙人的化身时，看起来像官僚化神祇的敌人。比起它们的雌性同类，雄狐精更加来势汹汹地挑战官方的秩序。狐精按性别而区分的表述，径直地穿越个人化和官僚化的界线。

总而言之，中国狐仙信仰的历史说明，源于物怪的民间信仰之所以对各种不同社会背景的人具有极大的吸引力。人们有时会利用狐精的边缘力量，处理日常生活中的身心疾病、缺衣少食、家庭失和、性别拉锯、道德困境和政治压力，如此才能应对较大的社会和政治变化。文化的差异与不同的社会团体并未关联，而且国家、僧道和精英也无法针对狐精提出一致性的诠释。反而是从这个复杂且由不同的个人和社会团体因时制宜的相互关系中，浮现出具有多种意义、暧昧不清，而且常常是矛盾对立的图像。狐仙信仰透过精英、官僚、灵媒和平民百姓，在地方、区域和国家的不同层级上，以崇拜、驱逐、讲述和记录狐精的方式延续下来。狐精很吊诡地受到敬重和憎恶，其在中国文化中具体呈现了布赫迪厄所定义的"官方"秩序和"非官方"习惯之间的张力，亦即在各个层级、不同的社会团体之间，以及多样化的文化场景中的张力。[12]当中国人学会最大限度发挥狐精的"魔力"并同时控制其恶行，他们根据自己的各种需要，建构和颠覆了官方秩序和公共道德。

比较视野中的狐精

不只在中国，日本、韩国，以及其他东北亚和西伯利亚的文化中，也能发现狐仙信仰和狐精故事。狐狸也是许多欧洲、中东和中亚国家的民间故事中的主人翁，而其狡狯及与火、生殖力和阴曹地府的联系，一般在许多的文化中也都被承认。[13]史密尔斯（Karen Smyers）针对日本稻荷信仰所做的人类学研究提供了丰富的信息，也提供了一个将中国的狐仙传统置入比较视野的理论基础。

稻荷（收成之神），顾名思义，原本是掌管五谷收成的农业神祇。早在中古时期，稻荷在日本已广受崇拜。除了被和稻米联想在一起，稻荷也被誉为带来财富与家和万事兴的神明。有些人将之当作女性神祇来奉祀，但其他人则将之想象成一名老翁。稻荷也可以进入人类的身体。稻荷给予预知和治病的能力，作为对萨满所提供的援助的交换。史密尔斯对于当代日本如此丰富的稻荷信仰提出如下的结论：

> 稻荷吸引所有阶层的人，跨越公共团体的边界，在全日本都能找到。这神明的能力不局限在某些特殊的职能，而是包括从农业到商业，从生产到捕鱼，从止咳到考试合格等范围广大的职能。人们用许多的形式来祭祀稻荷——作为一名神道的神，以佛教的形式，并以无数个人的方式被奉祀。[14]

在同样的名称之下，稻荷信仰因地因人而异，"到了稻

结　论

荷在由个人信众选择的数千个特别的名称下受到崇拜的程度"。[15]这样的现象产生许多诠释，而且没有任何公共团体、社会团体或经文能够主张有权统一稻荷的信仰和仪式。

狐狸是稻荷的一个重要象征。狐狸的雕像立在通往神社和佛寺的入口处；沿着道路、坟墓、稻田、山丘和农舍的两旁；以及其他任何地方，都有人祭祀稻荷。这个神明的佛教形式是以一个跨坐在白狐上的女菩萨为特征。虽然法师坚称这狐狸是稻荷的灵界信差，但有佛教和神道背景的日本信徒一般都将狐狸当作稻荷本身来崇拜。史密尔斯论道，稻荷信仰代表高度的个人化，而且狐狸变成了一种个人独立的隐喻。[16]

实际上，概览史密尔斯对稻荷信仰和仪式的描述，可以发现，她的叙述显示中国和日本的狐狸崇拜之间有惊人的相似处。日本学者长期以来都同意中国的影响也许塑造了稻荷信仰。我们也许能在佛教的经典里找到狐狸崇拜的共同根源，尤其是密教的经典（见第一章）。然而，如同许多我们在日本所见到的例子，外来因素很快就被修改以适合当地人的口味，而稻荷信仰仍然是一种日本的文化传统。在以下许多有关狐狸崇拜的相似处，像和巫教的关联、财富和生殖之神的职能、和某位女性神祇的联系，以及高度的个人化等特点之外，很明显，两者尚存许多不同之处。虽然奉祀稻荷的神龛和神社遍及日本，但在中国，狐仙信仰仍旧具有高度的区域性，是华北的一种现象，而其在南部中国的扩散，即使到了晚清和民初也只是零星散布而已。再者，中国的狐仙坛和狐仙庙几乎不可能看到真实的狐狸塑像，若不是以一个人的形貌出现，就是仅仅放着一块写着它们名字的木牌。[17]相较之下，日本的稻荷狐仙一般都以狐

217

狸实际的样子来呈现。成对的狐狸雕像竖立在公共场所和严肃的宗教环境中，成为稻荷信仰的标志。此外，中国的狐精未曾进入佛教和道教的神谱里，在官方的文献里也极为罕见，而日本的稻荷狐精在佛教、神道和民间习惯中都享有合法的地位。许多为稻荷信仰而写的记录中，不少是正规的文献，像神社的记载和佛教的经文。

在诠释狐狸崇拜多样性的过程中，史密尔斯指出，"共有体系"（shared system）和"私有特质"（private particularity）两种倾向刻画出稻荷信仰的特征。关于"共有体系"或"共有意义"，她指的是企图创造秩序并让日本人遵守表面现象而利用的普遍（general）或具有"向心性"（centripetal）的语言。相反，"私有特质"或"私有意义"指的则是具有"离心性"（centrifugal）的语言的使用。私有特质的语言也许属于单一的个人或团体，而且经常在私人的环境中被陈述出来。它们是"特别、乱七八糟、怪异的用语，而且常常抵触或背离描述这个体系的优雅却又被过分简化的共有意义"。[18]为维持"共有"（shared）和"私有"（private）之间的平衡，日本人在公共团体和个人的级别上，靠着"他者"建构出属于自己的同一性。在"共有"的层级，他们隐藏起个人特征，欣然接受权威，因而维持住一个同质性的外表。但在表面之下，社会仍是高度分化，由不同的成分组成，因为借由诉诸"私有意义"，日本人能够维持其不同的观点，防卫个人所关心的事物，在同一个宗教派别内组织较小的团体，或在一个政党或邻里社团内组成派系。

为中国和日本的狐狸崇拜对比做一个深入的研究，远远地超过本书的任务所及，但前段为其相似性和差异性所作的概述

结 论

显示，未来的研究也许能协助我们了解某些象征如何能在不同的文化中被用来建构认同感和体现权力关系。象征性的陈述是人类意识的一个主要功能，也是让我们了解所有人类生活的基础。透过一个跨国界的架构来检视狐精（和其他边缘事物）代表的意义，我们也许能够追溯出在历史和现代不同民族间文化传播和变化的痕迹。我们也许能从中得到一个制高点，观察不同的人如何穿越种族和地理的界线，制造文化的同一性和多样性。狐仙在传统上是中国文人小说的主题与淫祀信仰的对象。狐仙揭示出生活在过去和现代人中发生的重要事件，促成我们更进一步地发掘中国的宗教和文化，探求中国以外的事物。

注　释

导　论

[1] 纪昀，《阅微草堂笔记》，第216页。《阅微草堂笔记》包含五个部分：成于乾隆五十四年（1789）的《滦阳消夏录》、乾隆五十六年（1791）的《如是我闻》、乾隆五十七年（1792）的《槐西杂志》、乾隆五十八年（1793）的《姑妄听之》和嘉庆三年（1798）的《滦阳续录》。诸部在嘉庆五年（1800）结集出版。

[2] 关于现代的动物学研究，见高耀亭等编，《中国动物志》，卷八，第52—64页。陶弘景观察野狐居于华北和四川，但不见于江东地区（长江以南）。引自陈梦雷编，《古今图书集成》，卷五二〇，第51b页。

[3] 李昉，《太平广记》，卷四五五，第362页，《沧渚民》（《北梦琐言》）。一般来说，《太平广记》会在每则故事的末尾列出其出处。由于《太平广记》征引的多数书目在宋代以后均已佚失，故笔者在每则征引的故事后以括号表示其原始出处。

[4] 关于中国野狐的文学研究可见：西冈晴彦，《任氏と婴宁の间：狐妖イメージの変容》；富永一登，《狐说话の展开》；Fatima Wu, "Foxes in Chinese Supernatural Tales"; Monschein, *Der Zauber der Fuchsfee*; Hammond, "Vulpine Alchemy"; Kow Mei-kao, *Ghosts and Foxes*; Chan, *The Discourse on Foxes and Ghosts*; 李剑国，《中国狐文化》；Huntington, *Alien Kind*。

[5] 近年来，中国学者针对自古到今的狐仙信仰和狐仙文学的研究，见：山民，《狐狸信仰之谜》；李寿菊，《狐仙信仰与狐狸精故事》。李剑国结合大众

传统和文学的创作。海恩（Steven Heine）的书 *Shifting Shape, Shaping Text*，检视早期佛教禅宗心印传统中狐狸形变的限阈。韩瑞亚有篇讨论狐仙信仰与文学作品间关系的文章。哈梦德（Charles Hammond）讨论了母狐与道教内丹派之间的联系。

[6] "淫"曾被翻译成"过度的"（excessive）、"放肆的"（licentious）、"粗俗的"（lewd）、"异教的"（profane）、"放荡的"（profligate）、"不成体统的"（improper）和"非法的"（illicit）。针对"淫"或"淫祀"不同意译的总结，见Katz, *Demon Hordes and Burning Boats: The Cult of Marshal Wen in Late Imperial Chek-iang*, 28–29 n.49; Schneewind, "Competing Institutions", 90和n.20。康豹之所以选择"非法的"（illicit）这个词，是因为"大多数的官绅，使用'淫'这个字在描述地方信仰时，考虑其不受政府支持的层面往往胜于其道德层面"。施珊珊使用"不成体统的"（improper）这个词，乃是因为在明代，"淫祀"指的是各种不受官方认可或不灵验的，又或者是向错误的信徒显灵的神，也指所祭非人的情形。本书一贯使用"非法的"（illicit）这个词。但笔者也承认，在不同的脉络里，狐仙信仰也被指为是不道德的（immoral）、未受许可的（unauthorized）和不成体统的（improper）。

[7] 关于五通，见von Glahn, "The Enchantment of Wealth: The God Wutong in the Social History of Jiangnan"; Cedzich, "The Cult of the Wu-t'ung/Wu-hsien"。

[8] 关于碧霞元君的信仰，见Pomeranz, "Power, Gender, and Pluralism in the Cult of the Goddess of Taishan"。

[9] 大部分"五大家"信仰的案例包含了狐狸、黄鼠狼、蛇、刺猬和老鼠。这些在第二章中有所讨论。有趣的是，名字中有"五"的信仰散布中国各处。除了五大家、五通（又称五圣或五显），以及江南地区的"五路财神"，还有华北和东北的"五道"，安徽的"五猖"和福建的"五帝"。某些此类以"五"为一组的神祇还和瘟神有关，像"五瘟使者"。见Katz, *Demon Hordes and Burning Boats: The Cult of Marshal Wen in Late Imperial Chek-iang*, 50–58; Szonyi, "The Illusion of Standardizing the Gods", 116–126; Guo, *Exorcism and Money*。

[10] 针对这些研究的通盘检讨，见Bell, "Religion and Chinese Culture", 35–57。代表性的研究，见Johnson, Nathan, and Rawski, eds., *Popular Culture in Late Imperial China*; James Watson and Rawski, eds., *Death Ritual In Late Imperial and Modern China*。宗教符号在形塑中国文化的一致性方面所扮演的角色，可

见 Watson, "Standardizing the Gods", 292-324; Duara, "Superscribing Symbols", 778-795; Dean, *Taoist Ritual and Popular Cults of Southeast China and Popular Cults Of Southeast China*。

[11] Hymes, *Way and Byway*, 5. 其他研究中国宗教与文化多样性的代表性作品，见 Weller, *Unities and Diversities in Chinese Religion* 和 *Resistance, Chaos, and Control in China*; Sangren, *History and Magical Power in a Chinese Community*; Feuchtwang, *Popular Religion in China: The Imperial Metaphor*; Katz, *Demon Hordes and Burning Boats: The Cult of Marshal Wen in Late Imperial Chek-iang* 和 *Images of the Immortal*; Sutton, *Steps of Perfection*。

[12] Weller, *Resistance, Chaos, and Control in China*, 4.

[13] Douglas, *Purity and Danger*，尤其是第29—40、94—113页。

[14] Turner, "Encounter with Freud", 23.

[15] Turner, *The Ritual Process*, 94. 中译文引自黄剑波、柳博赟所译之《仪式过程：结构与反结构》（北京：中国人民大学出版社，2006），第95页。作者的原文乃从"阈限的实体既不在这里"开始。译者为求意思完整，将整段话从中文译本中转引出来。

[16] 见 Turner, *The Ritual Process*, 94；108-111。又见 Turner, "Betwixt and Between", 234-243。

[17] Foucault, *History of Sexuality*, 92.

[18] Foucault, *History of Sexuality*, 96.

[19] Bourdieu, *Outline of a Theory of Practice*, 38-43, 72-95，引自第40页。

[20] Scott, "Gender: A Useful Category of Historical Analysis", 42.

[21] 明清时期的通俗小说也保存了狐精的故事，包括14世纪的《武王伐纣平话》；16世纪的《封神演义》；冯梦龙的《新平妖传》；17世纪的《醒世姻缘传》；1803年出版的《瑶华传》；清代出版的《妖狐艳史》，以及1888年出版的《狐狸缘》。详细清单，见 Huntington, *Alien Kind*, 31-33。

[22] Campany, *Strange Writing*.

[23] Davis, *Society and Supernatura in Song China*, 19. 其他利用志怪小说所做的中国历史与宗教研究，尚有 Glen Dudbridge, *Religious Experience and Lay Sociery in T'ang China* 和 Valerie Hansen, *Changing Gods in Medieval China, 1127-1276*。戴维斯批评韩森视志怪小说为民间传说的做法。

[24] Hymes, "Truth and Falsity".
[25] 关于这个特征的讨论，见Chan, *The Discourse on Foxes and Ghosts*, 39-76。
[26] 鲁迅，《中国小说史略》，第178—188页；Chan, *The Discourse on Foxes and Ghosts*, 5-6。韩瑞亚广泛地讨论了蒲松龄和纪昀之间的差异，及他们各自对后人造成的影响，见Huntington, *Alien Kind*, 22-23, 26-30。《聊斋志异》的英译本，见Giles, *Strange Stories*和Mair and Mair, *Strange Tales from Make-do Studio*。笔者大量采用了陈德鸿和韩瑞亚翻译的明清书籍译名。
[27] Chan, *The Discourse on Foxes and Ghosts*, 230.
[28] Zeitlin, *Historian of the Strange*, 1-2.
[29] 汪玢玲，《蒲松龄与民间文学》，第48—55页；Zeitlin, *Historian of the Strange*, 1-5; Huntington, *Alien Kind*, 27。根据汪玢玲的说法，《聊斋志异》中的八十六则故事有口传的源头，其中的十二则与狐狸有关。
[30] 关于志怪作品如何作为不同人行事风格的载体，见Chan, *The Discourse on Foxes and Ghosts*, 17-37, 45-55, 149-243。传奇和志怪间的差异，见Huntington, *Alien Kind*, 14-24。
[31] 贝尔（Catherine Bell）提出，研究中国宗教的学者已经承认"精英（elite）宗教"和"民间（popular）宗教"的区分常常是用来表述受过教育的中国人的固有做法。受过教育的人视自己与那些迷信的民众不同。见Bell, "Religion and Chinese Culture", 54。
[32] Skinner, "Regional Urbanization in Nineteenth-Century China", 211-249.

第一章　中国早期传统中的狐狸

[1] 李昉，《太平广记》，卷四四七，第316页，《狐神》（《朝野签载》）。
[2] 《山海经》，第6、109、256、347页。原文引自第6页。见Campany, "Review"一文对白安妮（Anne Birrell）的英文译本、马修（Remi Mathieu）的法文译本，以及弗拉卡索（Richard Fracasso）的意大利文译本的批评。研究《山海经》的专书，见Strassberg, *A Chinese Bestiary*。
[3] 陈梦雷编，《古今图书集成》，卷五二〇，第52a、56a页。
[4] 班固，《白虎通》，卷一四四，第146页。译文引自Loewe, *Ways to Paradise*, 152 n.144.

[5] "狐死正丘首", 引自《礼记集说》,《檀弓上》, 第32页。

[6] 陈梦雷编,《古今图书集成》, 卷五二〇, 第52a页。关于动物的道德意义和在建构古代中国圣王之治的社会政治理念方面所扮演的角色, 见Sterckx, The Animal and the Daemon in Early China, 123-164。

[7] 曹植,《上九尾狐表》, 收录《开元占经》, 第116页。见于豪亮,《四川成都出土汉画像砖札记》, 第261页。关于古代中国以动物作为贡品, 当作圣王君临天下的系统, 见Sterckx, The Animal and the Daemon in Early China, 93-122。

[8] 魏收,《魏书》, 卷一一二, 第2928页。又见沈约,《宋书》, 卷二八, 第803页,《符瑞中·白狐》:"白狐, 王者仁智则至。"

[9] 陈梦雷编,《古今图书集成》, 卷五二〇, 第55a页。

[10] 许慎,《说文解字》, 第206页。关于汉人相信鬼是死者的魂魄, 以及巫师在叫魂方面的角色, 见Ying-Shih Yu, "O Soul, Come Back", 特别是第375页。关于汉代巫者与鬼交通、治疗疾病、占卜预言, 以及熟晓房中术, 见林富士,《汉代的巫者》, 第57—82页。

[11] Harper, *Early Chinese Medical Literature*, 72, 163, 261-62, 264.

[12] 李昉,《太平广记》, 卷四四七, 第312页,《说狐》(《玄中记》)。译文引自de Groot, *The Religious System of China*, 586, 稍有改动。关于《玄中记》的作者, 见Huntington, *Alien Kind*. 1 n.1.

[13] 葛洪,《抱朴子》,《内篇·对俗》, 第41—42页。英文译文, 见Ware, *Alchemy, Medicine and Religion in the China of A.D. 320*。关于葛洪, 见Campany, *To Live*。译者按:作者所引译文与原文有异。译者今据原典改正之。

[14] 李昉,《太平广记》, 卷四五四, 第354页,《刘元鼎》(《酉阳杂俎》)。

[15] 李昉,《太平广记》, 卷四五一, 第339—340页,《僧晏通》(《集异记》)。

[16] Thompson, "Death, Food, and Fertility", 102-104.

[17] Robinet, "Visualization and Ecstatic Fight in Shanqing Taoism", 176-177; 也见Schafer, *Mao Shan in T'ang Times*, 42-43。

[18] Robinet, "Metamorphosis and Deliverance from the Corpse in Taoism", 39-46. 贺碧来(Isabelle Robinet)区分了古代中国变身的两个层次。道教神祇和圣人的羽化建立在阴阳合一和随自然秩序变化的基础上。变身术不是跟随自然秩序的演变, 而是加速自然变化的程序。变身术对自然而言, 具有表面和暗中颠覆的作用, 因此次于道教的羽化。也见Sterckx, *The Animal and the*

Daemon in Early China，该书讨论了各种动物变身的形式及其在古代中国的文化意义。

[19] 李昉，《太平广记》，卷四五三，第350—351页，《裴少尹》（《宣室志》）；卷四五一，第337页，《王黯》（《广异记》）。关于驱邪，见王焘（670—755），《外台秘要》，译文引自Strickmann, *Chinese Magical Medicine*, 248-250。

[20] Kuhn, *Soulstealers*, 94-118. 妖狐和断发是嘉靖三十六年（1557）、乾隆三十三年（1768）和光绪二年（1876）三次主要的妖术大恐慌的主题。也见Barend ter Haar, *The White Lotus Teachings in Chinese Religious History*, 173-195, 263-281。

[21] 应劭，《风俗通义》，第353页。也见《搜神记》，第205—206页，以第三百九十八则故事为例。

[22] 李昉，《太平广记》，卷四四七，第314页，《孙岩》（《洛阳伽蓝记》）；《古今图书集成》，卷五二〇，第57b页。译者按：译本文字乃据《洛阳伽蓝记》引出，与原作者所注《太平广记》版本稍异。然《太平广记》版无作者在文中所言的"熙平二年四月有此，至秋乃止"一句，疑作者所注错误。

[23] 魏收，《魏书》，第2923页。译文引自de Groot, *The Religious System of China*, 598。狐狸剪掉人的头发，偷走灵魂的事，也可以在北齐和唐朝的文献中发现。武平四年（573）正月，有狐魅现于邺都和并州，"多截人发"。见《北齐书》，卷八，第106页。这则文字暗示截发和皇后专权不当之间的关系。唐代的故事则说一个地方人士如何善于利用符咒对付一个欲截其发的女子。这个人杀了那个女子，而那个女子则变成一只雌狐。当地，无论男女，均相信如果一个人在夜中被断发，很快就会死去。见《太平广记》，卷四五〇，第332页，《靳守贞》（《纪闻》）。

[24] 干宝，《搜神记》，第222—223页，故事第四百二十六则。也见《太平广记》，卷四四七，第313页，《陈羡》（《搜神记》）。五通亦被解为"山魈"，变化多端，善惑人类。见Cedzich, "The Cult of the Wu-t'ung/Wu-hsien", 152-167; von Glahn, "The Enchantment of Wealth", 656-661。

[25] 白居易，《白居易集》，卷四，第87—88页；de Groot, *The Religious System of China*, 589。

[26] 李昉，《太平广记》，卷四五二，第340—345页，《任氏》。英文译文见Ma and Lau, eds., *Traditional Chinese Stories*, 339-345。关于《任氏》的文献，

见 Huntington, *Alien Kind*, 225-228。

[27] 李昉,《太平广记》,卷四五四,第353—354页,《计真》(《宣室志》)。

[28] 于豪亮,《几块画像石的说明》,第106—112页。也见小南一郎,《中国的神话传说与古小说》,第46—84页;Loewe, *Ways to Paradise*, 108-110;山民,《狐狸信仰之谜》,第123—142页。

[29] Dubs, "An Ancient Chinese Mystery Cult", 221-339; Fracasso, "Holy Mother of Ancient China", 15; Cahill, *Transcendence and Divine Passion*, 17, 23.

[30] Loewe, *Ways to Paradise*, 87; Cahill, *Transcendence and Divine Passion*, 18, 32-65, 213-242. 关于道教上清派,见 Strickmann, "The Mao Shan Revelations", 1-64; Robinet, *Taoist Meditation* 和 *Taoism*; Bokenkamp, *Early Daoist Scriptures*。关于唐朝以前,道教和大众信仰之间的关系,见 Stein, "Religious Taoism", 53-82; Schipper, "Taoist Ritual and Local Cults of Southeast China", 101-115. 关于观音与西王母,见 Yu, *Kuan-yin*, 特别是第15—16、337—338、408—412页,以及第480—481页。

[31]《易林》,卷二一三,第179页。虽然一般所指《易林》的作者是东汉学者焦延寿,但其已经被证明是汉代之后的作品。黄云眉,《古今伪书考补证》,第13—18页。

[32] 李昉,《太平广记》,卷五六,第278—279页,《西王母》(《稽神录》);《云笈七签》(道藏一〇二六),卷一〇〇,第681页;卷一一四,第795、799页。关于"符"的重要性,见 Robinet, *Taoist Meditation*, 31-35。

[33]《玉房秘诀》,引入《医心方》,卷二八,第7a—7b页,以及 Baptandier, "The The Lady Linshui", 134。其时间应不晚于7世纪。见 Akira Ishihara, Howard S. Levy, *The Tao of Sex*。

[34] 李昉,《太平广记》,卷四五四,第254页,《刘元鼎》(《酉阳杂俎》)。

[35] 小南一郎,《中国的神话传说与古小说》,第67—68页。

[36] 李昉,《太平广记》,卷四四九,第326页,《李元恭》(《广异记》)。

[37] 在此,笔者受到大贯惠美子(Emiko Ohnulki-Terney)研究的启发,她指出日本人视猴子为化身,描述猴子的形象被认为是"在一个比一个人看镜子里的自己时更高的抽象层次",而且包含了人类看自己时正面和负面的特质。见 Ohnuki-Tierney, *The The Monkey as Mirror*, 133-134。

[38] 见 Johnson, *The Medieval Chinese Oligarchy*, 9-11, 38, 136-37; Hartman, *Han Yü*,

注 释

121-122；程蔷、董乃斌，《唐封建社会的精神文明》，第359—364页；Ebrey, "Shifts in Marriage Finance from the Sixth to the Thirteenth Century", 100-102。

[39] Turner, "Encounter with Freud", 25.

[40] 李昉，《太平广记》，卷四五〇，第333—334页，《薛迥》（《广异记》）。

[41] 程蔷、董乃斌，《唐封建社会的精神文明》，第338—339页。

[42] 李昉，《太平广记》，卷四八七，第550—555页，《霍小玉传》。

[43] van Gulik, *Sexual Life in Ancient China*, 171-181；程蔷、董乃斌，《唐封建社会的精神文明》，第338—339页。高罗佩（R.H.van Gulik）举鱼玄机为例。鱼玄机是以诗闻名的艺妓，嫁给文人当侍妾，却遭正妻的虐待。后来，文人离她而去，而她投身道观，重作冯妇。最后，她被控杀人，遂自杀身亡。

[44] 冯客（Frank Dikötter）表示，"狄"字和狗有关。"蛮"字和"闽"字指的是来自南方的边疆民族。"羌"字，以羊字为部首。"戎"字，同"鸟和兽"有关。见Dikötter, *The Discourse of Race in Modern China*, 1-20。

[45] 丁声树，《古今字音对照手册》，第74页。

[46]《旧唐书》，卷一〇四，第3213页。译文引自Pulleyblank, *An Lu-shan*, 11。关于唐代以"狐"字指非汉人民族，见Pulleyblank, *An Lu-shan*, 10-11。也见Hartman, *Han Yü*, 317 n.11。

[47] 关于唐代与其周边世界的文化交流，见Schafer, *Golden Peaches of Samarkand*。关于晚唐的"复古"运动，激化"胡"与"华"的文化区别，见Hartman, *Han Yü*, 119-129, 158-159。

[48] 陈寅恪，《狐臭与胡臭》，第140—142页。狐与"胡"之间的关系，可以追溯到更早。在六朝的故事里，一个姓胡的男人，精于音乐与医药。他"体有臊气，恒以名香自防"。见《太平广记》，卷四四七，第315页，《胡道洽》（《异苑》）。其他唐代的例子，见《太平广记》，卷四四八，第320页，《杨伯成》（《广异记》）；卷四四九，第326页，《李元恭》（《广异记》）。

[49] 李昉，《太平广记》，卷四五一，第338—339页，《李麔》（《广异记》）。

[50] 李昉，《太平广记》，卷四五〇，第330—331页，《唐参军》（《广异记》）。

[51] 向达，《唐代长安与西域文明》，第12—15页；冯承钧、向觉明，《关于龟兹白姓之讨论》，第1223—1237页。

[52]《北方毗沙门天王随军护法真言》（大正藏一二四八），第226页。关于唐代的密教，见Chou Yi-liang, "Tantrism in China", 245; Weinstein, *Buddhism Under the T'ang*, 54–57。

[53]《大佛顶如来密因修证了义诸菩萨万行首楞严经》（大正藏九四五），第133—135页。关于8世纪中国狐狸与狮面空行母的关联，见Strickmann, *Chinese Magical Medicine*, 264–265。

[54] Smyers, *The Fox and the Jewel*, 25；吉野裕子，《狐：阴阳五行と稲荷信仰》，第99页。他们均指出中国对日本的传说、佛教密宗和稻荷信仰方面的影响。有些日本文献主张稻荷是北魏时期由中国传到日本的。711年，稻荷神社首次建立，约在12世纪与狐狸产生关系。

[55] Chou, "Tantrism in China", 245; Weinstein, *Buddhism Under the T'ang*, 54–57。

[56] 李昉，《太平广记》，卷四五四，第352页，《张简栖》；卷四四九，第328页，《林景玄》（《宣室志》）；卷四五三，第346—347页，《王生》（《灵怪录》）。

[57] 李昉，《太平广记》，卷四四八，第321页，《叶法善》（《纪闻》）。关于这个时期道教对佛教的批评，见Zürcher, *The Buddhist Conquest of China*, 305–307; Bokenkamp, *Early Daoist Scriptures*, 194–209。

[58]《唐鸿胪卿越国公灵虚见素叶真人传》（道藏七七八），第6a页。叶法善的生卒年月，相当依赖这份资料。在此，笔者采用柯克兰（Russell Kirkland）的看法，并将其生卒年定在636—720年之间。见Kirkland, "Tales of Thaumaturgy", 50–51。

[59] 李昉，《太平广记》，卷二六，第139—142页，《叶法善》。《太平广记》的编者指出这则记载出自《集异记》及《仙传拾遗》。柯克兰认为，事实上，几乎没有证据证明叶法善有道教思想或教义的倾向。但是，所有的正史和后来的道教传记均指出他是一个极具政治企图的大道士。见Kirkland, "Tales of Thaumaturgy", 85–86。

[60] 李昉，《太平广记》，卷四四九，第327—328页，《韦明府》（《广异记》）。

[61] 李昉，《太平广记》，卷四四七，第317页，《大安和尚》（《广异记》）。笔者已经据de Groot, *The Religious System of China*, 591–592的英文译文修改之。

[62]《历代法宝记》（大正藏二〇七五），一八四a~b。

注 释

[63] Faure, *The Rhetoric of Immediacy*, 109.

[64] Faure, *The Rhetoric of Immediacy*. 海恩指出，大众信仰狐狸被融入禅宗的心印传统，阐明其哲学上的意义。Heine, *Shifting Shape, Shaping Text*.

[65] Weinstein, *Buddhism Under the T'ang*, 73–74; Teiser, *Ghost Festival*.

[66] Barrett, *Taoism Under the T'ang*, 19–20, 41–42; Guisso, *Wu Tse-T'ien*, 4–5, 35–45.

[67]《为徐敬业讨武曌檄》，收录段成式，《酉阳杂俎》，前集，卷一，第9b页；Guisso, "The Reigns of the Empress Wu, Chung-tsung and Jui-tsung (684–712)", 294–294, 303–304. 武则天在文明元年（684）及载初元年（690），分别遭遇过两次支持恢复李唐皇室的叛乱。两次均受到有限的支持，但也很快就被镇压了。

[68] Guisso, *Wu Tse-T'ien*, 5.

[69] Guisso, *Wu Tse-T'ien*, ii, 2; Twitchett, *The Writing of Official History Under the T'ang*, 142–143. 沈既济任职于史馆，是第一个指控武则天为篡位者、统治是不合法的人。

[70] 李昉，《太平广记》，卷四四九，第325页，《汧阳令》（《广异记》）。这则故事叙述新罗地方的人为狐精建祠奉祀。这点支持了狐仙信仰传到朝鲜的说法，但无法据此下任何结论。

[71] 李昉，《太平广记》，卷四四九，第326页，《焦练师》（《广异记》）。

[72] 李昉，《太平广记》，卷四五一，第336页，《长孙甲》（《广异记》）。

[73] 胡刚子在一些唐代和宋代的道教文献中是一个炼丹大师。例如，见《黄帝九鼎神丹经诀》（道藏八八四），第二章到第二十章。这份文献约完成于唐朝（618—907年）；张先生，《太上土兑经》（道藏九四八），约在长安二年（702）到开元二十九年（741）间完成；董师元，《龙虎元旨》（道藏一〇七五），据说是在贞元五年（789），一个道士受天启获得。《大丹记》（道藏八九八），编纂年代不明，应不晚于宋代。关于胡刚子，见陈国符，《道藏源流续考》，第303—309页。

[74] 关于中古中国的宗教，见Kleeman, "The Expansion of the Wen-ch'ang Cult" 和 *A God's Own Tale*。

[75] 杜光庭，《道教灵验记》（道藏五九〇），卷一〇，第6b—7a页。

[76] 宋代，中国有一些地方奉祀李靖。见Hansen, *Changing Gods in Medieval China, 1127-1276*, 112–113。

[77] 王钦若,《宋真宗御制翊圣保德真君传》(道藏一二七五),中,第5a—6a页。译者按:本句据所引原典稍有修改,作者可能误解了原典的意思。

[78] 赵道一,《历世真仙体道通鉴》(道藏二九六),卷五三,第17b—18a页。

[79] 徐松辑,《宋会要辑稿》,礼二〇,第14b—15a页。

[80] 韩森和万志英同意"这个诏令本身的目的,很明显地并不在根绝大众信仰的对象,而是在加强国家对大众信仰的控制"。见Von Glahn, "The Enchantment of Wealth", 664。也见Hansen, *Changing Gods in Medieval China, 1127-1276,* 85。关于宋代早期重整大众信仰,以及道教与宋廷之间的关系,见Hansen, *Changing Gods in Medieval China, 1127-1276,* 79–104; Davis, *Society and the Supernatural in Song China,* 21–86; Hymes, *Way and Byway*,尤其是第147—205页。

[81] 李剑国提出,现存最早指妲己是狐精的记载,出现在日本文献、1101年的 *Gomeicho* 里。这表示,在1101年,日本已经知道狐狸和妲己之间的关联。在元代小说《武王伐纣平话》和明代小说《封神演义》里,妲己均以狐精的角色出现。李剑国,《中国狐文化》,第151—154、170—175页。某些学者相信,《武王代纣平话》的原本始于宋代。见罗宗涛,《元建安虞氏新刊五种平话试探》,第409页;谭正璧、谭寻,《古本稀见小说汇考》,第182页。

[82] 洪迈,《夷坚志》,丁,卷一九,第695页,《江南木客》。

[83] 寇宗奭,《图经衍义本草》(道藏六三〇),卷二九,第4a页;苏颂(1020—1101),引入《古今图书集成》,卷五二〇,第51b页。

[84] 释延寿,《宗镜录》(大正藏二〇一六),卷一五,第494b页。见Cedzich, "The Cult of the Wu-t'ung/Wu-hsien", 161。

[85] 赵道一,《历世真仙体道通鉴》(道藏二九六),卷五三,第316c页。关于雷法及其对抗"左道妖异"的官僚功能,见Strickmann,《宋代的雷仪:神霄运动与道家南宗に就いての略说》,第15—28页;Boltz, "Not by the Seal of Office Alone", 241–305; Saso, "Orthodox and Heterodox in Taoist Ritual", 329–335。关于王文卿和五雷仪,见Hymes, *Way and Byway*, 147–170。

[86]《宋史》,卷六六,第1425页。也见元代编成的《湖海新闻夷坚续志》,第103页,《宣和怪事》。

[87]《宋史》,卷二八七,第9650—9651页。译者按:作者的叙述与《宋史》本文稍异,译者今按《宋史》本文改之。据《宋史》本文,狐穴并非在庙下。原文述:"城东有灵应公庙,傍有山穴,群狐处焉。"见《宋史》,卷二八七,

第9650页。

[88] 王辟之，《渑水燕谈录》，第113页；吕希哲，《传讲杂记》，引自《古今图书集成》，卷五二〇，第55a页。王辟之，治平三年（1067）进士，任地方官职长达三十余年。吕希哲的祖父吕夷简和父亲吕公著均曾任宰辅职。吕希哲与王安石交好，尝从程颐、程颢和张载等新儒家学者问学。

[89] 吕希哲，《传讲杂记》，引自《古今图书集成》，卷五二〇，第55a页。

[90] 元好问，《夷坚续志》，卷二四七，《白神官》。

[91] 元好问，《夷坚续志》，《胡公去狐》；林溥等纂，《即墨县志》，卷一二，第42a—42b页。本故事的其他版本，见《古今图书集成》，卷七一，第55a页，引自明代，甚或更早版本的《莱阳府志》。其中叙述狐狸往西北离去。即墨是东南方近海的县份。在其东北方是登州，亦即后来狐祟发生的地方。因此，《古今图书集成》所引的版本更加合理。

第二章 狐仙与狐仙信仰的扩散

[1] 郎瑛，《七修类稿》，卷四八，第9b—11a页。郎瑛出身古董商人之家。他虽好阅读，并素有作家及古物鉴赏家之盛名，但很早就离开学校，也不曾参加过科举考试。见L. Goodrich and Fang, eds., *Dictionary of Ming Biography 1368–1644*, 791–793。

[2] 关于狐狸的动物学特征，见高耀亭等编，《中国动物志》，卷八，第52—64页。亦见Smyers, *The Fox and the Jewel*, 87–89; Huntington, *Alien Kind*, 7–8。

[3] 沈德符，《万历野获编》，卷二八，第31a页。

[4] 钱希言，《狯园志异》，卷一四，第14b页。

[5] 蒲松龄，《聊斋志异》，《捉狐》，第22页。

[6] 洪迈的《夷坚志》，主要取材的范围是长江以南南宋朝的领土。其中包括十三则狐精的故事，十则来自家乡江西，一则来自湖南，一则来自浙江，一则来自安徽、长江北岸的一个小镇。元初的《夷坚续志》（后集，第407—412页），收录六则狐狸故事，皆位于中国南方，如福建、浙江、四川和江苏。

[7] 沈德符，《万历野获编》，卷二八，第31a页。

[8] 谢肇淛，《五杂俎》，卷九，第13b—14a页，卷一五，第29a页。郎瑛的见解，见《七修类稿》，卷四八，第9b页。

[9] 蒲松龄，《聊斋志异》，《五通》，第1417页。

[10] 王同轨的《耳谈类增》里有一则关于五通的故事，列在收录了十七则狐狸故事的"狐类"之下。张景运《秋坪新语》有篇故事（卷九，第21a页）提到，正当一个青年为其在五通神坛前死于非命的祖父恸哭时，一个老人出现在他的面前。后来，这个老人自报家门："吾非人，乃狐也。"

[11] 沈德符，《万历野获编》，卷二八，第31a页。

[12] 纪昀，《阅微草堂笔记》，第111页。

[13] 胡朴安，《中华全国风俗志》，下篇，卷五，第12页。

[14]《洞林小志》，卷五，第16b页。转引自李寿菊，《狐仙信仰与狐狸精故事》，第80页。译者按，作者原文指狐神为雌性，塑像者为巫师。然查《洞林小志》原文，并无指神为雌性，而塑之者实乃男巫也。今据原文稍修改之。

[15] 吴炽昌，《客窗闲话》，卷二，初集，《无真叟》，第6b—8a页。狐和野猫（狸）并非台湾的原生动物。见高耀亭等编，《中国动物志》，卷八，第52页；李寿菊，《狐仙信仰与狐狸精故事》，第5页。

[16] 李乡浏、李达，《福州民俗》，第291页；李寿菊，《狐仙信仰与狐狸精故事》，第85页。

[17] 张焘，《津门杂记》，中。第20b页；薛福成，《庸盦笔记》，第134页；Owen, "Animal Worship", 250；永尾龙造，《中国民俗志》，卷一，第250页；井冈咀芳，《中国北方习俗考》，第375页；Li Wei-tsu, "Four Sacred Animals", 1-2; Anne Goodrich, *Peking Paper Gods*, 75；王景琳、徐匋，《中国民间信仰风俗辞典》，第369、376页。

[18] 李庆辰，《醉茶志怪》，卷三，第17a—17b页。

[19] 永尾龙造，《中国民俗志》，卷二，第10页。

[20] Doré, *Research Into Chinese Superstitions*, 696.

[21] 陆联逵，《万全县志》，卷九，第46a—46b页。

[22] 宋大章，《涿县志》，八编，全，第7b—8a页。

[23] 张沧，《沧县志》，卷一二，第26a—26b页。

[24] 丁世良、赵放，《中国地方志民俗资料汇编》，东北卷。也见朴相圭，《满洲风俗图录》，卷三四，第80、94、95、96、104、105、145页。当中收录了许多20世纪初期满洲的狐仙坛、狐仙庙和狐仙牌位的照片。

[25] 泷泽俊亮，《满洲城乡的信仰》，第220—242页。

[26] 王介公，《安东县志》，卷七，第43b页。

[27] 赵兴德，《义县志》，卷九，第45b页。

[28] 陈继淹，《张北县志》，卷五，第126a页；陆联逵，《万全县志》，卷九，第36a—36b页；程起录，《武安县志》，卷九，第10b页；丁世良、赵放，《中国地方志民俗资料汇编》，华北卷，第312页；张国增，《河北抚宁县的宗教迷信》，第282页；永尾龙造，《中国民俗志》，卷二，第91—92、107—112页；内田智雄，《中国农村的家族与信仰》，第334页。

[29] 至少自元代至明代，"狐精"一词皆无任何正面或负面意义。元代的《夷坚续志》收录了两则"狐精"故事，一指妖娆女子，一指无害道人。见后集，第408—409页及第409—410页，故事二二七《狐精嫁女》和故事二三〇《狐精媚人》。明代一则记载狐精治愈人疾的故事（陆延枝，《说听》，上，第6b页；见第四章）。即便没有任何贬义，该狐仍被呼作"狐精"。又徐昌祚的《燕山丛录》（卷八，第4b页；卷二二，第5b页）两度提及"狐精"，谓山东土话称为"皮老虎"，河北称之"黑皮子"，似乎暗指"狐精"在河北和山东并非全然是口头用语。明代士人冯梦龙在《太平广记钞》第七十七卷的标题下，即注"此卷皆狐精"。在此，"狐精"是一个中性语词，指唐代故事中所有不同类型的狐狸故事。见《太平广记钞》，卷七七，第2032—2073页。然而，到了19世纪，"狐精"不再是一个中性的词汇。一则故事记载，有只狐狸住在苏北沛邑的一处楼里。若称之以"仙"则不作祟，然呼之为"狐精"，定会抛砖投人。见许秋垞，《闻见异辞》，卷二，第7a页，《狐女望月》。

[30] Robinet, *Taoism*, 49. 亦见Girardot, "Hsien," 476; Seidel, "Chronicle of Taoist Studies in the West 1950–1990," 248。

[31] Campany, *To Live*, 4-5, 引自n.4。

[32] 葛洪，《抱朴子内篇》，卷二，第19—20页，引自Campany, *To Live*, 75。关于尸解成仙，见Robinet, "Metamorphosis and Deliverance from the Corpse in Taoism"; Cedzich, "Corpse Deliverance"; Campany, *To Live*, 52-60, 75-80。蔡雾溪（Cedzich）和康儒博均表示，"尸解"实际上如蝉蜕壳一般，中国的修行者为逃避冥界生死簿的管理，脱下其皮囊而成仙的过程。康儒博因此提出一个更佳的译法："借假死状态而逃脱出来。"

[33] "离"和"坎"是《易经》中的两个卦象。"离"在两条阳线之间，以阴线表示，象征以阳制阴。"坎"则以阳线表示，夹在两条阴线之间，象征以阴

制阳。"离"和"坎"是道教关于炼丹术的文献中最常使用的字眼。龙和虎亦象征阴和阳。道教内丹派经常使用这些字眼。见Robinet, *Taoism*, 235-237。

[34] 素女乃一精通房中术者。她教导借由房中术达到成仙目的的法术。汉代以降，许多房中术的文献皆记载之，最著名者即以素女为名的《素女经》。此后，该名就成为房中术的代名词。见van Gulik, *Sexual Life in Ancient China*, 74-76; Campany, *To Live*, 81 n.221。有关高罗佩女性性欲观点的评论，见Charlotte Furth, "Rethinking Van Gulik", 125-146。

[35] 纪昀，《阅微草堂笔记》，第463—464页。韩瑞亚在*Alien Kind*, 300-301中也讨论了这则故事。其他关于狐狸寻仙的见解，见《阅微草堂笔记》，第54、77页。

[36] 关于"双修"，见Needham, *Science and Civilisation in China*, 5, 239; Sivin, "The Theoretical Background of Elixir Alchemy", 212; Despeux, *Immortelles de la Chine Ancienne*, 223-227。

[37] Harper, "The Sexual Arts of Ancient China", 539-593; Despeux, *Immortelles de la Chine Ancienne*, 223-227; Wiles, *Art of the Bedchamber*, 26-28; Robinet, *Taoism*, 123, 227; Gulik, 70-90, 121-160, 192-207, 223-229, 253-255, 268-280, 285-287, 313-316。高罗佩举出两则清代发生在山东的事件。其中，男女两造，包括一些士绅，由一名道士引导，借"双修"求长寿。该教派因"违背风序良俗"而为官府取缔。高罗佩认为这些行为可以追溯回后汉的黄巾之乱。

[38] 纪昀，《阅微草堂笔记》，第54页。故事的后段，他借狐精批评宋代理学，反映出清代考据学者的看法。见Huntington, *Alien Kind*, 292-300，有何琇故事的全文翻译和讨论。关于纪昀和考据学，见Chan, *The Discourse on Foxes and Ghosts*, 113-130。

[39] Li Wei-tsu, "Four Sacred Animals", 4-5。

[40] 同前注[5]。李慰祖将"聚则成形，散则成气"译成"to assume certain transitory shapes in gatherings and to give up this shape when the gathering is over"，而"天道"则译作自然律（natural order）。他也将"撒灾"译成"to cause epidemic"，但就像他自己提出的那样，仅家中的某一成员会遭殃，而不会形成大规模的疫病。

[41] 洪迈，《夷坚志》，丁，卷一九，第696页。该文译文亦见于Cedzich, "Cult of the Wu-t'ung/Wu-hsien", 166。蔡雾溪在五通/五显的例子里，一律译为"长

生者"（immortal）。

[42] Li Wei-tsu, "Four Sacred Animals", 26. 在中国许多地方均如是表达。见Potter, "Cantonese Shamanism"。

[43] 永尾龙造,《中国民俗志》, 卷三, 第52页。

[44]《聊斋志异》, 第691页。关于这则故事的讨论, 见第四章, 以及Huntington, *Alien Kind*, 153-156。

[45] 陈寅恪,《读莺莺传》, 第107页；詹旦,《仙妓合流的文化意蕴》； Schafer, *The Divine Woman*, 尤其是第165—185页；Despeux, *Immotelles de la Chine Ancienne*。关于鱼玄机, 也见第一章, 注43。《游仙窟》英译文, 见Levy, *Dwelling of Playful Goddesses*。

[46] Chang, *Late Ming Poet*, 42; Wai-yee Li, *Enchantment and Disenchantment*, 71, 90.

[47]《艳异编》, 卷四, 第52—54页,《少室仙姝》；卷三六, 第367页,《颜令宾》；卷三六, 第370页,《王团儿》。

[48] 牛僧孺,《玄怪录》,《华山客》, 第120—121页。关于《狐媚丛谈》, 见下。

[49]"尸解", 见本章注[32]。

[50] 曾慥,《类说》, 卷一一, 第11a—11b页。曾慥另一重要作品是《道枢》。译者按：作者在原文中曾慥名后附有其任官年代（1131—1193年）。然查《宋人传记资料索引》, 曾慥实死于绍兴二十五年（1155）, 作者之1193年不知从何而来。

[51] 刘寿眉,《春泉闻见录》, 第10a页；《聊斋志异》, 第430页,《毛狐》。也见《扬州梦》,《赵士敬》, 收录陆林,《清代笔记小说类编》, 精怪卷, 第53—55页。

[52]《会仙记》, 收录张潮,《虞初新志》, 卷一四, 第2a—4b页。也见韩瑞亚针对这个故事的意义和不同版本的讨论, *Alien Kind*, 236-247。

[53] 许地山,《扶箕迷信的研究》, 第7—20页；Jordan and Overmyer, *The Flying Phoenix*, 36-39。紫姑的详细讨论, 见第四章。

[54] 陈其元,《庸闲斋笔记》, 卷二, 第8b页,《迷信扶乩受祸》。译者按：作者原文为"ghosts and foxes often took the place of xian in spirit writings and caused harm to people", 然在中文原文并无"caused harm to people"之语, 今据中文原文改之。

[55] Huntington, *Alien Kind*, 158 n.69.

[56] 笔者很感谢匿名审查人，其认为这是种刻意的神秘化的做法。

[57] 鲁允中，《普通话的轻声和儿化》，第110—111页；李思敬，《汉语儿音史研究》，第42页。

[58] 关于因《太平广记》再印而引起明代文人对狐精的兴趣，见Huntington, *Alien Kind*, 25。

[59] 钱希言，《狯园》，卷一四，第8a页；沈德符，《万历野获编》，卷二八，第31a—31b页。经血是延年益寿道术中的一个重要元素，尤其是对女性的实行者而言。关于中国传统中经血的利用，见Despeux, *Immortelles de la Chine Ancienne*, 215-219; Furth, *A Flourishing Yin*, 74-77, 92-93, 214-216, 292-293; Cohen, *History in Three Keys*, 130 n.54, 141, 143。

[60] 关于《狐媚丛谈》的作者墨尿子的生平，我们所知不多。清代唯有《千顷堂书目》著录该书，然而除了题名和卷数，也没其他关于该书的资讯。该书共有五卷，按故事发生的年代编排，内容包括唐朝以前的历史和文学，以及唐、宋、元，明代初期的故事。最后一则故事发生于正德（1506—1521年）初年。陆延枝的《说听》也收录了这则故事，该书有一篇嘉靖十四年（1535）的序文。所有的证据显示，本书成书的时间不早于正德年间，但也不在万历末年之前。该书在明清时期可能仍然鲜为人知。

[61] 冯梦龙，《太平广记钞》，第1—2页。关于冯梦龙，见陆树仑，《冯梦龙研究》，尤其是第19—30页；关于冯梦龙的作品，见Yang Shuhui, *Appropriation and Representation*。关于《平妖传》，见Hanan, "The Composition of the *P'ing yao zhuan*", 201-219。

[62] 关于年代、作者，以及《醒世姻缘传》的英文概要，见徐北文，《醒世姻缘传简论》，第2—10页；Plaks, "After the Fall", 543-580; Dudbridge, "Women Pilgrims to T'ai-shan", 39 和 "A Pilgrim in Seventeeth-Century Fiction", 230-232。

[63] 在《醒世姻缘传》中，处处可见西周生使用"狐精"一词，例如第12—13、72—73、186、212、214、252、393页等。有两处地方狐狸也被叫作"皮狐"，见第1213、1245页。"皮狐"乃当地方言的叫法。

[64] 西周生，《醒世姻缘传》，第212—214、1314、1319页。

[65] 张潮，《虞初新志》，卷一二，第2b—4b页。

[66] 张景运，《秋坪新语》，卷一二，第19b页，《老仙少仙》。

注 释

[67] "狐仙",见纪昀,《阅微草堂笔记》,第77、464页;"仙家",见第110、420页;"狐神",见第79、194页。

[68] 和邦额,《夜谭随录》,第8页。

[69] 徐昆,《柳崖外编》,《序》,以及卷一〇,第28a—28b页,《饮酒老人》。长白浩歌子,《萤窗异草》,初编,卷三,第64页,《银针》,卷三,第76页,《青眉》;二编,卷一,第117页,《若翠》。

[70] 他们的作品,包括和邦额的《夜谭随录》,张景运的《秋坪新语》,徐昆的《柳崖外编》,以及曾衍东的《小豆棚》。《春泉闻见录》的作者刘寿眉居于北京,而他大多数的故事则自北京附近搜集而来。《小豆棚》的作者曾衍东来自山东,其书中有"仙狐"一部,专门记载狐精故事,只是"仙"字鲜少出现在故事里。他只在两个地方用到"仙"字,一次是用在叙述扰人的狐精上,一次用在叙述一个老妇上,两者均与狐精的行动有关。见第173页,《刘祭酒》,以及第273页,《李峄南》。

[71] Chan, *The Discourse on Foxes and Ghosts*, 55–75;和邦额,《夜谭随录》,第83—89页,《杂记五则》。对和邦额的故事及其社交圈的讨论,见Huntington, *Alien Kind*, 34–59。

[72] Rawski, *Education and Popular Literacy in Ch'ing China*, 115–118. 她指出,华北的书商在出版市场担任重要角色得一直等到19世纪末以后才实现。

[73] Chan, *The Discourse on Foxes and Ghosts*, 11–17. 引文取自第15页。

[74] Huntington, *Alien Kind*, 30–31.

[75] 例如袁枚,《续子不语》,卷五,第7a页,《狐仙正论》;卷五,第4b页,《狐仙惧内》。这两则故事原记载在《阅微草堂笔记》,第6—7、82页。袁枚于《子不语》的序文里说道,他搜集这些故事纯粹只为自娱,"非有所感也"。蔡九迪认为据此一说,袁枚乃"有意地反驳自18世纪以来,过分地主张《聊斋志异》是蒲松龄用以明志的作品的说法"。见Zeitlin, *Historian of the Strange*, 29和230 n.54。

[76] 邓眩的集子总共分成十四部,包括精怪、神、鬼、僧道、杀人、雷殛、游地府、报应和命运等主题,范围广泛。

[77] 赵翼,《檐曝杂记》,卷二,第39页,《狐祟》。

[78] 黄凯钧,《遣睡杂言》,卷五,第19a页,《狐仙贞洁》。

[79] 乐钧,《耳食录》,卷三,第327—328页,《蜀商》。

[80] 袁枚，《续子不语》，卷九，第4b—5a页，《兰渚山北来大仙》。

[81] 钱泳，《履园丛话》，卷一六，第6b—7a页，《管库狐仙》。

[82] 李庆辰，《醉茶志怪》，卷一，第7—9页，《王建屏》；卷四，第39a页，《白夫人》。又见卷一，第31a—34a页，《柳儿》。

[83] 薛福成，《庸盦笔记》，第178—184页，《狐仙谈历代历人》，以及第169—177页，《北齐守宫老狐》。第二则故事稍后发表于上海的《申报》。类似的故事也记载在其他的文集里，例如许奉恩，《里乘》，第81、94、132页；杨凤辉，《南皋笔记》，第18页，《狐仙》，第27页，《胡丽姑》。苏州人王韬（1828—1897）经常出入上海的欢场，写了许多关于他在上海生活的事。他谴责所有与狐术和狐狸化身有关的故事，却仿效蒲松龄的《聊斋志异》写书。王韬在许多作品中描述的欢场和幻想出来的女人，都名为"仙"。见其《淞隐漫录》的序文，以及卷二，第49—53页，《何蕙仙》，第59—63页，《郑芷仙》；卷四，第163—167页，《胡琼华》。《淞滨琐话》，卷一，第15b页，《倪幼容》；卷二，第1a页，《魏月波》。

[84] Li Wei-tsu, "Four Sacred Animals", 2.

第三章　狐精与家庭祭祀

[1]《大明会典》，卷八一，第1265页。英文译文引自Overmyer, "Attitudes Toward Popular Religion", 205。

[2] Wolf, "Gods, Ghosts, and Ancestors", 131-182; Ahern, *The Cult of the Dead in a Chinese Village*, 91-93, 116, 127; Feuchtwang, "Domestic and Communal Worship in Taiwan" 106-107, 123-129. 研究中国社会的学者已经怀疑灶神的官僚职能，讨论了许多"非官方"的特征。然而，他们均同意，当从灶神、祖先和孤魂野鬼的关系来看，灶神是一个外来者，代表整个社会监视一个家庭，代表的不是官方，就是公共的权力。见Chard, "Folktales" 和 "Rituals and Scriptures"; Hymes, *Way and Byway*, 258-260。

[3] 广义的"鬼"，见Yu, "Ghosts in Fiction", 398-399。

[4]《聊斋志异》，第158页，《婴宁》；第260页，《巧娘》。《阅微草堂笔记》，第161页。

[5] Jordan, *Gods, Ghosts and Ancestors*, 36, 138-171; Huntington, *Alien Kind*, 120-123.

注 释

[6] Zeitlin, "Embodying the Disembodied", 245. 韩瑞亚确切地指出，在英文里，"祟"会让人联想到恐惧，但中文"造祟"指的是"制造麻烦"（*Alien Kind*, 97）。

[7]《阅微草堂笔记》，第449页。关于狐狸的采补之术，见Hammond, "Vulpine Alchemy"。

[8] 有关这种故事类型的讨论，见Hanan, *The Chinese Vernacular Story*, 44-49; Yu, "Ghost in Fiction", 427；尤其是Huntington, *Alien Kind*, 171-204。

[9] 人类学家已经搜集了许多"鬼婚"和抚慰鬼魂的相关资料，两者均能追溯到较早期的传统里。见Teiser, *Ghosts Festival*; Jordan, *Gods, Ghosts, and Ancestors*, 140-155, 161; Wolf, "Gods, Ghosts, and Ancestors", 148-152, 172-173; Potter, "Cantonese Shamanism", 216; Harrell, "When a Ghost Becomes a God", 193-206; Weller, *Unities and Diversities in Chinese Religion*, 60-65; *Resistance and Rebellion*, 113-168; and "Matricidal Magistrates and Gambling Gods", 250-268; Zeitlin, "Embodying the Disembodied", 249。明清时期的法律规定安抚孤魂野鬼的仪式乃由所有的社会阶层赞助，并由官方来执行。Overmyer, "Attitudes Toward Popular Religion", 209-211。

[10] 例示请见纪昀，《阅微草堂笔记》，第21、542页；曾衍东，《小豆棚》，卷一四，第271—274页，《李峄南》；蒲松龄，《聊斋志异》，第133—136页，《董生》。亨廷顿（Huntington）认为"魅"是性寄生状态的表现。见Huntington, *Alien Kind*, 172-183。

[11] 纪昀，《阅微草堂笔记》，第349页；也见第28、372、449、476页。

[12] 纪昀，《阅微草堂笔记》，第90页。相同的概念也出现在《阅微草堂笔记》，第216页；张景运，《秋坪新语》，卷一一，第23b页，《方家园狐》。

[13] 徐昆，《柳崖外编》，卷三，第4a—5b页，《翠芳》。

[14] 蒲松龄，《聊斋志异》，第220—221页。类似的故事，包括《温玉》，收录于长白浩歌子，《萤窗异草》，第39—43页，以及《李峄南》，收录在曾衍东，《小豆棚》，第271—274页。关于这个故事的讨论，又见Wai-yee Li, *Enchantment and Disenchantment*, 122-136; Zeitlin, "Embodying the Disembodied", 244-247; Huntington, *Alien Kind*, 262-264。

[15] 蒲松龄，《聊斋志异》，第225页；Zeitlin, "Embodying the Disembodied", 245。笔者引蔡九迪的翻译而稍有修改。

[16] Zeitlin, "Embodying the Disembodied", 245-246.

[17] 陆延枝，《说听》，上，第6a页。

[18] Ahern, *The Cult of the Dead in a Chinese Village*, 91; Thompson, "Death, Food, and Fertility", 87.

[19] 陆延枝，《说听》，上，第6a页。

[20] Rawski, "Economic and Social Foundations", 9-11; Berling, "Religion and Popular Culture in Late Imperial China", 188-218, 尤其是第202—212页; Brokaw, *Ledgers of Merit and Demerit*; Sakai Tadao, "Confucianism", 331-366。

[21] 东轩主人，《述异记》，上，第11b—12a页。武雅士（Arthur Wolf）在"Gods, Ghosts and Ancestors"一文中讨论了祖先崇拜的这个面向。见Arthur Wolf, "Gods, Ghosts and Ancestors", 161。

[22] 蒲松龄，《聊斋志异》，第1210页，《小梅》。

[23] 蒲松龄，《聊斋志异》，第104—111页，《王成》。

[24] 朱翊清，《埋忧集》，卷七，第120—121页，《赵孙诒》。

[25] 狐精作为母亲和女巫角色的合并，在民间传统中有其根基。由于狐精有助生者游地府的神奇力量，故成为巫师的亲密伙伴。在中国许多地方，父母为了让小孩远离邪祟的侵害，便让小孩认村巫为"干妈"。见Potter, "Cantonese Shamanism", 207, 222-224; 李寿菊，《狐仙信仰与狐狸精故事》，第94—95页。

[26] Ahern, *Cult of the Dead*, 176; 关于明清时期的妾，见Mann, *Precious Records*, 250 n.84; Rubie S. Watson, "Wives, Concubines, and Maids", 231-255; Bray, *Technology and Gender*, 353。白馥兰（Bray）分析妻子与侍妾，以及她们在死前和死后使用家族资源的区别。侍妾在生了儿子之后，在祖先坛上才有位置。也见Ebrey, *The Inner Quarters*, 227-231中关于侍妾在宋代家庭里的边缘地位的分析。

[27] 洪迈，《夷坚志》，丁志，卷一九，第699页，《陈氏妻》。

[28] 薛福成，《庸盦笔记》，第134页。

[29] Rev. G .Owen, "Animal Worship", 249.

[30] Li Wei-tsu, "Four Sacred Animals", 8-11; 永尾龙造，《中国民俗志》，卷二，第10、97、107—112页，以及卷三，第52页。范迪瑞，《流行鲁东农村中的迷信禁忌》，第265页。

[31] 徐昌祚，《燕山丛录》，卷八，第4a页。

[32] 徐昌祚，《燕山丛录》，卷八，第4a—4b页。

[33] von Glahn, "The Enchantment of Wealth: The God Wutong in the Social History of Jiangnan"; Weller, *Resistance, Chaos, and Control in China*, 113-153; "Matricidal Magistrates and Gambling Gods", 257-266. 译者按：魏乐伯研究的是20世纪八九十年代台湾地区的情况。

[34] Skinner, "Regional Urbanization", 211-249，和"Cities and the Hierarchy"，275-357; Huang, *Peasant Economy*, 69-71。

[35] 关于新儒家亲族理念的憧憬，见Waltner, *Getting an Heir*, 17, 22, Bray, *Technology and Gender*, 283-285；关于华北的分家惯例，见Huang, *Peasant Economy*, 69-121；关于妇女贞洁的表彰，见T'ien Ju-k'ang, *Male Anxiety and Female Chastity*; Elvin, "Female Virtue and the State in China", 111-152; Carlitz, "The Social Uses of Female Virtue", 117-152。万志英指出，五通神信仰中论及以性易财的部分，确实发生在中国社会表彰女性贞洁逐渐达到一个相当引人注目的程度的时候。见von Glahn, "The Enchantment of Wealth: The God Wutong in the Social History of Jiangnan", 685。

[36] von Glahn, "The Enchantment of Wealth: The God Wutong in the Social History of Jiangnan", 694.

[37] von Glahn, "The Enchantment of Wealth: The God Wutong in the Social History of Jiangnan", 698-701. 李维的*Ecstatic Religion*是讨论神灵附身的社会学意义之最具代表性的研究。李维指出，"外围崇拜"（peripheral cults）一般被认为是与道德无关，并借由附身的方式提供诸如处在男性主导社会中的女性，以及社会低阶层中的男性等边缘性团体表达异议的保护和机会。

[38] 王同轨，《新刻耳谈》，卷一四，第16b—17a页，《狐术女变男子》。同样的故事也收录在赵吉士，《寄园寄所寄》，卷五，第9b页。

[39] 纪昀，《阅微草堂笔记》，第423页。另一则同时代的故事说道，在一个士人家庭里，有个年轻的婢女偷了一些钱去帮助她那当乞丐的母亲，但被主人查获，笞打数下。有只住在家里已有几年，而且不曾为祟的狐精，这时哭言："悲此女年未十岁，而为母受棰。"主人觉得惭愧，便停止责罚她。邓眩，《异谈可信录》，卷二二，第9a页，《楼上哭》。

[40] 纪昀，《阅微草堂笔记》，第37、528、356、509页。

[41] Gates, "The Commoditization of Chinese Women", 813-819（引文取自第816

页); Gronewold, *Beautiful Merchandise*, 34–50; Mann, *Precious Records*, 41–44; Sommer, *Sex, Law, and Society*, 243–247, 282–287. 苏成捷 (Matthew Sommer) 讨论了许多取自河北顺天府的相关案件。

[42] Turner, "Encounter with Freud", 25. 第一章也引用了这句话。

[43] 江南的五通神祠规模也很小。这些小神龛 "几乎在每个庭院都可以找到，通常是在面向街上的大门内"。见 von Glahn, "The Enchantment of Wealth: The God Wutong in the Social History of Jiangnan", 678–679。

[44] 这里可举收录在和邦额《夜谭随录》中的《铁公鸡》一条为例。见《夜谭随录》，第246—249页；张景运，《秋坪新语》，卷八，第23b页，《宅异》；卷九，第7a—8b页，《周孝廉》。18世纪时，在华北，小麦是城市居民和上层阶级的主食，而高粱、玉米和马铃薯是下层民众的主食，穷人很难吃得到水果或肉类。见 Simoons, *Food in China*, 193, 298; Huang, *Peasant Economy*, 10。蛋和鸡通常用在订婚、婚礼等仪式，以及生产和结婚前夕等特殊时刻。在全中国，蛋和鸡被当作多产的象征。见 Eberhard, *The Local Cultures of South and East China*, 419–421。

[45] 王椷，《秋灯丛话》，卷九，第22b—24a页。

[46] 这三十则故事是《娇娜》，第57—65页；《青凤》，第112—118页；《婴宁》，第147—159页；《胡四姐》，第201—204页；《莲香》，第220—232页；《巧娘》，第256—264页；《红玉》，第276—283页；《犬灯》，第406—407页；《狐妾》，第409—413页；《阿霞》，第422—425页；《毛狐》，第429—431页；《青梅》，第444—453页；《辛十四娘》，第535—547页；《双灯》，第550—551页；《鸦头》第600—606页；《封三娘》，第610—617页；《狐梦》，第618—622页；《武孝廉》，第642—645页；《荷花三娘子》，第682—686页；《郭生》，第696—698页；《云翠仙》，第748—754页；《甄后》，第981—984页；《阿绣》，第991—998页；《小翠》，第1000—1008页；《嫦娥》，第1071—1079页；《霍女》，第1090—1097页；《丑狐》，第1107—1109页；《凤仙》，第1177—1184页；《小梅》，第1210—1216页；《恒娘》，第1431—1435页。

[47] Barr, "Disarming Intruders", 501–517. 亦见 Wai-yee Li, *Enchantment and Disenchantment*, 108–110, 126–127, 128–136; Zeitlin, *Historian of the Strange*, 174–181; Huntington, *Alien Kind*, 224–289, 尤其是第227—229页。李惠仪

注 释

（Wai-yee Li）和韩瑞亚都同意，和狐女谈恋爱是清代的文人作家驯化不熟悉的事物，并把她们带入既存社会秩序的一种过程。

[48] 徐昆，《柳崖外编》，卷四，第1a—7b页，《小年》。

[49] 纪昀，《阅微草堂笔记》，第89—90页。

[50] Barr, "Disarming Intruders", 517.

[51] Rubie Watson, "Afterword", 348.

[52] 分别见蒲松龄，《聊斋志异》，第217—218页，《酒友》，以及方元琨，《凉棚夜话》，卷一，第16b—18a页，《鼓楼狐》。

[53] 永尾龙造，《中国民俗志》，卷一，第131页；Owen, "Animal Worship", 254。欧文神父指出，这些神"总是被画得像穿着红、蓝、白三色衣服的中国官员的遗像"。也见泷泽俊亮，《满洲城乡的信仰》，第211页；Anne Goodrich, *Peking Paper Gods*, 100。

[54] 在安徽和苏北，人们当狐精是三姐妹，大姑、二姑和三姑。杜瑞提及，三者在一起，合称为"仙姑老太"。见Doré, *Researches Into Chinese Superstitions*, 695-696。杜瑞在第552页和553页中也收录了这三姐妹的民俗版画。在北京地区，"人咸称狐精为'三姑'，有时则呼作'仙姑老太'"。Anne Goodrich, *The Peking Temple of the Eastern Reak*, 193. 王树村在*Paper Joss*一书中，收录了一张雌狐精的民俗版画，见Wang Shucun, *Paper Joss*, 56。其他的名称则包括了"胡太爷""胡二太爷"和"胡太太"。见Li Wei-tsu, "Four Sacred Animals", 3；永尾龙造，《中国民俗志》，卷二，第10、91页；卷三，第52页；泷泽俊亮，《满洲城乡的信仰》，第208—212、217—219、220—242页；范迪瑞，《流行鲁东农村中的迷信禁忌》，第265页；张国增，《河北抚宁县的宗教迷信》，第282页；内田智雄，《中国农村的家族与信仰》，第323—340页；井冈咀芳，《中国北方习俗考》，第372页。

[55] 永尾龙造，《中国民俗志》，卷二，第91页；泷泽俊亮，《满洲城乡的信仰》，第225、228、240页。

[56] Owen, "Animal Worship", 254; Li Wei-tsu, "Four Sacred Animals", 2.

[57] Li Wei-tsu, "Four Sacred Animals", 8-12. 文字引自第11页。

[58] 张焘，《津门杂记》，中，第20页。

[59] Huntington, *Alien Kind*, 151.

[60] Sangren, "Female Gender", 11, 14.

第四章　狐精与灵媒

[1] 许多学者已经对华北的农村中身具功名的士绅相对显得弱势这一见解取得了共识。见Esherick和Rankin, *Chinese Local Elites and Patterns of Dominance*, 21-22中的概览。杜赞奇（Prasenjit Duara）指出，在20世纪初期，华北的士绅透过支持地方社会的大众信仰，建立起他们自己的道德和政治领导权。见Duara, *Culture, Power, and the State*, 118-157。

[2] Lewis, *Ecstatic Religion*, 59-113.

[3] 我在陕西发现的男性狐巫，属于同样的类型（见下面和第五章的论述）。杜博思（Thomas Dubois）在沧县的调查研究发现，狐巫的性别包括了男人和女人。道夫曼（Diane Dorfman）在河北访问到的人，表明了自己的农民身份。另一个在说明这个问题方面有助益的例子是临水夫人。临水夫人乃是在性别的寓意上，与狐精某些方面有些雷同的神灵。在祭祀的巫系仪式上，男巫扮演女性的角色。见Dubois, "Spirits, Sectarians and Xiangtou"; Dorfman, "The Spirits of Reform"; Baptandier, "The Lady Linshui", 116。

[4] Li Wei-tsu, "Four Sacred Animals", 26.

[5] 陆延枝，《说听》，上，第6b页。

[6] Doré, *Researches Into Chinese Superstitions*, 548.

[7] Li Wei-tsu, "Four Sacred Animals", 76.

[8] Baptandier, "The Lady Linshui", 133.

[9] Li Wei-tsu, "Four Sacred Animals", 26-27. 笔者将李慰祖翻译的用语"神仙"，由"fairy"改成"spirit xian"，并将"ghost"改成"spirit"。

[10] 可参见Lweis, *Ecstatic Religion*, 37-99; Eliade, *Shamanism*, 33-144; Li Wei-tsu, "Four Sacred Animals", 25-29; Potter, "Cantonese Shamanism", 207-231; Jordan, *Gods, Ghosts, and Ancestors*, 67-84。

[11] Li Wei-tsu, "Four Sacred Animals", 30.

[12] Doré, *Researches Into Chinese Superstitions*, 550.

[13] Li Wei-tsu, "Four Sacred Animals", 29-45.

[14] 见Overmyer, *Folk Buddhist Religion*, 162-204; Naquin, "Transmission of White Lotus Sectarianism"; Dean, *Lord of the Three in One*, 96-136。

[15] Doré, *Researches Into Chinese Superstitions*, 551-554; Li Wei-tsu, "Four Sacred

Animals", 27; Dubois, "Spirits, Sectarians, and Xiangtou". 杜博思表示，在现代的沧州，第一种类型还常见，第二种类型就罕见了。

[16] 张景运，《秋坪新语》，卷一二，第19b页。

[17] Li Wei-tsu, "Four Sacred Animals", 72.

[18] Li Wei-tsu, "Four Sacred Animals", 71-72. "坛口"指的是"坛仙"设的祭坛。"坛仙"即灵媒也。李慰祖在此用"magician"（巫师、术士）这个词来指灵媒。

[19] 蒲松龄，《聊斋志异》，第788—790页。

[20] 韩瑞亚也从家宅不安与家宅安顺的观点来讨论狐祟和狐寄居的问题。见 *Alien Kind*, 96-123。

[21] 在古代中国的家庭里，亲子之间趋向发展出一种契约关系。因为女孩被当成赔钱货，故女儿的经济价值事实上从溺杀女婴的比率之高反映出来。年轻女孩自然而然被当作家里的财产，可以拿来换儿子的妻子，或被出卖为妾、奴婢，或妓女。Gate, "The Commoditization of Chinese Women", 814-816; Gronewold, *Beautiful Merchandise*, 34-50; Cohen, *House United, House Divided*, 72-73.

[22] Gate, "The Commoditization of Chinese Women", 813; Barr, "Disarming Intruders", 517. 泼辣的妻子和媳妇的文学形象，见Dudbridge, "Women Pilgrims to t'ai Shan", 39-64; Wu, *Chinese Virago and Lioness Roars*; McMahon, *Misers, Shrews, and Polygamists*。媳妇在传统中国家庭中的边缘身份之人类学研究，见 Cohen, *House United, House Divided*, 196-198; Ahern, "Power and Pollution", 199-201; Judd, "Niangjia", 525-544。

[23] Ahern, "Power and Pollution", 199-200.

[24] Davis, *Society and the Supernatural in Song China*, 87-170. 关于道教的法师和灵媒在驱邪仪式方面的互补角色，也见Schipper, *The Taoist Body*, 44-54; Lagerwey, *Taoist Ritual*, 216-217。

[25] 描写紫姑神最普遍的故事如下：她是唐朝某官员的妾，其妻善妒设计将之杀害在厕所里。另一个说法则认为她是汉高祖（前206—前195年在位）的宠姬。高祖崩后，善妒的吕后下令将她杀死在厕所里。据永尾龙造所述，全中国的人在同一天，以相似的方法祭拜紫姑神，但使用的名称各不相同。小人偶乃用各种不同的材料做成，像稻草、细汤勺、篮子，或拿来汲水的葫芦瓢。焦大卫（David Jordan）和欧大年（Daniel Overmyer）认为从宋代以降，扶鸾就是紫姑神的特色，深受文人的喜爱。但永尾龙造指出，女孩和妇女仍

狐仙崇拜：中国封建王朝晚期的民间信仰与民众心理

然高度参与"请紫姑"的仪式。见叶德辉等编，《三教源流搜神大全》，第163页；永尾龙造，《中国民俗志》，卷二，第519—540页；许地山，《扶箕迷信的研究》，第10—18页；Jordan and Overmyer, *Flying Phoenix*, 38-39。

[26]《封神演义》，第1007—1008页。此书相传是许仲琳所作，约成于隆庆元年（1567）到万历四十七年（1619）间。

[27] 许地山，《扶箕迷信的研究》，第10—18页。

[28] 山民，《狐狸信仰之谜》，第33页。

[29] 夏维明受到巴赫金（Bakhtin）提出的中古欧洲嘉年华会是反转了主宰生活的社会规范这一理论的影响，主张明清时期通俗小说中的神明，尤其是女性、好战且古怪的神明，在推翻儒家伦理方面，同样具有嘉年华会的效果。见Shahar, *Crazy Ji*, 16-17。

[30]《大明律》第473a页。《大清会典事例》，卷七七六，第7—8页。此文原为明代法条，清雍正五年（1727）修订。原书英文译文，摘自Esherick, *Boxer Uprising*, 41。关于明清时期管理邪教活动的规则，见ter Haar, *The White Lotus Teachings in Chinese Religious History*, passim，尤其是第129—292页。

[31] Sutton, "From Credulity to Scorn", 引自第25—26页。

[32] 关于这个教派，见ter Harr, *The White Lotus Teaching in Chinese Religious History*, 227-238。本书第六章会有更详细的讨论。

[33] 谈迁，《北游录》卷七，第41b—42a页。本段文字乃谈迁从康海的文集引来。康海是陕西士人，他所记录的，很可能是这个教派在他家乡附近活动的情形。不过，笔者在现存的康海文集中并没有发现这段文字。

[34] 关于精英对于来自社会边缘的妇女的看法，见Furth, *A Flourishing Yin*, 268-272; Cass, *Dangerous Women*, 47-64; Mann, *Precious Records*, 143-177; Bray, *Technology and Gender*, 237-272。这些来自社会边缘的妇女被瞧不起，但同时那些受过教育的妇女，她们跨越家庭的边界，担任年轻女孩的巡游教师，并受到明清文人的敬重。重要的是，一方面，她们扩大了妇女的社会空间，另一方面则强化了男女领域的分别。见Ko, *Teachers of the Inner Chambers*, 115-142。

[35] 张焘，《津门杂记》，中，第17b—18a页。关于这则译文和讨论，也见Huntington, *Alien Kind*, 166。

[36] 纪昀，《阅微草堂笔记》，第79页。关于这则故事的译文和讨论，也见

Huntington, *Alien Kind*, 160-162。

[37] 另一则狐精教训贪婪灵媒的故事，见纪昀，《阅微草堂笔记》，第194页。有关纪昀的狐精故事所要传达的道德事项，见Chan, *The Discourse on Foxes and Ghosts*，尤其是第187—243页；Huntington, *Alien Kind*, 59-68, 73-86, 111-113，以及第七章。

[38] 李维在 *Ecstatic Religion* 一书中已充分讨论疾病和缺德之间的关系，见I. W. Lewis, *Ecstatic Religion*, 114-159。杜博思发现，沧州存在着从最慷慨和最友善到最贪心和最粗暴的各种灵媒。他也区分了沧州人两种类型的病，即"实"病和"虚"病。只有后一种是一般的体弱引起的，而他们会找灵媒医治。然而，这个例子不在李慰祖的研究中，在现代医疗技术和西医均不甚发达的较早时候，一般也不可能存在这种情况。道夫曼指出，中国北部的灵疗者，一定要由"有德行、有慈悲心和有爱心"的人来担任。他们不会索讨礼物或金钱，但仍会希望得到一些东西。某些治疗者为了展现他们的美德，还会拒绝钱财方面的报酬。Li Wei-tsu, "Four Sacred Animals", 80-81; Doré, *Researches Into Chinese Superstitions*, 560-562; Dorfman, "The Spirits of Reform", 264-266; Dubois, "Spirits, Secrarians and Xiangtou"。

[39] 纪昀，《阅微草堂笔记》，第297页。

[40] 纪昀，《阅微草堂笔记》，第193页。其他的叙述，见《阅微草堂笔记》，第226、187页，以及汤用中，《翼駉稗编》，卷五，第42b页，《山阳狐》。故事叙述一个欺凌兄嫂的人遭到狐精惩罚的事。

[41] 纪昀，《阅微草堂笔记》，第240页。也见第396页的故事。其他反复强调道德的重要性的例子，也可以在第211、298和487页中看到。其他的士人也陈述了类似的意见，其一是《聊斋志异》的评注者但明伦（1795—1855），他总结说："鬼狐不畏贵人，只畏正人。"见《聊斋志异》，第56页。又《聊斋志异》，第747页，《河间生》中叙述，有个年轻人在得知狐精惧正直的人后，立刻和一只狐精断绝往来。

[42]《阅微草堂笔记》，第313页。纪昀的父亲纪容舒（1686—1764）历任朝廷高官及云南姚安府的知府。他也曾写过几本书。纪容舒的传记，可见徐世昌，《大清畿辅先哲传》，卷二〇，第24a—26b页。

[43] 纪昀，《阅微草堂笔记》，第330页。就学术上而言，纪昀深受"考据学派"的影响，强烈地反对宋代的理学思想。Chan, *Discourse of Foxes and*

Ghosts, 115 n. 4.

[44] 张景运，《秋坪新语》，卷九，第7a—8b页。关于这则故事的另一种译本以及类似的议论理路，见Huntington, Alien Kind, 162-165。

[45] Ho, The Ladder of Success in Imperial China, 26-27. 何炳棣表示，晋身举人之阶，一夜之间会改变一个人的社会和经济地位。

[46] Doré, Researches Into Chinese Superstition, 548-550, 554. 引文出自第549页。

[47] Li-Wei-tsu, "Four Sacred Animals", 76-77.

[48] 有关清代士人对于雇用灵媒的暧昧态度，见Richard J. Smith, Fortune-Tellers and Philosophers, 221-233。

[49] 陆延枝，《说听》，上，第6b页。

[50]《聊斋志异》，第691页。韩瑞亚也全文翻译、讨论此则故事（Alien Kind, 153-156）。他尤其注意到蒲松龄戏谑的口吻。

[51] 高珩的序文，见《聊斋志异》，第3页。吕湛恩的评点，见《聊斋志异》，第61页；Zeitlin, Historian of the Strange, 224 n.37. 明人对"情"的追求，见Wai-Yee Li, Enchantment and Disenchantment，尤其是第47—88页。

[52] Huntington, Alien Kind, 155.

[53]《聊斋志异》，卷五，第693页，《侯静山》。

[54] 关于这些女神的本质，见Sangren, History and Magical Power in a Chinese Community, 150-152; Pomeranz, "Power, Gender, and Pluralism in the Cult of the Goddess of Taishan", 182-206; Yü, Kuan-yin。

第五章　狐精与地方信仰

[1] 有关官僚的隐喻及其在中国宗教中之限制的概论，见Weller and Shahar, "Introduction", 4-8. 关于这两种模式的交流，亦即官僚和个人与中国神明的交流，见Hymes, Way and Byway。

[2] 陆延枝，《说听》，上，第5b—6a页。其他的例子，可见徐昌祚，《燕山丛录》，卷八，第1b页；张景运，《秋坪新语》，卷五，第26a页，《狐不入狱》；王椷，《秋灯丛话》，卷一，第8b页。

[3] 纪昀，《阅微草堂笔记》，第284页。邓眹在《异谈可信录》卷二，第29b—30b页中，也以"狐讼"为题，收录了这则故事。

注　释

[4] 纪昀，《阅微草堂笔记》，第344—345页。长白浩歌子记载了另一个案例。在故事里，城隍手下的判官在城隍庙中审问为祟的狐精。有趣的是，那个判官也是狐精。见《萤窗异草》，三编，卷四，第302—303页。其他的故事，记载在包括徐昌祚，《燕山丛录》，卷八，第5a页；邓旭，《异谈可信录》，卷三，第12b页，《心经诛狐》等条中。

[5] 蒲松龄，《聊斋志异》，第135、1333页。蒲松龄提到某个道士有本关于驱除狐精的书。19世纪，评点《聊斋志异》的冯镇峦指此书就是《驱狐经》。

[6] 长白浩歌子，《萤窗异草》，第356—366页。

[7] 纪昀，《阅微草堂笔记》，第419—420页。"役狐魅"之术，长期以来在道书里就被贴上妖术的标签。年代不详的道书《玄天上帝启圣录》记载了许多唐宋时期与真武有关的灵异故事。唐朝的一名武将，因精于"狐女邪法"而得到武则天的宠信，并训练五百名幼童学习乘云降雹、残害人类的妖术。有个年轻的法师，自称是真武神转世，借由喷水在这些孩童身上把他们全部收到剑鞘里的法术，破解了这个妖术。后来，他留给这名武将一条生路，而五百名幼童则被他用"真火"烧尽。

[8] 纪昀，《阅微草堂笔记》，第1、125—126页。

[9] Li Wei-tsu, "Four Sacred Animals", 8.

[10] 和邦额，《夜谭随录》，第187页。

[11] 高承勋，《松筠阁钞异》，卷九，第48a页。清凉道人，《听雨轩笔记》，卷一，第9b—12a页，故事叙述的是，有个人对某个狐精家族施行五雷法，致使它们不得不离开老巢的故事。

[12] 邓旭，《异谈可信录》，卷一〇，第25a页。

[13] 袁枚，《续子不语》，卷六，第8b—9a页。朱尔玫的真名为朱方旦。见王应奎，《柳南随笔》，卷三，第47页；吴伯娅，《朱方旦》，第367—373页。正统道士和民间俗师之间的区别也许并非一直非常清楚。举例来说，在一则故事里，有个道士说明："凡得五雷法者，皆可以役狐。"也能役使狐精偷盗他人财物、祟害他人，或令它们如同狐女一样，提供性服务（《阅微草堂笔记》，第361页）。在此，精通五雷法的道士和前章讨论的驱邪师李成爻没有什么不同。

[14] 袁枚，《子不语》，卷七，第9a—9b页，《狐祖师》。

[15] 有关真武神，见Grootaers, "The Hagiography of the Chinese God Chen-Wu",

249

131-165,147; Seaman, *Journey to the North*; Lagerwey, "The Pilgrimage to Wu-tang Shan", 293-295; Shin-yi Chao, "Zhenwu Cult".

[16] 长白浩歌子，《萤窗异草》，第234页，《谈易狐》。
[17] 和邦额，《夜谭随录》，第88页，《杂记五则》。其他的例子，包括曾衍东，《小豆棚》，第257页，《霍璟燕》;《阅微草堂笔记》，第217页；钱泳，《履园丛话》，卷一六，第5b—6a页，《狐老先生》。
[18] 明清时期，这些神明的画像，见马书田，《华夏诸神》，第15、18、305页。
[19] 袁枚，《子不语》，卷二二，第14b页，《狐道学》。
[20] 清凉道人，《听雨轩笔记》，卷一，杂记，第9b—12a页。也见钱希言，《狯园》，卷一四，第12b页。故事的主角是名"白须老公"，学识渊博，能读其他人不认得的古文字。有个算命师认为这个老翁就是"天狐"。有则类似的故事收在高承勋，《松筠阁钞异》，卷一〇，第2b页，《梁间老叟》。
[21] 东轩主人，《述异记》，上，第4a—4b页。
[22] 吴昌炽，《客窗闲话》，卷二，初集，第6b—8b页。
[23] 纪昀，《阅微草堂笔记》，第295页。
[24] 袁枚，《子不语》，卷二，第7a—7b页，《关神断狱》。
[25] Li Wei-tsu, "Four Sacred Animals", 9, 24-25. 引文取自第24页。
[26] 方元琨，《凉棚夜话》，续编，上，第21b—22a页，《土神庙》。
[27] Hansen, *Changing Gods in Medieval China, 1127-1276*, 60-61.
[28] Schneewind, "Competing Institutions", 97-98.
[29] 祭祀土地神的庙宇一般说来，在规模上都较小，有时候只是路旁的小神龛而已。见金井德幸，《社神和道教》，第182—189、197页；泷泽俊亮，《满洲城乡的信仰》，第9—15、177—180页；直江广治，《中国民俗文化》，第101—105页。
[30] 王同轨，《新刻耳谈》，卷一四，第9a—10a页，《东岳行宫夫人》。同样的故事也收录在王同轨的《耳谈类增》，卷四七，第8a—8b页，和高承勋的《松筠阁钞异》，卷八，第32b页。
[31] 有关泰山与泰山神，见Chavannes, *Le T'ai Chan*；刘慧，《泰山宗教研究》。
[32] 以下有关"泰山夫人"的部分。也见Baptandier, "The Lady Linshui"。
[33]《碧霞元君护国庇民普济保生妙经》，收录《道藏》，第1433页。
[34] 有关碧霞元君的信仰，见罗香林，《妙峰山与碧霞元君》，第1—58页；

注　释

容庚，《碧霞元君庙考》，第119—130页；Naquin, "Peking Pilgrimages"; Pomeranz, "Power, Genderm, and Pluralism in the Cult of the Goddess of Taishan"。容庚提到，据清代地方志的记载，光北京一地就至少有七座碧霞元君庙。彭慕兰表示，碧霞元君的信仰在此时不甚得到士人的支持，但是，士人的意见似乎对这个信仰的快速传播也没有什么影响。

[35] 又见Pomerand, "Power, Gender, and Pluralism in the Cult of the Goddess of Taishan", 196-197。

[36] 例如，见黄凯钧，《遣睡杂言》，卷五，第19a页，《狐仙贞洁》；徐昆，《柳崖外编》，卷一，第14b页，《鲍生》；汤用中，《翼駉稗编》，卷一，第42b—43a页，《袁江黄氏园狐》；纪昀，《阅微草堂笔记》，第165、547页。有则故事记述了一个狐女协助女孩忍受缠足的痛苦经验。见清凉道人，《听雨轩笔记》，卷一，杂记，第10b—11a页。

[37] 另一个说法则认为缠足是一个由雉鸡精变成的女人发明的。她、狐精和另一个女性角色是商纣王的三个妃子。这个说法也许源自明代的通俗小说《封神演义》。小说中描写女娲派了三个女魔头下凡惩罚纣王。见王三聘，《古今事物考》，第6页；Burkhardt, *Chinese Creeds and Customs*, 55; Bredon and Mitrophanow, *The Moon Year*, 416-417和n.9。

[38] 袁枚，《子不语》，卷七，第7b页，《狐仙冒充观音三年》。彭慕兰在"Power, Gender, and Pluralism in the Cult of the Goddess of Taishan"一文中也引用这则故事来说明碧霞元君信仰潜在的危险性。见Pomeranz, "Power, Gender, and Pluralism in the Cult of the Goddess of Taishan", 197。

[39] 徐昌祚，《燕山丛录》，卷七，第3b、6a—6b页；Anne Goodrich, *Pekning Paper Gods*, 105-107; Chavannes, *Le T'ai Chan*, 38；胡朴安，《中华全国风俗志》，下编，卷五，第12页；Watters, "Chinese Fox-Myths", 54。徐昌祚记载，碧霞元君庙分布在长江和淮河以北，而此女神尤精于治小儿痘疮。

[40] Pomeranz, "Power, Gender, and Pluralism in the Cult of the Goddess of Taishan", 204.

[41] 袁枚，《子不语》，卷四，第6a—7a页，《陈圣溥遇狐》。

[42] 管世灏，《影谈》，第86b页，《洛神》。西方的学者在20世纪和21世纪之交也发现了这种关系，见Doré, *Researches Into Chinese Superstitions*, 701; Day, *Chinese Cults*, 45; Burkhardt, *Chinese Greeds and Customs*, 55; Maspero, *Taoism and Chinese Religion*, 104-105。

251

[43] 袁枚，《子不语》，卷五，第3b—4b页，《斧断狐尾》。

[44] 袁枚，《子不语》，卷一，第5b—6a页，《狐生员劝人修仙》。关于泰山女神试验狐精的类似看法，亦可见汤用中，《翼駉稗编》，卷六，第10b—11a页，《狐仙请看戏》，这则故事指出，狐精每六十年举办一次科考。

[45] Pomeranz, "Power, Gender, and Pluralism in the Cult of the Goddess of Taishan"，尤其是第188—192页。

[46] 西周生，《醒世姻缘传》，第891页；Dudbridge, "Women Pilgrims to T'ai-shan", 39-48.

[47] 徐昆，《柳崖外编》，卷一一，第4a—6b页，《平喜》。

[48] Pomeranz, "Power, Gender, and Pluralism in the Cult of the Goddess of Taishan", 200-203.

[49]《聊斋志异》，第618—622页，《狐梦》；第997页，《阿绣》。另一例收在王韬所作《遁窟谰言》的《说狐》（卷八，第14b—15b页）中。故事讲述有只狐精住在王母的宫殿里，每年为王母梳妆打扮。

[50] 身为玉帝皇后的西王母，在民间传说中最为有名的是其每年在天宫举办的蟠桃会。见Maspero, *Taoism and Chinese Religion*, 194-196。

[51] 罗香林，《妙峰山与碧霞元君》，第7—10页；奥村义信，《满洲娘娘考》，第159—161页；刘慧，《泰山宗教研究》，第140—142页。

[52] 罗香林，《妙峰山与碧霞元君》，第11—13页。

[53] 顾颉刚，《妙峰山娘娘殿宇略图》，第131—132页；周振鹤，《王三奶奶》，第70—73页。

[54] Anne Goodrich, *The Peking Temple of the Eastern Reak*, 259.

[55] Li Wei-tsu, "Four Sacred Animals", 43, 50.

[56] 顾颉刚，《游妙峰山杂记》，第176页；周振鹤，《王三奶奶》，第83—84页；殷兆海、吕衡，《妙峰山王三奶奶的传说》，第2—5页。这张照片刊在同一期《民俗》的封面，因太过模糊，无法辨别出什么东西。

[57] Li Wei-tsu, "Four Sacred Animals", 51; Anne Goodrich, *The Peking Temple of the Eastern Reak*, 259.

[58] 顾颉刚，《游妙峰山杂记》，第176页。

[59] 周振鹤，《王三奶奶》，第68—107页。引文取自第70页。

[60] Li Wei-tsu, "Four Sacred Animals", 6.

[61] Cahill, *Transcendence and Divine Passion*, 54-57, 147-156.
[62] 徐昌祚，《燕山丛录》，卷六，第7a页。
[63] 李世瑜，《现在华北秘密宗教》，第11页。
[64] 朴相圭，《满洲风俗图录》，第105页。
[65] 内田智雄，《中国农村的家族与信仰》，第323、327、338页。内田也指出，因为狐仙坛经常附在大庙内，因此很容易就被地方的记载忽略了。这至少可以部分地解释为何笔记小说中有如此大量的关于狐仙信仰的记载，而地方志和其他官方档案则付之阙如。
[66] Anne Goodrich, *The Peking Temple of the Eastern Reak*, 193-94, 261. 叶郭立诚，《北平东岳庙调查》，第596页。两者均介绍了庙的布局和狐仙坛放置的位置。
[67] 安景汉，《波罗接引寺古今谈》，第14—16页。
[68] 安景汉，《波罗接引寺古今谈》，第21页。这些事件并没有记录在刘济南1929年编的《横山县志》里。这些记载也许是源自1949年以后的口述资料。
[69] 高氏油房是距离波罗约三千五百米远的一个村子。
[70] 这是榆林市佳县一带非常有名的佛寺群（总计有五十六座庙）。
[71] 关于玄奘和他取经所走的路线，见Wriggins, *Xuanzang*。
[72] 何炳勋，《怀远县志》，卷二（无页码）；李熙龄，《榆林府志》，卷二四，第5a页；马生骏，《横山县志》（1993），第307页。
[73] 在一篇会议论文中，姜士彬提出记录文字在提升士人价值和维系士人支配力方面的威力。见Johnson, "Communication, Class, and Consciousness", 34-72。
[74] 杜赞奇指出，民国政府把许多寺庙改建成学校或其他政府厅舍。Dura, *Culture, Power, and the State*, 148-155. 魏乐博和丁荷生（Kenneth Dean）都讨论了对民众宗教活动的敌视态度。Weller, *Unities and Diversities in Chinese Religion*, passim. Dean, *Taoist Ritual and Popular Cults of Southeast China*, 41; *Lord of the Three in One*, 20-21.

第六章　狐精与官员

[1] 康海等撰，《武功县志》，《序》。
[2] 有关地方信仰的活性，见Hansen, *Changing Gods in Medieval China, 1127-1276*; von Glahn, "The Enchantment of Wealth: The God Wutong in the Social History of

Jiangnan"; Szonyi, "The Cult of the Five Emperors"。有关官员企图压制地方信仰的研究，见Overmyer, "Attitudes Toward Popular Religion"; Boltz, "Not by the Official Seal Alone"; Schneewind, "Competing Institutions"。

[3] 长白浩歌子，《萤窗异草》，二编，卷四，第199页，《大同妓》；屠绅，《六合内外琐言》，卷六，第15a—16a页，《短兵》。

[4] 蒲松龄，《聊斋志异》，卷五，第606页；屠绅，《六合内外琐言》，卷八，第4b页，《二韶》；百一居士，《壶天录》，下，第32b页。

[5]《九尾狐》为评花主人所作。纪昀也提到一个名为"玉面狐"的名妓。纪昀，《阅微草堂笔记》，第445页。

[6] 纪昀，《阅微草堂笔记》，第213、310页。第二则故事被徐珂抄录在《清稗类钞》中。见徐珂，《清稗类钞》，卷八四，第43—44页，《妓饰为狐女以行骗》。有关狐精与妓女之间的关系，也见Huntington, *Alien Kind*, 187-194。

[7] 长白浩歌子，《萤窗异草》，三编，卷三，第287—290页，《董文遇》。

[8] 汤用中，《翼駉稗编》，卷六，第10—11a页，《狐仙请看戏》。

[9] 有关清代官员对待民间艺人的方式，见Smith, *Village Life in China*, 37-48；冯尔康、常建华，《清人社会生活》，第306—312页；Hanssen, *Chinese Outcasts*, 42-48。

[10] Naquin, *Shantung Rebellion*, 43-44. 有关叛乱与女性性魔力和娼妓之间的关联，见Esherick, *Boxer Uprising*, 298; Cohen, *History in Three Keys*, 138-145。

[11] 郎瑛，《七修类稿》，卷四八，第10b—11a页。

[12] Watters, "Chinese Fox-Myths", 54. 永尾龙造，《中国民俗志》，卷二，第86—92页；王景琳、徐匋，《中国民间信仰风俗辞典》，第369页；任聘，《中国民间禁忌》，第310—311、361页。

[13] Skinner, "Regional Urbanization", 211-252; Naquin and Wawski, *Chinese Society*, 140-147. 关于华北的流民问题，见Huang, *Peasant Economy*, 94, 114; Esherick, *Boxer Uprising*, 25-28; Will, *Bureaucracy and Famine*, 38-49; Kuhn, *Soulstealers*, 72和n.24。韩书瑞（Susan Naquin）和罗友枝（Evelyn Rawski）指出，华北地区因为缺少地理和文化障碍，因而促成了人口的高度流动。周锡瑞（Joseph Esherick）指出，山东的贫困程度严峻到农民即使是在平时也在生存线上挣扎，一遇荒年就得离开家乡到外地行乞。孔飞力指出，在乾隆二十五年（1760），社会上对流民的警惕已经逐渐明显，到了19世纪则变得更加严重。

注 释

[14] 流民被当作社会威胁看待的议题，见Kuhn, *Soulstealers*, 42-47; ter Haar, *The White Lotus Teachings in Chinese Religious History*, 173-95, 263-88; Will, *Bureaucracy and Famine*, 38-62; Sommer, *Sex, Law and Society*, 96-101。

[15] 郎瑛，《七修类稿》，卷四八，第9b—10a页。

[16] 纪昀，《阅微草堂笔记》，第396页。

[17] 各自见张景运，《秋坪新语》，卷一一，第23b页，《方家园狐》；汤用中，《翼駉稗编》，卷三，第12b—14a页，《彩凤》。

[18] 蒲松龄，《聊斋志异》，卷四，第500—504页，《狐谐》。

[19] 张景运，《秋坪新语》，卷一〇，第17a页，《四钞》。作者特别指出，故事中所谓在陕西的战祸，乃是康熙早年的姜瓖之乱。

[20] 蒲松龄，《聊斋志异》，卷二，第273页，《潍水狐》。文中狐精提到的乱事，据《聊斋志异》的一个注者所注，是康熙十三年（1674）由陕西提督王辅臣领导的反清之乱。而这次的乱事，是呼应南方的三藩之乱［康熙十三年至康熙二十年（1681）］所起的一次叛乱事件。

[21] 李庆辰，《醉茶志怪》，卷二，第36b—37a页。盗窃事件经常和多种鬼怪联结在一起。以狐精犯盗赃为主题的故事，见张景运，《秋坪新语》，卷八，第23b页，《宅异二则》，以及纪昀，《阅微草堂笔记》，第125页。也见Boltz, "Not by the Seal of Office Alone", 249, 引用故事取自《夷坚志》。五通神也有类似的特质。见von Glahn, "The Enchantment of Wealth: The God Wutong in the Social History of Jiangnan", 657; Cedzich, "Cult of Wu-t'ung/Wu-hsien", 166。

[22] 张景运，《秋坪新语》，卷七，第9b—11a页，《借宿妇》。也见王韬，《遁窟谰言》，卷三，第1a—1b页。这则故事叙述一名年轻士人和狐精之间的爱情。故事中，狐精自称是一名富室逃妾。

[23] 各别见，方元琨，《凉棚夜话》，卷一，第16b—18a页，《鼓楼狐》；邓眃，《异谈可信录》，卷二二，第8a页，《代博》。有关清代地方社会中的博弈风气和打击赌博的官方政策，见Smith, *Village Life in China*, 104；冯尔康、常建华，《清人社会生活》，第288—291、312—314页。

[24] 纪昀，《阅微草堂笔记》，第94页。另一个类似的例子，见袁枚，《续子不语》，卷九，第1b—2a页，《安庆府学狐》。

[25] 蒲松龄，《聊斋志异》，卷八，第1086页，《盗户》。Spence, *The Death of Woman Wang*, 23, 也引了这则故事。在这里，笔者援用史景迁的翻译而稍微

修改之。

[26] 关于宗教专业人士的能力和官府加诸他们身上的规定，见Yang, *Religion in Chinese Society*, 180–189; Kuhn, *Soulstealers*, 42–46, 95, 107–109; Overmyer, "Attitudes Toward Popular Religion", 191–222。孔飞力延续伊凡-普理查（Edward Evans-Pritchard）的观点，指出中国社会中的巫师是拥有三种放大能力的人，"认知力（超越时间和空间的能力，但主要是为了预言未来）、读心和生命驱动力。这三种能力一般称为'术'"。

[27] 徐昌祚，《燕山丛录》，卷八，第1a—1b页；周元暐，《泾林续记》，第7b页；王逋，《蚓庵琐语》，后集，卷七，第15b页；吴陈琰，《旷园杂志》，后集，卷一四，第35a页；董含，《莼乡赘笔》，上，第42a页。

[28] ter Haar, *The White Lotus Teachings in Chinese Religious History*, 173–195, 263–281; Kuhn, *Soulstealers*。

[29] 王应奎，《柳南随笔》，卷三，第47页；顾公燮，《消夏闲记摘抄》，上，第28b—30a页；钱泳，《履园丛话》，卷一六，第2a—2b页；吴伯娅，《朱方旦》，第369—373页。

[30] 岳和声，《餐微子集》，卷四，第30b—31a、63a页；黄遵素，《说略》，第21a—23b页；《燕楚游骖录》，卷三，第85a页；ter Haar, *The White Lotus Teachings in Chinese Religious History*, 227–238。

[31] 《聊斋志异》，卷二，第240—243页，《九山王》。

[32] 钱泳，《履园丛话》，卷一六，第8b页，《狐报仇》。这则故事也收录在梁恭辰，《北东园笔录》，四编，卷六，第7b—8a页。

[33] 袁枚，《续子不语》，卷一，第7a—7b页，《治妖易治人难》。

[34] Schneewind, "Community Schools and Community Shrines", 62–69; Naquin, *Shantung Rebellion*, 27. Watt, *The District Magistrate in Late Imperial China*, 169–184.

[35] 关于官员在治理地方社会方面的有限权力，尤见以下：Hsiao, *Rural China*; Ch'ü, *Local Government in China Under the Ch'ing*; Chung-li Chang, *The Chinese Gentry*; Watt, *The District Magistrate in Late Imperial China*, 211–212; Esherick and Rankin, *Chinese Local Elites and Patterns of Dominance*。关于衙役和胥吏的权力，以及他们和官员的关系，见Ch'ü, *Local Government in China Under the Ch'ing*, 36–55; Reed, *Talons and Teeth*。

[36] 徐昌祚，《燕山丛录》，卷八，第1a—1b页。

注 释

[37] 明清时期记载王嗣宗故事的文献，见陈梦雷编，《古今图书集成》，卷七一，第54c页。记载胡彦高故事的文献，见陈梦雷编，《古今图书集成》，卷七一，第55a页；林溥，《即墨县志》，卷一二，第44a页。

[38] 袁枚，《续子不语》，卷二，第1b页，《驱狐四字》。

[39] 张景运，《秋坪新语》，卷五，第26a页，《狐不入狱》。

[40] 汤用中，《翼駉稗编》，卷二，第13b—14a页，《肥城狐》。

[41] 慵讷居士，《咫闻录》，卷三，第7a—8b页，《治狐》。

[42] 黄六鸿在《福惠全书》，第387—395页中记载了整个缉捕盗贼的详细过程。这一内容也收录于 Spence, *Death of Woman Wang*, 89-98。

[43] 王棫，《秋灯丛话》，卷二，第2a页。也见谢肇淛，《五杂俎》，卷九，第13b—14a页，其中所收录的故事：北京天坛有白狐居之，据说已千余岁。它有长须和灰白的头发，以常人的形象和人往来。当皇帝前往天坛祈雨，这狐精便消失不见。再度出现时，它告诉人们，因为皇帝身边有数百天神护驾，故当皇帝驾幸天坛的时候，它必须躲在泰山的洞穴里。另一则故事叙述，有只曾经在客栈崇患旅客的狐精，在一名武官李先生到来的时候倏忽离去。狐精解释，因为李先生是个贵人（官阶高的人）。王同轨，《耳谈》，卷五，第6a页。

[44] Li Wei-tsu, "Four Sacred Animals", 21.

[45] Watt, "The Yamen and Urban Administration", 353-390. 他在文章的第380—381页中收录了一张浙江绍兴府山阴县县衙的平面图，这张图仔细地呈现了衙门各个不同的区域。

[46] 东轩主人，《述异记》，上，第11a页，《狐祟》。

[47] 蒲松龄，《聊斋志异》，卷二，第244页，《遵化署狐》。

[48] 蒲松龄，《聊斋志异》，卷二，第255页，《汾州狐》。

[49] 刘寿眉，《春泉闻见录》，第17b页。

[50] 袁枚，《子不语》，卷一一，第2a页，《狐诗》。

[51] 汤用中，《翼駉稗编》，卷二，第12b—22a页，《蓟州署狐》。

[52] 俞鸿渐，《印雪轩随笔》，卷一，第21b页。

[53] 徐珂，《清稗类钞》，稗七四，第170—171页。

[54] 王同轨，《新刻耳谈》，卷四，第16a页，《巡察使马公》。

[55] 汤用中，《翼駉稗编》，卷五，第10a—10b页，《狐放火》。

[56] Boltz, "Not by the Seal of the Office Alone", 250-251.

[57]《聊斋志异》,卷二,第244—245页,《遵化署狐》。

[58] 徐珂,《清稗类钞》,稗七四,第166—167页,《老狐复仇》。

[59] 薛福成,《庸盦笔记》,第212—213页,《蒙阴狐报仇》。另一个例子收在袁枚,《子不语》,卷四,第3a页,《严秉玠》。

[60]《聊斋志异》,卷二,244页,《遵化署狐》。

[61] 袁枚,《子不语》,卷一一,第2a页,《狐诗》。

[62] 徐珂,《清稗类钞》,稗七四,第170—171页,《狐崇顾晴谷》。

[63] 汤用中,《翼駉稗编》,卷七,第27a—28a页,《狐求影像》。

[64] 见《搜神记》,卷一八,第221—222页,故事四二四;《太平广记》,卷四四七,第313—314页,《陈斐》。

[65] 汤用中,《翼駉稗编》,卷二,第21b—22a页,《蓟州署狐》。

[66] 汤用中,《翼駉稗编》,卷八,第17b—18a页,《彰德署狐》。

[67] 徐昆,《柳崖外编》,卷三,第4a—5a页,《翠芳》。另有个类似的例子,收在邓眈,《异谈可信录》,卷二二,第2b页,《友徐观察》。故事中,有只狐精化作道士的样子,时时拜访某州官,向他提供管下某知县不法行为的信息。

[68] 王椷,《秋灯丛话》,卷一〇,第19b页。

[69] 蒲松龄,《聊斋志异》,卷二,第255—256页,《汾州狐》。另一则故事以一江西广信府署中的狐精为主角,它能向主管官员预言未来。见袁枚,《子不语》,卷一九,第9b页,《广信狐仙》。

[70] 泖滨野客,《解醒语》,卷三,第20a—20b页,《狐报仇》。译者按,此资料出处之文献全名应为《解醒语闻见异辞合志》,乃罕见文献。另元朝李材(1297—1335)著有《解醒语》一书,现有一卷之版本流行。李材之《解醒语》与作者所注之泖滨野客的《解醒语》不同,宜有所区别。

[71] Doré, *Researches Into Chinese Superstitions*, 698-699.

[72] 刘寿眉,《春泉闻见录》,第4b页;也见Huntington, *Alien Kind*, 108-109对这一则故事的讨论。

[73] 纪昀,《阅微草堂笔记》,卷四,第20、330页。

[74] 纪昀,《阅微草堂笔记》,第6页。

[75] 蒲松龄,《聊斋志异》,卷二,第273—274页,《潍水狐》。

注 释

[76] 李庆辰，《醉茶志怪》，卷二，第18a—18b页，《余某》。

[77] 徐昆，《柳崖外编》，卷四，第1a—4a页。

[78] Krappe, "Far Eastern Fox Lore", 126.

[79] Der Ling, *Imperial Incense*, 144–149. 德龄（Der Ling）记载，这座狐仙庙坐落在盛京城内的中心，所供神明的主要功能是治疗疾病。泷泽俊亮列出同一座城市中的十六处狐仙坛和狐仙庙，当中有一些坐落在城墙的四个角落。见泷泽俊亮，《满洲城乡的信仰》，第220—224页。

[80] 毛祥麟，《墨余录》，卷四，第3a页，《狐仙驱贼》。

[81] 杨凤辉，《南皋笔记》，卷四，第15a、16a页。

[82] 采蘅子，《虫鸣漫录》，卷二，第10a页。

[83] 许奉恩，《里乘》，第132页，《浙江学使署狐》。

[84] 程晼，《潜庵漫笔》，卷三，第6b—7a页，《狐仙》。

[85]《见闻随笔》，收录在陆林，《清代笔记小说类编》，精怪卷，第384页，《狐送菜》。

[86] 袁枚，《子不语》，卷四，第3a页，《严秉玠》。

[87] 陈其元，《庸闲斋笔记》，卷二，第3b—4a页。

[88] 百一居士，《壶天录》，下，第7b页。

[89] 宣鼎，《夜雨秋灯录》，卷三，第39页。

[90] 薛福成，《庸盦笔记》，第213页，《宁绍台道署内狐蛇》。

[91] 钱泳，《履园丛话》，卷一六，第6b—7a页，《管库狐仙》；百一居士，《壶天录》，下，第7b页；Doolittle, *Social Life of the Chinese*, 1. 288-289, 357-358; Watter, "Chinese Fox-Myths", 53, 58; 姚立江，《中国北方的狐仙崇拜》，第66页。

[92] 吴昌炽，《客窗闲话》，卷二，初集，第6b—8b页，《吴真叟》。

[93] 杨凤辉，《南皋笔记》，卷四，第6b—7a页，《仙姑姑》。

[94] Boltz, "Not by the Seal of Office Alone", 254–255.

[95] 泷泽俊亮，《满洲城乡的信仰》，第212页。

[96] Doolittle, *Social Life of the Chinese*, 1, 357–358.

[97] Watters, "Chinese Fox-Myths", 58–59; Doolittle, *Social Life of the Chinese*, 358.

[98] 张宸，《平圃杂记》，第5b页；章乃炜、王霭人，《清宫述闻》，卷四，第78b页；聂长振，《日本稻荷神社与中国民间信仰的关系》，第44页。张

宸，任职于清初的宫廷，记载顺治（约1643—1661）年间，紫禁城内发现了一只黑狐，但没有提及祭祀狐仙的行为。到了民国时期，章乃炜和王霭人记载，"相传，（清朝在禁宫内）（延晖）阁供狐仙"。聂长振提到，清末的禁宫内供有狐仙。延晖阁位于紫禁城的御花园内。值得注意的是，在相对华丽的延晖阁对面距离近千米的地方，有一座小型的六角形建筑，其制式和大小与第五章所讨论的榆林的狐仙祠非常相似。这建筑称为"四神祠"。现行多数紫禁城的地图上没有标示这建筑的位置，而且已经被改成库房。但是，"四神祠"的称号似乎与北京地区祭祀四大家的民间信仰遥相呼应。更重要的一点是，四神祠似乎是西北边一处更大的真武庙的附属建筑。笔者很感谢故宫博物院的金先生，是他让笔者注意到四神祠的存在。

[99] Boltz, "Not by the Seal of the Office Alone", 243.

结　论

[1] 见Shahar和Weller, "Introduction", 10-11中的结论。

[2] Szonyi, "The Illusion of Standardizing the Gods", 113-135.

[3] Guo, *Exorcism and Money*.

[4] 俞鸿渐，《印雪轩随笔》卷二，第17a页。

[5] 汤用中，《翼駧稗编》，卷二，第39b页。

[6] 俞蛟，《梦厂杂著》，第66—67页。有关封建王朝晚期福建龙阳之癖的信仰，见Szonyi, "Cult of Hu Tianbao"。

[7] 见Shahar和Weller, "Introduction", 10-12，引文出自第10页。

[8] Hymes, *Way and Byway*, 各章节，尤其是第4—5页。

[9] 蒲慕州利用中国古代的例子，已经正确地指出中国多数经久的宗教主题是追寻一己之福。人们对神明卑躬屈膝，"不是道德或本性的问题，而是实际能力的问题"，而且"他可以选择应用他所能运用的力量去压制、征服，或回避神灵的力量"。见Poo, *In Search of Personal Welfare*, 210。繁体中文版见蒲慕州，《追寻一己之福：中国古代的信仰世界》（台北：麦田出版，2004），第271页。

[10] Li Wei-tsu, "Four Sacred Animals", 8, 24-25.

[11] Hymes, *Way and Byway*, 5.

注 释

[12] Bourdieu, *Outline of a Theory of Practice*, 33-43.

[13] 有关全世界狐狸传说的概述，见许昌菊，《论狐狸的传说及其研究》，第83—91页。文中提到，虽然从13世纪开始，列那（Reynard）故事和伊索寓言中的狐狸主题就常常出现在欧洲的绘画和建筑中，但很少有研究论及其事。也见de Gubernatis, *Zoological Mythology*, 122-142，其中引介了印度和斯拉夫文学中的狐狸。卡拉帕（Alexander H. Krappe）提到，列那狐狸的寓言和传说，"几乎在所有的欧洲国家都能发现，包括俄国，以及近东和中东国家"。狐妻的故事主题，在中国和日本的民间传说，以及越过白令海峡，包含在北美的因纽特人中也能找到。Krappe, "Far Eastern Fox Lore", 124-47. 日本狐狸传说的研究有许多，尤其包括de Visser, "The Fox and the Badger", 1-159；吉野裕子，《狐》；Bathgate, "Shapeshifter Fox"。笔者太晚注意到两个欧洲人有关中国和亚洲狐狸传说的作品，因此来不及在此书中讨论——Le Renard: *Tours, Detours, et Retours (Etudes Mongoles et Siberiénnes, Número Spécial)* 15, 1984和Hardmut Walravens, ed., *Der Fuchs in Kultur, Religion und Folklore Zentral und Ostasiens,* vol. 1 and 2 (Wiesbaden: Harrassowitz, 2001 and 2002)。我感谢高万桑（Vincent Goossaert）提供这些参考资料。

[14] Symers, *The Fox and the Jewel*, 7-10, 15-18. 引文出自第213—214页。

[15] Symers, *The Fox and the Jewel*, 13.

[16] Symers, *The Fox and the Jewel*, 72-111; 150-183.

[17] 这些狐精成功地被驱逐的时候，偶尔以真实狐狸的样子出现。见Doré, *Researches Into Chinese Superstitons*，第550和551页之间的插图。

[18] Symers, *The Fox and the Jewel*, 207-211. 引文出自第208页。

参考书目

*Biji xiaoshuo daguan*笔记小说大观. Taibei: Xinxing shuju, 1978—1986.

*Biji xiaoshuo daguan*笔记小说大观. Yangzhou: Jiangsu guangling guji keyinshe, 1984.

Weng Dujian翁独健, comp. *Daozang zimu yinde*道藏子目引得.1935; reprint, Taibei: Chengwen chubanshe, 1966.

Liu Xu刘煦et al., eds. *Jiu Tangshu*旧唐书. Beijing: Zhonghua shuju, 1975.

Pu Songling蒲松龄. *Liaozhai zhiyi huijiao huizhu huiping ben*聊斋志异会校会注会评本.Ed. Zhang Youhe张友鹤. Shanghai: Shanghai guji chubanshe, 1978.

*Shanhaijing jiaozhu*山海经校注. Annotated by Yuan Ke袁珂. Shanghai: Shanghai guji chubanshe, 1980.

Tuo Tuo脱脱et al., eds. *Song Shi* 宋史. Beijing: Zhonghua shuju, 1977.

Gan Bao干宝. *Soushenji* 搜神记. Beijing: Zhonghua shuju, 1979.

Takakasu Junjirō高楠顺次郎and Watanabe Kaigyoku渡边海旭, eds. *Taishō Shinshū Daizokyō*大正新修大藏经. Tokyo: Taishō issaikyō kankō kai, 1924—1935.

Li Fang李昉et al., eds. *Taiping guangji*太平广记. Shanghai: Shanghai guji chubanshe, 1990.

Chen Menglei陈梦雷et al., eds: *(Qinding) Gujin tushu jicheng*（钦定）古今图书集成. Beijing: Zhonghua shuju, 1934.

Ouyang Xiu欧阳修et al., eds. *Xin Tangshu*新唐书. Beijing: Zhonghua shuju, 1975.

Anonymous (Yuan dynasty). *Chongkan huhai xinwen yijian xuzhi* 重刊湖海新闻夷坚续志. *BJXS (T)* 42, vol. 3.

Ji Yun 纪昀. *Yuewei caotang biji* 阅微草堂笔记. Chongqing: Chongqing chubanshe, 1996.

Ahern, Emily M. *The Cult of the Dead in a Chinese Village*. Stanford: Stanford University Press, 1973.

——. "The Power and Pollution of Chinese Women". In Margery Wolf and Roxanne Witke, eds., *Women in Chinese Society*, 193−214. Stanford: Stanford University Press, 1975.

An Jinghan 安景汉. *Boluo Jieyinsi gujin tan* 波罗接引寺古今谈. Hengshan county government: n.d. (early 1990s).

Bai Juyi 白居易. *Bai Juyi ji* 白居易集. Beijing: Zhonghua shuju, 1991.

Baiyi jushi 百一居士 [pseud.]. *Hutianlu* 壶天录. *BJXS* 22.

Ban Gu 班固. *Baihutong* 白虎通. Beijing: Zhonghua shuju, 1985.

Baptandier, Brigitte. "The Lady Linshui: How a Woman Became a Goddess." In Shahar and Weller, eds., *Unruly Gods: Divinity and Society in China*, 105−149.

Barr, Allan. "Disarming Intruders: Alien Women in *Liaozhai zhiyi*." *Harvard Journal of Asiatic Studies* 49, no. 2 (1989): *501-517*.

Barrett, Timothy H. *Taoism Under the T'ang: Religion and Empire During the Golden Age of Chinese History*. London: Wellsweep Press, 1966.

Bathgate, Michael R. "The Shapeshifter Fox: The Imagery of Transformation and the Transformation of Imagery in Japanese Religion and Folklore." Ph.D. diss., University of Chicago, 2001.

Beifang pishamen tianwang suijun hufa zhenyan 北方毗沙门天王随军护法真言. T.1248.

Bell, Catherine. "Religion and Chinese Culture: Toward an Assessment of 'Popular Religion'." *History of Religions* 29(1989): 35−57.

Berling, Judith A. "Religion and Popular Culture: The Management of Moral Capital in the *Romance of the Three Teachings*." In Johnson, Nathan, and Rawski, eds., *Popular Culture in Late Imperial China*, 188−218.

Bixia Yuanjun huguo bimin puji baosheng miaojing 碧霞元君护国庇民普济保生妙经. HY 29.

Bokenkamp, Stephen R. *Early Daoist Scriptures*. Berkeley: University of California Press, 1997.

Boltz, Judith. "Not by the Seal of Office Alone:New Weapons in the Battle with the Supernatural. " In Ebrey and Gregory, eds., *Religion and Society*, 241-305.

Bourdieu, Pierre. *Outline of a Theory of Practice*. New York: Cambridge University Press, 1982.

Bray, Francesca.*Technology and Gender: Fabrics of Power in Late Imperial China*. Berkeley: University of California Press, 1997.

Bredon, Juliet and Igor Mitrophanow. *The Moon Year: A Record of Chinese Customs and Festivals*. Shanghai: Kelly and Walsh, 1927.

Brokaw, Cynthia. *The Ledgers of Merit and Demerit: Social Change and Moral Order in Late Imperial China*. Princeton: Princeton University Press, 1991.

Burkhardt, V. R. *Chinese Creeds and Customs*. Vol. III. Hong Kong: South China Morning Post, 1953.

Cahill, Suzanne E. *Transcendence and Divine Passion: The Queen Mother of the West in Medieval China*. Stanford: Stanford University Press, 1993.

Campany, Robert F. *Strange Writing: Anomaly Accounts in Early Medieval China*. Albany: State University of New York Press, 1996.

—. "Review: *Libro dei monti e dei mari (Shanhai jing): Cosmografia e mitologia nella China Antica* by Riccardo Fracasso and *The Classic of Mountians and Seas* by Anne Birrell." *Journal of Chinese Religions* 28 (2000): 177-187.

—. To Live as Long as Heaven and Earth: Ge Hong's Traditions of Divine Transcendents. Berkeley: University of California Press, 2002.

Carlitz, Katherine. "The Social Uses of Female Virtue in Late Ming Editions of *Lienü Zhuan*". *Late Imperial China* 12, no. 2 (1991): 117-152.

Cass, Victoria. *Dangerous Women: Warriors, Grannies, and Geishas of the Ming*. Lanham: Rowman and Littlefield, 1999.

Cedzich, Ursula-Angelika. "The Cult of the Wu-t'ung/Wu-hsien in History and Fiction: The Religious Roots of the *Journey to the South*." In Johnson, ed., *Ritual and Scripture*, 137-218.

—."Corpse Deliverance, Substitute Bodies, Name Change, and Feigned Death: Aspects of Metamorphosis and Immortality in Early Medieval China." *Journal of Chinese Religions* 29 (2001): 1-68.

参考书目

Chan, Leo Tak-hung. *The Discourse on Foxes and Ghosts: Ji Yun and Eighteenth-Century Literati Storytelling*. Honolulu: University of Hawai'i Press, 1998.

Chang, Kang-i Sun. *The Late-Ming Poet Ch'en Tzu-lung: Crises of Love and Loyalism*. New Haven: Yale University Press, 1990.

Changbai haogezi 长白浩歌子 [pseud.]. *Yingchuang yicao* 萤窗异草. Shenyang: Liaoning guji chubanshe, 1995.

Chao, Shin-yi. "The Zhenwu (Perfected Warrior) Cult in Ming China." Ph. D. diss., University of British Columbia, 2003.

Chard, Robert L. " Folktales of the God of the Stove." *Hanxue Yanjiu (Chinese Studies)* 8, no.1 (1990): 183-219.

—. "Ritual and Scriptures of the Stove God." In Johnson, ed., *Ritual and Scripture*, 3-54.

Chavannes, Edouard. *Le T'ai Chan: Essai de monographie d'un cults chinois*. 1910; reprint, Fraborough, England: Gregg International, 1969.

Chen Guofn 陈国符. *Daojiao yuanliu xukao* 道教源流续考. Taibei: Mingwen shuju, 1983.

Chen Jiyan 陈继淹 et al. *Zhangbei xianzhi* 张北县志. 1935; reprint, Taibei: Chengwen chubanshe, 1976.

Chen Qiyuan 陈其元. *Yongxianzhai biji* 庸闲斋笔记. BJXS 21.

Chen Yinque 陈寅恪. " Du 'Yingying zhuan'." 读《莺莺传》In *YuanBai shi jianzheng gao* 元白诗笺证稿. Shanghai: Shanghai guji chubanshe, 1978.

—. "Huchou yu huchou 狐臭与胡臭." In *Hanliutang ji* 寒柳堂集, 140-142. Shanghai: Shanghai guji chubanshe, 1980.

Cheng Qiang 程蔷 and Dong Naibin 董乃斌. *Tang diguo de jingshen wenmimg* 唐帝国的精神文明. Beijing: Zhongguo shehui kexue chubanshe, 1996.

Cheng Qilu 程起录 et al. *Wu'an xianzhi* 武安县志. Beijing: Guangming shuju, 1940.

Cheng Wan 程畹. *Qian'an manbi* 潜庵漫笔. Shanghai: Shenbaoguan congshu, n.d. (late nineteenth century).

Chou, Yi-liang. "Tantrism in China." *Harvard Journal of Asiatic Studies* 8 (1945): 241-332.

Ch'ü, T'ung-tsu. *Local Government in China Under the Ch'ing*. Cambridge, MA: Harvard University Press, 1962.

Cohen, Myron. *House United, House Divided: The Chinese Family in Taiwan*. New York: Columbia University Press, 1976.

—. "Cultural and Political Inventions in Modern China: The Case of the Chinese 'Peasant'." *Daedus* 122, no. 2 (1993): 151–170.

Cohen, Paul. *History in Three Keys: The Boxers as Event, Experience, and Myth*. New York: Columbia University Press, 1997.

Dadan ji 大丹记. HY 898. Ascribed to Wei Boyang 魏伯阳. Song text, date unknown.

Dafoding rulai miyin xiuzheng liaoyi zhu pusa wanxing shou lengyan jing 大佛顶如来密因修证了义诸菩萨万行首楞严经. T.945.

DaMing lü 大明律. Beijing: Beijing daxue chubanshe, 1993.

DaQing huidian shili 大清会典事例. 24 vols. 1899; reprint, Taibei: Qiwen chubanshe, 1963.

Davis, Edward L. *Society and the Supernatural in Song China*. Honolulu: University of Hawai'i Press, 2000.

Day, Clarence. *Chinese Peasant Cults: Being a Study of Chinese Paper Gods*. Shanghai: Kelley and Walsh, 1940.

De Groot, J. J. M. *The Religious System of China*, V. Leiden: E. J. Brill, 1907.

De Gubernatis, Angelo. *Zoological Mythology, or The Legends of Animals*. 1872; reprint, London: Singing Tree Press, 1968.

De Visser, M. W. "The Fox and the Badger in Japanese Folklore." *Transactions of the Asiatic Society of Japan* 36 (1908): 1–159.

Dean, Kenneth. *Taoist Ritual and Popular Cults of Southeast China*. Princeton: Princeton University Press, 1993.

—. *Lord of the Three in One: The Spread of a Cult in Southeast China*. Princeton: Princeton University Press, 1998.

Deng Xuan 邓眩. *Yitan kexinlu* 异谈可信录. 1796 edition.

Der Ling. *Imperial Incense*. London: Stanley Paul and Co., 1968.

Despeux, Catherine. *Immortelles de la Chine Ancienne: Taoisme et Alchimie Fèminine*. Pui-seaux: Pardès, 1990.

Dikötter, Frank. *The Discourse of Race in Modern China*. Stanford: Stanford University Press, 1992.

Ding Bingren 丁秉仁. *Yaohua zhuan* 瑶华传. Shenyang: Liaoshen shushe, 1992.

Ding Shengshu 丁声树. *Gujin ziyin duizhao shouce* 古今字音对照手册. Beijing: Kexue chubanshe, 1960.

Ding Shiliang 丁石良 and Zhao Fang 赵放, eds. *Zhongguo difangzhi minsu ziliao huibian* 中国地方志民俗资料汇编. 10 vols. Beijing: Shumu wenxian chubanshe, 1989.

Dong Han 董含. *Zhuanxiang zhuibi* 专乡赘笔. In Wu Zhenfang 吴震方, *Shuoling* 说铃.

Dong Shiyuan 董师元. *Longhu yuanzhi* 龙虎元旨. HY 1075.

Dongxuan zhuren 东轩主人. *Shuyiji* 述异记. In Wu Zhenfang 吴震方, *Snuoling* 说铃.

Doolittle, Justus. *Social Life of the Chinese*. Vol. 1. 1865–1876; reprint, Taibei: Ch'engwen Publishing Company, 1966.

Doré, Henry. *Researches Into Chinese Superstitions*. Vol.5.Shanghai: T'usewei Printing House, 1918.

Dorfman, Diane. "The Spirits of Reform: The Power of Belief in North China." *Positions* 4, no. 2 (1996): 253–289.

Douglas, Mary. *Purity and Danger*. London: Routledge and Kegan Paul, 1966.

Du Guangting 杜光庭. *Daojiao lingyanji* 道教灵验集. HY 590.

Duan Chengshi 段成式. *Youyang zazu* 酉阳杂俎. Shanghai: Shangwu yinshuguan, 1965.

Duara, Prasenjit. *Culture, Power and the State: Rural North China, 1900–1942*. Stanford: Stanford University Press, 1988.

—. "Superscribing Symbols: The Myth of Guandi, Chinese God of War." *Journal of Asian Studies* 47, no. 4 (1988): 778–795.

Dubois, Thomas. "Fox Spirits and *Xiangtou*: Religious Healing in the Local Culture of Village North China." Paper presented at the Annual Meeting of Association for Asian Studies, Chicago, 2001.

Dubs, Homer. "An Ancient Chinese Mystery Cult." *Harvard Theological Review* 35 (1942): 221–239.

Dudbridge, Glen. "A Pilgrim in Seventeenth-Century Fiction: T'ai-shan and the *Hsing-shih yin-yuan chuan*." *T'oung Pao* 77 (1991): 226–252.

—"Women Pilgrims to T'ai Shan: Some Pages from a Seventeenth-Century Novel." In Naquin and Yü, eds., *Pilgrims and Sacred Sites*, 39–64.

—. *Religious Experience and Lay Society in T'ang China: A Reading of Tai Fu's Kuang-I Chi*. New York: Cambridge University Press, 1995.

Eberhard, Wolfram. *The Local Cultures of South and East China*. Leiden: E.J. Brill, 1968.

Ebrey, Patricia B. "Shifts in Marriage Finance from the Sixth to the Thirteenth Century." In Rubie S. Watson and Patricia B. Ebrey, eds., *Marriage and Inequality in Chinese Society*, 97–132. Berkeley: University of California Press, 1991.

—. *The Inner Quarters: Marriage and the Lives of Chinese Women in the Sung Period*. Berkeley: University of California Press, 1993.

Ebrey, Patricia B. and Peter N. Gregory, eds. *Religion and Society in T'ang and Sung China*. Honolulu: University of Hawai'i Press, 1993.

Eliade, Mircea. *Shamanism: Archaic Techniques of Ecstasy*. Trans. Willard T. Trask. Princeton: Princeton University Press, 1970.

Elvin, Mark. "Female Virtue and the State in China." *Past and Present* 104 (1984): 111–152.

Esherick, Joseph W. *The Origins of the Boxer Uprising*. Berkeley: University of California Press, 1987.

Esherick, Joseph W. and Mary Backus Rankin, eds. *Chinese Local Elites and Patterns of Dominance*. Berkeley: University of California Press, 1990.

Fan Dirui 范迪瑞. "Liuxing Ludong nongcun zhong de mixin jinji流行鲁东农村中的迷信禁忌." In *Shehuixue zazhi*社会学杂志3, no. 10 (1931): 262—271.

Fang Yuankun方元琨. *Liangpeng yehua*凉棚夜话. 1839 edition.

Faure, Bernard. *The Rhetoric of Immediacy: A Cultural Critique of Chan/Zen Buddhism*. Princeton: Princeton University Press, 1991.

Feng Chengjun 冯承钧 and Xiang Jueming 向觉明. "Guanyu Qiuci Baixing zhi taolun 关于龟兹白姓之讨论" *Nüshida xueshu jikan*女师大学术季刊2, no. 2 (1931): 1223-1237.

Feng Erkang冯尔康 and Chang Jianhua 常建华. *Qingren shehui shenghuo* 清人社会生活. Tianjin: Tianjin renmin chubanshe, 1990.

Feng Menglong冯梦龙. *Taiping guangjichao*太平广记钞. Henan: Zhongzhou shuhuashe, 1982.

Feng Qifeng 冯起凤. *Xiliu zhitan* 昔柳摭谈. Shanghai: Shenbaoguan congshu, n.d. (late nineteenth century).

Feuchtwang, Stephan. "Domestic and Communal Worship in Taiwan." In Wolf, ed., *Religion and Ritual in Chinese Society*, 105–129.

——. *Popular Religion in China: The Imperial Metaphor*. London: Routledge, 1992.

Foucault, Michel. *History of Sexuality: An Introduction*. Vol. 1. Trans. Robert Hurley. New York: Vintage, 1980.

Fracasso, Richard. "Holy Mother of Ancient China: A New Approach to the Hsi-wang-mu Problem." *T'oung Pao* 74 (1988): 1–46.

Furth, Charlotte. "Rethinking Van Gulik: Sexuality and Reproduction in Traditional Chinese Medicine." In Christina Gilmartin, Gail Hershatter, Lisa Rofel, and Tyrene White, eds., *Engendering China: Women, Culture, and the State*, 125–146. Cambridge, MA: Harvard University Press, 1994.

——. *A Flourishing Yin: Gender in China's Medical History*, 960–1665. Berkeley: University of California Press, 1998.

Gao Chengxun 高承勋. *Songyunge chaoyi* 松筠阁钞异. 1828 edition.

Gao Yaoting 高耀亭 et al. *Zhongguo dongwu zhi* 中国动物志, vol. 8. Beijing: Kexue chubanshe, 1987.

Gaoshang shenxiao yuqing zhenwang zishu dafa 高上神霄玉清真王紫书大法. HY 1209.

Gates, Hill. "The Commoditization of Chinese Women." *Signs* 14, no. 4 (1989): 799–832.

Giles, Herbert A., trans. *Strange Stories from a Chinese Studio*. 1916; reprint, New York: Dover, 1969.

Girardot, N. J. "Hsien." In Mircea Eliade, ed., *Encyclopedia of Religion*, 6:475–477. New York: Macmillan, 1987.

Goodrich, Anne S. *The Peking Temple of the Eastern Peak*. Nagoya: Monumenta Serica, 1964.

——. *Peking Paper Gods: A Look at Home Worship*. Nettetal: Steyler Verlag, 1991.

Goodrich, L. Carrington and Chaoying Fang, eds. *Dictionary of Ming Biography* 1368–1644. 2 vols. New York: Columbia University Press, 1976.

Gronewold, Susan. *Beautiful Merchandise: Prostitution in China, 1860-1936*. New York: Institute for Research in History and Haworth Press, 1982.

Grootaers, Willem. "The Hagiography of the Chinese God Chen-Wu." *Melanges Chinois et Boudhiques* 26-27 (1995): 125-165.

Gu Gongxie顾公燮. *Xiaoxia xianjizhaichao*消夏闲记摘抄. *In Hanfenlou miji*涵芬楼秘籍, vol.1,1916.

Gu Jiegang顾颉刚. "Miaofengshan niangniangdianyu luetu妙峰山娘娘殿宇略图" (131-132) and "You Miaofengshan zaji游妙峰山杂记." (165-184). In Gu Jiegang ed., *Miaofengshan*妙峰山. 1928; reprint, Taibei: The Oriental Culture Service, 1970.

Guan Shihao管世灏. *Yingtan*影谈. Shanghai: Shenbaoguan congshu, n.d. (late nineteenth century).

Guhang yanyansheng古杭艳艳生 [pseud.]. *Zhaoyang qushi* 昭阳趣史. *In MingQing xiaoshuo shanbencongkan*明清小说善本丛刊. Taibei: Tianyi chubanshe, 1985.

Guisso, Richard W.L. *Wu Tse-T'ien and the Politics of Legitimation in T'ang China*. Belling-ham: Western Washington University Press, 1978.

Guo Qitao. *Exorcism and Money: The Symbolic World of the Five-Fury Spirits in Late Imperiald China*. Berkeley: Institute for East Asian Studies, University of California Press, 2004.

Hammond, Charles E. "Vulpine Alchemy." *T'oung Pao* 82 (1996): 364-380.

Hanan, Patrick. *The Chinese Vernacular Story*. Cambridge, MA: Harvard Yenching Institute, 1973.

—. "The Composition of the *P'ing Yao Chuan*." Harvard Journal of Asiatic Studies 31 (1971): 201-219.

Hansen, Valerie. *Changing Gods in Medieval China, 1127-1276*. Princeton: Princeton University Press, 1990.

Hansson, Anders. *Chinese Outcasts: Discrimination and Emancipation in Late Imperial China*. Leiden: E. J. Brill, 1996.

Harper, Donald J. "The Sexual Arts of Ancient China as Described in a Manuscript of the Second Century B.C." *Harvard Journal of Asiatic Studies* 47, no. 2 (1987): 539-593.

——. *Early Chinese Medical Literature: The Mawangdui Medical Manuscripts.* London: Kegan Paul International, 1998.

Harrell, C. Stevan. "When a Ghost Becomes a God." In Wolf, ed., *Religion and Ritual*, 193–206.

Hartman, Charles. *Han Yü and the T'ang Search for Unity.* Princeton: Princeton University Press, 1986.

He Bang'e 和邦额. *Yetan suilu* 夜谭随录. Haerbin: Helongjiang renmin chubanshe, 1997.

He Bingxun 何炳勋 et al. *Huaiyuan xianzhi* 怀远县志. 1843; reprint, 1929.

Heine, Steven. *Shifting Shape, Shaping Text: Philosophy and Folklore in the Fox Kōan.* Hono-lulu: University of Hawai'i Press, 1999.

Ho, Ping-ti. *The Ladder of Success in Imperial China: Aspects of Social Mobility 1368-1911.* New York: Columbia University Press, 1962.

Hong Mai 洪迈. *Yijian zhi* 夷坚志. Beijing: Zhonghua shuju, 1981.

Hsiao, Kung-chuan. *Rural China: Imperial Control in the Nineteenth Century.* Seattle: University of Washington Press, 1960.

Hu Pu'an 胡朴安. *Zhonghua quanguo fengsu zhi* 中华全国风俗志. 1920s; reprint, Shanghai: Shanghai shudian, 1986.

Huang Kaijun 黄凯钧. *Yishui zayan* 遣睡杂言. 1815 edition.

Huang, Liuhong 黄六鸿. *Fuhui quanshu* 福惠全书 (A Complete Book Concerning Happiness and Benevolence: A Manual for Local Magistrates in Seventeenth-Century China). Trans. and ed. Djang Chu. Tuczon: University of Arizona Press, 1984.

Huang, Philip C. C. *The Peasant Economy and Social Change in North China.* Stanford: Stanford University Press, 1985.

Huang Yunmei 黄云眉. *Gujin weishu gao buzheng* 古今伪书考补证. Shangdong: Qilu chubanshe, 1979.

Huang Zunsu 黄遵素. *Shuolue* 说略. In *Hanfenlou miji* 涵芬楼秘籍, vol. 2, 1916.

Huangdi jiuding shendan jingjue 黄帝九鼎神丹经诀. HY 884.

Hucker, Charles O. *A Dictionary of Official Titles in Imperial China.* Stanford: Stanford University Press, 1985.

Huntington, Rania. *Alien Kind: Foxes and Late Imperial Chinese Narrative*. Cambridge, MA: Harvard University Asia Center, 2004.

Hymes, Robert P. "Truth, Falsity and Pretense in Sung China: An Approach Through Hong Mai's Stories." Paper presented at University Seminar in Neo-Confucian Studies, Columbia University, November 1998.

——.*Way and Byway: Taoism, Local Religion, and Models of Divinity in Sung and Modern China*. Berkeley: University of California Press, 2002.

Ioka Soho井冈咀芳. *Chūgoku kita shuzoku ko* 中国北方习俗考. 1939; reprint, Taibei: Guting shudian, 1975.

Ishihara Akira石原明and Howard S. Levy. *The Tao of Sex: an Annotated Translation of the Twenty-eighth Section of The Essence of Medical Prescriptions (Ishimpō)*. Yokohama: Shibudō, 1968.

*Jiaoyepa*蕉叶帕. Anonymous (Qing) 不著撰人. Qing edition in Beijing University Library. Johnson, David. *The Medieval Chinese Oligarchy*. Boulder: Westview Press, 1977.

——"The City-God Cults of T'ang and Sung China." *Harvard Journal of Asiatic Studies* 4s (1985): 363–457.

——"Communication, Class and Consciousness in Late Imperial China." In Johnson, Nathan, and Rawski, eds., *Popular Culture in Late Imperial China*, 34–72.

——, ed. *Ritual and Scripture in Chinese Popular Religion: Five Studies*. Publications of the Chinese Popular Culture Project, 3. Berkeley: Institute for East Asian Studies, University of California Press, 1995.

Johnson, David, Andrew Nathan, and Evelyn Rawski, eds. *Popular Culture in Late Imperial China*. Berkeley: University of California Press, 1985.

Jordan, David K. *Gods, Ghosts, and Ancestors: The Folk Religion of a Taiwanese Village*. Berkeley: University of California Press, 1972.

Jordan, David K. and Daniel Overmyer. *The Flying Phoenix: Aspects of Chinese Sectarianism in Taiwan*. Princeton: Princeton University Press, 1986.

Judd, Ellen R. "*Niangjia*: Chinese Women and Their Natal Families." *Journal of Asian Studies* 3 (1989): 525–544.

Kanai Noriyuki金井德幸. "Shashin to Dōkyō社神和道教." Fukui Kōjun福井康顺et al. *Dōkyō* 道教 2:169–208. Tokyo: Hirakawa Shuppansha, 1984.

Kang Hai康海 et al. *Wugong xianzhi*武功县志. 1741 reprint of Ming edition; reprint, Taibei: Chengwen chubanshe, 1976.

Katz, Paul. *Demon Hordes and Burning Boats: The Cult of Marshal Wen in Late Imperial Chek-iang*. Albany: State University of New York Press, 1995.

—. *Images of the Immortal: The Cult of Lü Dongbing at the Palace of Eternal Joy*. Honolulu: University of Hawai'i Press, 1999.

Kirkland, Russell. "Tales of Thaumaturgy: Tang Accounts of the Wonder-Worker Yeh Fa-Shan." *Monumenta Serica* 40 (1992): 47–86.

Kleeman, Terry. "The Expansion of the Wen-ch'ang Cult" In Ebrey and Gregory, eds., *Religion and Society*, 45–73.

—. *A God's Own Tale: The Book of Transformations of Wenchang, the Divine Lord of Zitong*. Albany: State University of New York Press, 1994.

Ko, Dorothy. *Teachers of the Inner Chambers: Women and Culture in Seventeenth-Century China*. Stanford: Stanford University Press, 1994.

Konan Ichiro小南一郎. *Chūgoku no shinwa to monogatari*中国的神话传说与古小说. Tokyo: Iwanami Shoten, 1984.

Kou Zongshi寇宗奭. *Tujing yanyi baicao*图经衍义百草. HY 630.

Kow Mei-kao. *Ghosts and Foxes in the World of Liaozhai zhiyi*. London: Minerva Press, 1998.

Krappe, Alexander H. "Far Eastern Fox Lore." *Californian Quarterly* 3 (1944): 124–147.

Kuhn, Philip A. *Soulstealers: The Chinese Sorcery Scare of 1768*. Cambridge, MA: Harvard University Press, 1991.

Lagerwey, John. *Taoist Ritual in Chinese Society and History*. New York: Macmillan, 1987.

—. "The Pilgrimage to Wu-tang Shan." In Naquin and Yu, eds., *Pilgrims and Sacred Sites*, 293–332.

Lang Ying郎瑛. *Qixiu leigao*七修类稿. 1775 edition.

Legge, James, trans. *I Ching*. New York: Bantam, 1964.

Levy, Howard, trans. *The Dwelling of Playful Goddesses: Chind's First Novelette*. Annotated. Tokyo: Dai Nippon Insatsu, 1965.

Lewis, I. M. *Ecstatic Religion: A Study of Shamanism and Spirit Possession*. 2nd ed. London and New York: Routledge, 1989.

Li Baiyao李百药 et al. *Beiqi shu*北齐书. Beijing: Zhonghua shuju, 1972.

Li Jianguo李剑国. *Zhongguo huwenha*中国狐文化. Beijing: Renmin wenxue chubanshe, 2002.

Li Jinghan李景汉. *Dingxian shehui diaocha*定县社会调查. Beijing: Zhonghua pingmin jiaoyu cujinhui, 1933.

Li Qingchen李庆辰. *Zuicha zhiguai*醉茶志怪. *BIXS* (T) 32.

Li Shiyu李世瑜. *Xianzai Huabei mimi zongjiao*现在华北秘密宗教. 1948; reprint, Taibei: Guting shuwu, 1975.

Li Shouju李寿菊. *Huxian xinyang yu inlijing gushi*狐仙信仰与狐狸精故事. Taibei: Xuesheng shushe, 1995.

Li Sijing李思敬. *Hanyu eryinshi yanjiu*汉语儿音史研究. Beijing: Shangwu yinshuguan, 1986.

Li Xiangliu李乡浏 and Li Da李达. *Fuzhou minsu* 福州民俗. Fuzhou: Fujian renmin chubanshe, 2001.

Li Xiling李熙龄 et al. *Yulin fuzhi*榆林府志. 1841 edition.

Li, Wai-yee. *Enchantment and Disenchantment: Love and Illusion in Chinese Literature*. Princeton: Princeton University Press, 1993.

Li Wei-tsu. "On the Cult of the Four Sacred Animals (Szu Ta Men) in the Neighborhood of Peking." *Folklore Studies* 7 (1948): 1-94.

Liang Gongchen梁恭辰. *Beidongyuan bilu*北東园笔录. *BIXS* 29.

Liang Shaoren梁绍壬. *Liangban qiuyu'an suibi*两般秋雨盦随笔. *BJXS* 22.

*Lidai fabaoji*历代法宝记. Anonymous. T. 2075.

*Liji jishuo*礼记集说. Shanghai: Shanghai guji chubanshe, 1987.

Lin Fushi林富士. *Handai de wuzhe*汉代的巫者. Taibei: Daoxiang chubanshe, 1988.

Lin Pu林溥, et al. *Jimo xianzhi*即墨县志. 1872; reprint, Taibei: Chengwen chubanshe, 1976.

Liu Hui刘慧. *Taishan zongjiao yanjiu*泰山宗教研究. Beijing: Wenwu chubanshe, 1994.

Liu Ji'nan刘济南 et al. *Hengshan xianzhi* 横山县志. 1929 edition.

Liu Shoumei刘寿眉. *Chunquan wenjianlu*春泉闻见录. Beijing University Library hand-written copy.

Loewe, Michael A. N. *Ways to Paradise: The Chinese Quest for Immortality*. London: Allen & Unwin, 1979.

Louie, Kam and Louise Edwards. *Censored by Confucius: Ghost Stories by Yuan Mei*. Armonk, NY: M. E. Sharpe, 1996.

Lu Changchun 陆长春. *Xiangyiniou bintan* 香饮楼宾谈. *BJXS* 18.

Lu Lianyuan 路联远 et al. *Wanquan xianzhi* 万全县志. 1933; reprint, Taibei: Chengwen chubanshe, 1976.

Lu Lin 陆林 et al. *Qingdai biji xiaoshuo leibian* 清代笔记小说类编, jingguai juan 精怪卷. Anhui: Huangshan shushe, 1994.

Lu Shulun 陆树仑. *Feng Menglong yanjiu* 冯梦龙研究. Shanghai: Fudan daxue chubanshe, 1987.

Lu Xun 鲁迅. *Zhongguo xiaoshuo shilue* 中国小说史略. 1930; reprint, Beijing: Renmin wenxue chubanshe, 1973.

Lu Yanzhi 陆延枝. *Shuoting* 说听. Preface dated 1535. In *Yanxia xiaosinuo shiyi zhong* 烟霞小说十一种. Beijing University Library.

Lu Yunzhong 鲁允中. *Putonghua de qingsheng he erhua* 普通话的轻声和儿化. Beijing: Shangwu yinshuguan, 1995.

Lü Zhan'en 吕湛恩 et al. *Xiangzhu Liaozhai zhiyi tuyong* 详注聊斋志异图咏. Shanghai: Hongwen shuju, 1893.

Luo Guanzhong 罗贯中 and Feng Menglong 冯梦龙. *Sansui Pingyaozhuan* 三遂平妖传. Nanchang: Yuzhang shushe, 1981.

Luo Xianglin 罗香林. "Miaofengshan yu Bixia Yuanjun 妙峰山与碧霞元君." In *Minsuxue luncong* 民俗学论丛, 1–58. Taibei: Wenxin shudian, 1966.

Luo Zongtao 罗宗涛. "Yuan Jian'an Yushi xinkan wuzhong pinghua shitan 元建安虞氏新刊五种平话试探." In *Qu Wanli xiansheng qizhi rongqing lunwenji* 屈万里先生七秩荣庆论文集. Taibei: Lianjing chuban shiyi gongsi, 1978.

Ma Shengjun 马生骏, et al. *Hengshan xianzhi* 横山县志. Xian: Shaanxi renmin chubanshe, 1993.

Ma Shutian 马书田. *Huaxia zhushen* 华夏诸神. Beijing: Yanshan chubanshe, 1990.

Ma, Y. W. and Joseph S.M. Lau, eds., *Traditional Chinese Stories: Themes and*

Variations. New York: Columbia University Press, 1978.

Mair, Denis C. and Victor H. Mair, trans. *Strange Tales from Make-do Studio*. Beijing: Foreign Language Press, 1989.

Mann, Susan. *Precious Records: Women in China's Long Eighteenth Century*. Stanford: Stanford University Press, 1997.

Mao Xianglin 毛祥麟. *Moyudu* 墨余录. *BJXS* 21.

Maobin yeke 泖滨野客 [pseud.]. *Jiechengyu* 解酲语. Shanghai: Shenbaoguan congshu, n.d. (late nineteenth century).

Maspero, Henri. *Taoism and Chinese Religion*. Trans. Frank A. Kierman, Jr. Amherst: University of Massachusetts Press, 1981.

McMahon, Keith. *Misers, Shrews, and Polygamists: Sexuality and Male-Female Relations in Eighteenth-Century Chinese Fiction*. Durham: Duke University Press, 1995.

Mochizi 墨尿子. *Humei congtan* 狐媚丛谈. Ming edition in Shanghai Library.

Monschein, Ylva. *Der Zauber der Fuchsfee: Entstehung und Wandel eines "Femme-Fatale"—Motivs in der chinesischen Literatur*. Frankfurt am Main: Herchen, 1988.

Nagao Ryuzō 永尾龙造. *Shina Minzoku shi* 中国民俗志. 1941; reprint, Taibei: Dongfang wenhua shuju, 1971.

Naoe Hiroji 直江广治. *Zhongguo minsu wenhua* 中国民俗文化. Trans. Wang Jianlang 王健郎. Shanghai: Shanghai guji chubanshe, 1991.

Naquin, Susan. *Shantung Rebellion: The Wang Lun Uprising of 1774*. New Haven: Yale University Press, 1981.

—"The Transmission of White Lotus Sectarianism in Late Imperial China." In Johnson, Nathan, and Rawski, eds., *Popular Culture in Late Imperial China*, 255–291.

—"The Peking Pilgrimage to Miao-feng Shan: Religious Organizations and Sacred Sites." In Naquin and Yü, eds., *Pilgrims and Sacred Sites*, 333–377.

Naquin, Susan and Evelyn Rawski. *Chinese Society in the Eighteenth Century*. New Haven: Yale University Press, 1987.

Naquin, Susan and Chünfang Yü. *Pilgrimage and Sacred Sites in China*. Berkeley: University of California Press, 1992.

Needham, Joseph. *Science and Civilization in China*, vol. 5. Cambridge, England:

Cambridge University Press, 1974.

Nie Changzhen 聂长振. "Riben daohe shenshe yu Zhongguo minjian xinyang de guanxi 日本稻荷神社与中国民间信仰的关系." *Shijie zongjiao yanjiu* 世界宗教研究 2 (1982): 41–50.

Nishioka Haruoka 西冈晴彦. "Jinshi to Einei no aida: koyō imēji no henyō 任氏と婴宁の间: 狐妖イメージの变容." *Tōyōbunka* 东洋文化 58 (1979): 101–126.

Niu Sengru 牛僧儒. *Xuanguai lu* 玄怪录. Shanghai: Shanghai guji chubanshe, 1985.

Ohnuki-Tierney, Emiko. *The Monkey as Mirror: Symbolic Transformations in Japanese History and Ritual*. Princeton: Princeton University Press, 1987.

Okumura Yoshinobu 奥村信义. *Manchu nyannyan ko* 满洲娘娘考. 194o; reprint, Tokyo: Daichi Shobo, 1982.

Overmyer, Daniel L. *Folk Buddhist Religion: Dissenting Sects in Late Traditional China*. Cam-bridge, MA: Harvard University Press, 1976.

——"Attitudes Toward Popular Religion in Ritual Texts of the Chinese State: The Collected Statutes of the Great Ming." *Cahiers d'Extrême Asie* 5 (1989–90): 191–221.

Owen, Rev. G. "Animal Worship among the Chinese." *The Chinese Recorder and Missionary Journal* 18, no. 7 (1887): 249–255.

Pak Sang-gyu 朴相圭. *Manju pungsok torok* 满洲风俗图录. Soul T'ukpyolsi: Asea Munhwasa, 1986.

Pinghua zhuren 评花主人. *Jiuweihu* 九尾狐. Taibei: Guangya chuban youxian gongsi, 1984.

Plaks, Andrew. "After the Fall: *Hsing-shih yin-yuan chuan* and the Seventeenth-Century Chinese Novel." *Harvard Journal of Asiatic Studies* 45, no. 2 (1985): 543–580.

Pomeranz, Kenneth. "Power, Gender, and Pluralism in the Cult of the Goddess of Taishan." In Theodore Huters, R. Bin Wong, and Paulin Yu, eds., *Culture and State in Chinese History: Conventions, Accommodations, and Critiques*, 182–206. Stanford: Stanford University Press, 1997.

Poo, Mu-Choo. *In Search of Personal Welfare: A View of Ancient Chinese Religion*. Albany: State University of New York Press, 1998.

Potter, Jack M. "Cantonese Shamanism." In Wolf, ed., *Religion and Ritual*, 207–232.

Pulleyblank, Edwin G. *The Background of the Rebellion of An Lu-shan*. London: Oxford

University Press, 1955.

Qian Xiyan 钱希言. *Kuaiyuan zhiyi* 狯园志异. 1774 edition.

Qian Yong 钱泳. *Lüyuan conghua* 履园丛话. *BIXS* 25.

Qingliang Daoren 清凉道人（徐承烈）. [pseud.]. *Tingyuxuan biji* 听雨轩笔记. *BJXS* 25.

Rawski, Evelyn. *Education and Popular Literacy in Ch'ing China*. Ann Arbor: University of Michigan Press, 1979.

—. "Economic and Social Foundations of Late Imperial Culture." In Johnson, Nathan, and Rawski, eds., *Popular Culture in Late Imperial China*, 3–23.

Reed, Bradley W. *Talons and Teeth: County Clerks and Runners in the Qing Dynasty*. Stanford: Stanford University Press, 2000.

Ren Cheng 任骋. *Zhongguo minjian jinji* 中国民间禁忌. Beijing: Zuojia chubanshe, 1990.

Robinet, Isabelle. "Metamorphosis and Deliverance from the Corpse in Taoism." *History of Religions* 19 (1979): 57–70.

—. "Visualization and Ecstatic Flight in Shangqing Taoism. "In Livia Kohn, ed., *Taoist Meditation and Longevity Techniques*, 159–191. Ann Arbor: Center for Chinese Studies, University of Michigan Press, 1989.

—. *Taoist Meditation: The Mao-shan Tradition of Great Purity*. Trans. Julian Pas and Norman Girardot. Albany: State University of New York Press, 1993.

—. *Taoism: Growth of a Religion*. Trans. Phyllis Brooks. Stanford: Stanford University Press, 1997.

Rong Geng 容庚. "Bixia Yuanjun miao kao 碧霞元君庙考." In Gu Jiegang, ed., *Miaofengshan* 妙峰山. 1928; reprint, Taibei: The Oriental Culture Service, 1970.

Sakai, Tadao. "Confucianism and Popular Educational Works." In Wm. Theodore de Bary, ed., *Self and Society in Ming Thought*, 331–366. New York: Columbia University Press, 1970.

Sangren, P. Steven. "Female Gender in Chinese Religious Symbols: Kuan Yin, Matsu, and the Eternal Mother" *Signs* 9, no. 4 (1983): 4–25.

—. *History and Magical Power in a Chinese Community*. Stanford: Stanford University Press, 1987.

Saso, Michel. "Orthodox and Heterodox in Taoist Ritual." In Wolf, ed., *Religion and Ritual*, 329–335.

Schafer, Edward H. *The Golden Peaches of Samarkand: A Study of T'ang Exotics*. Berkeley: University of California Press, 1963.

—. *The Divine Woman, Dragon Ladies and Rain Maidens*. Berkeley: University of California Press, 1973.

— *Mao Shan in T'ang Times*. Berkeley: University of California Press, 1980.

Schipper, Kristopher. "Taoist Ritual and Local Cults of the T'ang Dynasty." In *Zhongyang yanjiuyuan guoji hanxuehuiyi lunwenji* 台湾"中央研究院"国际汉学会议论文集, 101–115. Taibei: Zhongyang yanjiuyuan, 1981.

—. *The Taoist Body*. Trans. Karen C. Duval. Berkeley: University of California Press, 1993. Schneewind, Sarah. "Community Schools and Community Shrines: Local Institutions and the Ming State." Ph.D. diss., Columbia University, 1999.

— "Competing Institutions: Community Schools and 'Improper Shrines' in Sixteenth-Century China." *Late Imperial China* 20, no. 1 (1999): 85–106.

Scott, Joan Wallach. "Gender: A Useful Category of Historical Analysis." In Joan Wallach Scott, ed., *Gender and the Politics of History*, rev. ed., 28–50. New York: Columbiad University Press, 1999.

Seaman, Gary. *Journey to the North: An Ethnohistorical Analysis and Annotated Translation of the Chinese Folk Novel* Pei-yu Chi. Berkeley: University of California Press, 1987.

Seidel, Anna. "Chronicle of Taoist Studies: 1950–1990." *Cahiers d'Extrême-Asie* 5 (1990): 223–347.

Shahar, Meir. *Crazy Ji: Chinese Religion and Popular Literature*. Cambridge, MA: Harvard University Press, 1998.

Shahar, Meir and Robert P. Weller, eds., *Unruly Gods: Divinity and Society in China*. Honolulu: University of Hawai'i Press, 1996.

—. "Introduction: Gods and Society in China." In Shahar and Weller, eds., *Unruly Gods: Divinity and Society in China*, 1–36.

Shan Min 山民. *Huli xinyang zhimi* 狐狸信仰之谜. Beijing: Xueyuan chuban she, 1994.

Shen Defu 沈德符. *Wanli yehuo bian* 万历野获编. 1869 edition.

Shen Qifeng 沈起凤. *Xieduo* 谐铎. Chongqing: Chongqing chubanshe, 1996.

Shen Yue 沈约. *Song Shu* 宋书. Beijing: Zhonghua shuju, 1974.

Simoons, Frederick J. *Food in China: A Cultural and Historical Inquiry*. Boca Raton, Ann Arbor, and Boston: CRC Press, 1991.

Sivin, Nathan. "The Theoretical Background of Elixir Alchemy." In J. Needham et al., *Science and Civilization in China* 4:210–323. Cambridge, England: Cambridge University Press, 1980.

Skinner, G. William. "Regional Urbanization in Nineteenth-Century China" (211–49) and "Cities and the Hierarchy of Local Systems" (275–351). In G. William Skinner, ed., *The City in Late Imperial China*. Stanford: Stanford University Press, 1977.

Smith, Arthur H. *Village Life in China*. 1899; reprint, Boston: Little, Brown, 1970.

Smith, Richard J. *Fortune-Tellers and Philosophers: Divination in Traditional Chinese Society*. Boulder: Westview Press, 1991.

Smyers, Karen A. *The Fox and the Jewel: A Study of Shared and Private Meanings in Japanese Inari Worship*. Honolulu: University of Hawai'i Press, 1999.

Sommer, Matthew. *Sex, Law, and Society in Late Imperial China*. Stanford: Stanford Univer-sity Press, 2000.

Song Dazhang 宋大章 et al. *Zhuoxian zhi* 涿县志. 1936; reprint, Taibei: Chengwen chuban-she, 1976.

Song Yongyue 宋永岳 (Qingchengzi 青城子). *Zhiyi xubian* 志异续编. BJXS 27.

Spence, Jonathan. *The Death of Woman Wang*. New York: Penguin, 1978.

Stein, Rolf A. "Religious Taoism and Popular Religion from the Second to Seventh Centuries." In Holmes Welch and Anna Seidel, eds., *Facets of Taoism*, 53–82. New Haven: Yale University Press, 1979.

Sterckx, Roel. *The Animal and the Daemon in Early China*. Albany: State University of New York Press, 2002.

Strassberg, Richard. *A Chinese Bestiary: Strange Creatures from the Guideways Through Mountains and Seas*. Berkeley: University of California Press, 2002.

Strickmann, Michael. "Sōdai no raigi: Shinsō undō to dōka nanshō ni tsuite no ryakusetsu 宋代の雷仪：神霄运动と道家南宗に就いての略说." *Tōhō shūkyō* 东方宗教 46 (1975): 15–28.

—. "The Mao Shan Revelations: Taoism and the Aristocracy." *T'oung Pao* 63:1–64.

—. *Chinese Magical Medicine*. Ed. Bernard Faure. Stanford: Stanford University Press, 2002.

Sutton, Donald S. "From Credulity to Scorn: Confucians Confront the Spirit Mediums in Late Imperial China." *Late Imperial China* 21, no. 2 (December 2000): 1–39.

—. *Steps of Perfection: Exorcistic Performers and Chinese Religion in Twentieth-Century Taiwan*. Cambridge, MA: Harvard University Asia Center, 2003.

Szonyi, Michael. "The Illusion of Standardizing the Gods: The Cult of the Five Emperors in Late Imperial China." *Journal of Asian Studies* 56, no. 1 (1997): 113–135.

—. "The Cult of Hu Tianbao and the Eighteenth-Century Discourse of Homosexuality." *Late Imperial China* 19, no. 1 (1998): 1–25.

Taishang laojun hunyuan sanbufu. 太上老君混元三部符. HY 673.

Takizawa Shunryō 泷泽俊亮. *Manshū no gaison shinkō* 满洲城乡的信仰. 1940; reprint, Tokyo: Daiichi Shinkō, 1982.

Tan Qian 谈迁. *Beiyou lu* 北游录. Beijing: Yenjing University copy, 1934.

Tan Zhengbi 谭正壁 and Tan Xun 谭寻. *Guben xijian xiaoshuo huikao* 古本希见小说汇考. Hangzhou: Zhejiang wenyi chubanshe, 1984.

Tang hongluqing Yueguogong lingxu jiansu Ye zhenren zhuan 唐鸿胪卿越国公灵虚见素叶真人传. HY 778.

Tang Yongzhong 汤用中. *Yijiong baibian* 翼駉稗编. *BIXS* (T) 32 bian.

Tao Qian 陶潜. *Soushen houji* 搜神后记. Beijing: Zhonghua shuju, 1981.

Teiser, Stephen F. *The Ghost Festival in Medieval China*. Princeton: Princeton University Press, 1988.

Ter Haar, Barend. *The White Lotus Teaching in Chinese Religious History*. Leiden: E. J. Brill, 1992.

Thompson, Stuart E. "Death, Food, and Fertility." In Watson and Rawski, eds., *Death Ritual in Late Imperial and Modern China*, 71–108.

Tien, Ju-k'ang. *Male Anxiety and Female Chastity: A Comparative Study of Chinese Ethical Values in Ming-Ch'ing Times*. Leiden: E. J. Brill, 1989.

Tominaga Kazuho 富永一登. "Ko Setsuwa no tenkai 狐说话の展开." *Gakudai Kokubun* 学大国文 29 (1986): 189–207.

狐仙崇拜：中国封建王朝晚期的民间信仰与民众心理

Tu Shen 屠绅. *Liuhe neiwan suoyan* 六合内外琐言. *BIXS* (T) 32.

Turner, Victor. *The Ritual Process: Structure and Anti-structure*. Ithaca: Cornell University Press, 1969.

—. "Betwixt and Between: The Liminal Period in Rites de Passage." In William A. Lessa and Evon Z. Vogt, eds., *Reader in Comparative Religion: An Anthropological Approach*, 4th ed., 234–243. New York: Hamilton, 1979.

—. Encounter with Freud: The Making of a Comparative Symbologist. "In Edith Turner, ed., *Blazing the Trail: Way Marks in the Exploration of Symbols*, 1–28. Tucson: University of Arizona Press, 1992.

Twitchett, Denis. *The Writing of Official History Under the Tang*. New York: Cambridge University Press, 1992.

Uchida Tomō 内田智雄. *Chūgoku nōson no kazoku to shinkō* 中国农村的家族与信仰. Tokyo: Shimizu köbund ō, 1970.

Van Gulik, R. H. *Sexual Life in Ancient China*. Leiden: E. J. Brill, 1974.

Von Glahn, Richard. "The Enchantment of Wealth: The God Wutong in the Social History of Jiangnan." *Harvard Journal of Asiatic Studies* 51, no. 2 (1991): 651–714.

Wagner, Marsha. *The Lotus Boat: The Origins of Chinese Tz'u Poetry in Tang Popular Culture*. New York: Columbia University Press, 1984.

Waltner, Ann. Getting an Heir: *Adoption and the Construction of Kinship in Late Imperial China*. Honolulu: University of Hawari Press, 1990.

Wang Binling 汪玢玲. *Pu Songling yu minjian wenxue* 蒲松龄与民间文学. Shanghai: Shanghai wenyi chubanshe, 1985.

Wang Bu 王逋. *Yinian suoyu* 蚓庵琐语. In Wu Zhenfang 吴震方, *Shuoling* 说铃.

Wang Jian 王椷. *Qiudeng conghua* 秋灯丛话. Preface dated 1777. Qianlong edition.

Wang Jiegong 王介公 et al. *Andong xianzhi* 安东县志. 1931; reprint, Taibei: Chengwen chubanshe, 1976.

Wang Jinglin 王景琳 and Xu Tao 徐匋, eds. *Zhongguo minjian xinyang fengsu cidian* 中国民间信仰风俗辞典. Beijing: Zhongguo wenlian chuban gongsi, 1997.

Wang Pizhi 王辟之. *Mianshui yantan lu* 渑水燕谈录. Beijing: Zhonghua shuju, 1997.

Wang Qinruo 王钦若. *Song Zhenzong yuzhi yisheng baode zhenjun zhuan* 宋真宗御制翊圣保德真君传. HY 1275.

Wang Sanpin 王三聘. *Gujin shiwukao* 古今事物考. In *Congshujicheng chubian*. Shanghai: Shangwu yinshuguan, 1936.

Wang Shucun 王树村. *Paper Joss: Deity Worship Through Folk Prints*. Beijing: New World Press, 1992.

Wang Tao 王韬. *Songyin manlu* 淞隐漫录. Beijing: Renmin wenxue chubanshe, 1983.

——. *Dunku lanyan* 遁窟谰言. Shanghai: Shenbaoguan congshuben, 1873.

——. *Songbin suohua* 淞滨琐话. *BJXS* 35.

Wang Tonggui 王同轨. *Xinke ertan* 新刻耳谈. Ming edition in Beijing Library.

——. *Ertan leizeng* 耳谈类增. 1603 edition in Beijing Library.

Wang Yingkui 王应奎. *Liunan suibi* 柳南随笔. Beijing: Zhonghua shuju, 1983.

Ware, James. *Alchemy, Medicine, and Religion in the China of A.D. 320: The Nei pien of Ko Hung*. Cambridge, MA: MIT Press, 1981.

Watson, James L. "Standardizing the Gods: The Promotion of T'ien Hou (Empress of Heaven) Along the South China Coast, 960–1960." In Johnson, Nathan, and Rawski, eds., *Popular Culture in Late Imperial China*, 292–324.

Watson, James L. and Evelyn Rawski, eds. *Death Ritual in Late Imperial and Modern China*. Berkeley: University of California Press, 1988.

Watson, Rubie S. "Wives, Concubines and Maids: Servitude and Kinship in the Hong Kong Region, 1900–1940" (231–55) and "Afterword: Marriage and Gender Inequality" (347–68). In Rubie S. Watson and Patricia Ebrey, eds., *Marriage and Inequality in Chinese Society*. Berkeley: University of California Press, 1991.

Watt, John R. *The District Magistrate in Late Imperial China*. New York: Columbia University Press, 1972.

——. "The Yamen and Urban Administration." In W. Skinner, ed., *The City in Late Imperial China*, 353–390. Stanford: Stanford University Press, 1977.

Watters, T. "Chinese Fox-Myths." *Royal Asiatic Society of Great Britain and Ireland, North China Branch Journal* 8 (1874): 47–65.

Wei Shou 魏收. *Weishu* 魏书. Beijing: Zhonghua shuju, 1974.

Weinstein, Stanley. *Buddhism Under the T'ang*. Cambridge: Cambridge University Press, 1987.

Weller, Robert P. *Unities and Diversities in Chinese Religion*. Seattle: University of

Washington Press, 1987.

———. "Matricidal Magistrate and Gambling Gods: Weak States and Strong Spirits in China." In Shahar and Weller, eds., *Unruly Gods*, 250–268.

———. *Resistance, Chaos, and Control in China: Taiping Rebels, Taiwanese Ghosts and Tianan-men*. Seattle: University of Washington Press, 1994.

Wile, Douglas. *Art of the Bedchamber: The Chinese Sexual Yoga Classics Including Women's Solo Meditation Texts*. Albany: State University of New York Press, 1992.

Will, Pierre-Etienne. *Bureaucracy and Famine in Eighteenth-Century China*. Stanford: Stan-ford University Press, 1990.

Wolf, Arthur P., ed. *Religion and Ritual in Chinese Society*. Stanford: Stanford University Press, 1974.

———. "Gods, Ghosts and Ancestors. "In Wolf, ed., *Religion and Ritual*, 131–182.

Wriggins, Sally H. *Xuanzang: A Buddhist Pilgrim on the Silk Road*. Boulder: Westview Press, 1996.

Wu Boya 吴伯娅. "Zhu Fangdan 朱方旦." In He Lingxiu 何龄修 and Zhang Jiefu 张捷夫 et al., eds., *Qingdai renwu zhuangao* 清代人物传稿, 369–373. Beijing: Zhonghua shuju, 1994.

Wu Chenyan 吴陈琰. *Kuangyuan zazhi* 旷园杂志. In Wu Zhenfang 吴震方, *Shuoling* 说铃.

Wu Chichang 吴炽昌. *Kechuang xianhua* 客窗闲话. *BJXS* 29.

Wu, Fatima. "Foxes in Chinese Supernatural Tales." Part I and II. *Tamkang Review* 17, no. 2 (1986): 121–153 and 17, no. 3 (1986): 253–294.

Wu, Yenna. *The Chinese Virago: A Literary Theme*. Cambridge, MA: Harvard University Press, 1995.

———. *The Lioness Roars: Shrew Stories from Late Imperial China*. Cornell: Cornell University Press, 1995.

Wu Zhenfang 吴震方. *Shuoling* 说铃. 1878 edition.

Wuwang faZhou pinghua 武王伐纣评话. Shanghai: Zhonghua shuju, 1958.

Xiang Da 向达. "Tangdai Changan yu Xiyu wenming 唐代长安与西域文明." In Xiang Da, *Tangdai Changan yu Xiyu wenming*, 1–116. Beiping: Harvard-Yenching Institute, 1933.

Xie Zhaozhe 谢肇淛. *Wu Zazu* 五杂俎. Ming Wanli edition.

Xizhou sheng 西周生 [pseud.]. *Xingshi yinyuanzhuan* 醒世姻缘传. Ji'nan: Qilu shushe, 1984.

Xu Beiwen 徐北文. "Xingshi yinyuanzhuan jianlun 醒世姻缘传简论." In *Xingshi yinyuanzhuan*, 1–12. Ji'nan: Qilu shushe, 1984.

Xu Changju 许昌菊. "Lun huli de chuanshuo jiqi yanjiu 论狐狸的传说及其研究." Trans. from *Enzyklopädie des Märchens*, Band s, "Fuchs" by 汉斯-约儿格乌特. *Minjian wenxue luntan* 民间文学论坛 48, no. 1 (1991): 83–91.

Xu Changzuo 徐昌祚. *Yanshan conglu* 燕山丛录. Ming Wanli edition.

Xu Dishan 许地山. *Fuji mixin de yanjiu* 扶乩迷信的研究. Shanghai: Shangwu yinshuguan, 1941.

Xu Feng'en 许奉恩. *Licheng* 里乘. Ji'nan: Qilu shushe, 1988.

Xu Ke 徐珂. *Qingbai leichao* 清稗类钞. Shanghai: Shangwu yinshuguan, 1916.

Xu Kun 徐昆. *Liuya waibian* 柳崖外编. Preface dated 1792. Qing edition.

Xu Qiucha 许秋垞. *Wenjian yici* 闻见异辞. *BJXS* 24.

Xu Shen 许慎. *Shuowen jiezi* 说文解字. Beijing: Zhonghua shuju, 1963.

Xu Shichang 徐世昌. *Daqing jifu xianzhe zhuan* 大清畿辅先哲传. 1915; reprint, Taibei: Tatong shuju, 1968.

Xu Song 徐嵩. *Songhuiyao jigao* 宋会要辑稿. Beijing: Zhonghua shuju, 1955.

Xu Zhonglin 许仲琳. *Fengshen yanyi* 封神演义. Beijing: Zuojia chubanshe, 1955.

Xuan Ding 宣鼎. *Yeyu qiudenglu* 夜雨秋灯录. Anhui: Huangshan shushe, 1995.

Xuantian shangdi qishenglu 玄天上帝启圣录. Anonymous and undated. HY 957.

Xue Fucheng 薛福成. *Yongan biji* 庸盦笔记. Jiangsu: Jiangsu renmin chubanshe, 1983.

Yan Shou 延寿. *Zongjing lu* 宗镜录. T. 2016.

Yanchu youcanlu 燕楚游骖录. Pinghan tielu guanlichu 平汉铁路管理处. Taibei: Xuesheng shuju, 1970.

Yang Fenghui 杨凤辉. *Nargao biji* 南皋笔记. *BJXS* 30.

Yang, C.K. *Religion in Chinese Society*. Berkeley: University of California Press, 1967.

Yang, Shuhui. *Appropriation and Representation: Feng Menglong and the Chinese Vernacular Story*. Ann Arbor: University of Michigan Press, 1998.

Yanyibian 艳异编. Attributed to Wang Shizhen 王世贞. Shenyang: Chunfeng wenyi chubanshe, 1988.

Yao Lijiang 姚立江. "Zhongguo beifang de huxian chongbai 中国北方的狐仙崇拜." *Wenshi zhishi* 文史知识 5 (1996): 63–68.

Ye Dehui 叶德辉 et al. *Sanjiao yuanliu soushen daquan* 三教源流搜神大全. 1909; reprint, Taibei: Danqin tushu youxian gongsi, 1983.

Yeh Kuo Li-Cheng 叶郭立诚. *Beiping dongyuemiao diaocha* 北平东岳庙调查. 1939; reprint, Taibei: The Oriental Cultural Service, 1971.

Yilin 易林. Attributed to Jiao Yanshou 焦延寿. *Congshu jicheng chubian*, vol. 703–705. Beijing: Zhonghua shuju, 1985.

Yin Zhaohai 殷兆海 and Lü Heng 吕衡. *Miaofengshan Wang Sannainai de chuanshuo* 妙峰山王三奶奶的传说. Miaofengshan minsu wenhua diaoyanzu, n.d. (printed in 1990s).

Ying Shao 应劭. *Fengsu tongyi jiaoshi* 风俗通义校释. Tianjin: Tianjin guji chubanshe, 1988. Yongna jushi 慵讷居士. *Zhiwenlu* 咫闻录. *BJXS* 24.

Yoshiro Hiroko 吉野裕子. *Kitsune: Inyō Gogyō to Inari Shinkō* 狐：阴阳五行と稻荷信仰. Tokyo: Hosei Daigaku Shuppankyoku, 1980.

Yu Haoliang 于豪亮. "Jikuai huaxiang shi de shuoming 几块画像石的说明." *Kaogu tongxun* 考古通讯 4 (1957): 106–112.

——. "Sichuan chutu Han huaxiangzhuan zhaji 四川出土汉画像砖札记." In *Yu Haoliang xueshnu wencun* 于豪亮学术文存, 260–266. Beijing: Zhonghua shuju, 1985.

Yu Hongjian 俞鸿渐. *Yinxuexuan biji* 印雪轩笔记. Shanghai: Shenbaoguan congshuben, 1873.

Yu Jiao 俞蛟. *Meng'an zazhu* 梦葊杂著. Beijing: Wenhua yishu chubanshe, 1988.

Yu, Anthony. Ghost in Fiction. *Harvard Journal of Asiatic Studies* 47, no. 2 (1987): 397–434.

Yü, Chün-fang. *Kuan-yin: The Chinese Transformation of Avalokitesivara*. New York: Colum-bia University Press, 2000.

Yuan Haowen 元好问. *Xu Yijianzhi* 续夷坚志. In *Yuan Haowen quanji* 元好问全集. Nanjing: Jiangsu guji chubanshe, 1983.

Yuan Mei 袁枚. *Zheng Xu Zibuyu* 正续子不语（*Zibuyu* 子不语 and *Xu Zibuyu* 续子不语）. Taibei: Xinxing shuju, 1978.

Yue Hesheng 岳和声. *Canweiziji* 餐微子集. Taibei: Weiwen tushu chubanshe, 1977.
Yue Jun 乐钧. *Ershilu* 耳食录. Haerbin: Helongjiang renmin chubanshe, 1997.
Yunji qiqian 云笈七签. Comp. Zhang Junfang 张君房. HY 1026.
Zeitlin, Judith T. *Historian of the Strange: Pu Songling and the Chinese Classical Tale*. Stanford: Stanford University Press, 1993.
一. "Embodying the Disembodied: Representations of Ghosts and the Feminine." In Ellen Widmer and Kang-I Sun Chang, eds., *Writing Women in Late Imperial China*, 242–263. Stanford: Stanford University Press, 1997.
Zeng Yandong 曾衍东. *Xiaodoupeng* 小豆棚. Ji'nan: Qilu shushe, 1991.
Zeng Zao 曾慥. *Leishuo* 类说. Taibei: Yiwen yinshuguan, 1975.
Zhan Dan 詹旦. "Xianji heliu de wenhua yiyun 仙妓合流的文化意蕴." *Shehui kexue zhanxian* 社会科学战线 59, no. 3 (1992): 280–284.
Zhang Chen 张宸. *Pingpu zaji* 平圃杂记. In *Gengchen congpianben* 庚辰丛编本, 1940.
Zhang Chao 张潮. *Yuchu xinzhi* 虞初新志. BJXS 14.
Zhang Guozeng 张国增. "Hebei Funingxian de zongjiao mixin 河北抚宁县的宗教迷信." *Shehuixue zazhi* 社会学杂志 (June 1931): 281–285.
Zhang Jingyun 张景运. *Qiuping xinyu* 秋坪新语. Preface dated 1792.
Zhang Naiwei 章乃伟 and Wang Airen 王霭人. *Qinggong shuwen* 清宫述闻. Preface dated 1937. The Forbidden City Museum copy.
Zhang Ping 张坪 et al. *Cangxian zhi* 沧县志. 1933; reprint, Taibei: Chengwen chubanshe, 1976.
Zhang Tao 张焘. *Jinmen zaji* 津门杂记. BJXS 24.
Zhang Xiansheng 张先生. *Taigu tudui jing* 太古土兑经. HY 948.
Zhao Daoyi 赵道一. *Lishi zhenxiantidao tongjian* 历世真仙体道通鉴. HY 296.
Zhao Jishi 赵吉士. *Jiyuan jisuoji* 寄园寄所寄. 1696 edition.
Zhao Xingde 赵兴德 et al. *Yixian zhi* 义县志. 1930; reprint, Taibei: Chengwen chubanshe, 1976.
Zhao Yi 赵翼. *Yanpu zaji* 檐曝杂记. Beijing: Zhonghua shuju, 1982.
Zhengtong daozang 正统道藏（1445）. Including the *Wanli xu Daozang* 万历续道藏 (1607). 1923–1926; reprint, Taibei: Yiwen yinshuguan, 1962.
Zhou Xuanwei 周眩炜. *Jinglin xuji* 泾林续记. In *Hanfenlou miji* 涵芬楼秘籍, vol. 8,

1916.

Zhou Zhenhe 周振鹤. "Wang Sannainai 王三奶奶" *Minsu: Miaofengshan jinxiang zhuanhao* 民俗：妙峰山进香专号7 (1929): 68-107.

Zhu Yiqing 朱翊清. *Maiyouji* 埋忧记. Chongqing: Chongqing chubanshe, 1996. Also under the title *Zhucun tanguai* 朱村谈怪.

Zong □ 宗 □（Caihengzi 采蘅子）. *Chongming manlu* 虫鸣漫录.*BJXS* 22.

Zuiyue shanren 醉月山人 [pseud. Qing]. *Huliyuan* 狐狸缘. Beijing: Huaxia chubanshe, 1995. Also under the title of *Xianhu qiebaolu* 仙狐窃宝录 in *Zhongguo gudai zhenxiben xiaoshuo* 中国古代珍稀本小说, vol. 5. Shenyang: Chunfeng wenyi chubanshe, 1994.

Zürcher, Erik. *The Buddhist Conquest of China: The Spread and Adaptation of Buddhism in Early Medieval China*. Leiden: E. J. Brill, 1959.